LE JARDIN

DES

RACINES SANSCRITES.

LE JARDIN

DES

RACINES SANSCRITES

OUVRAGE FAISANT SUITE

A LA MÉTHODE GRAMMATICALE, AU DICTIONNAIRE, AUX DEUX SELECTÆ,

PAR

L.-LEUPOL

L'UN DES TRENTE-SIX DE L'ACADÉMIE DE STANISLAS,
SECRÉTAIRE GÉNÉRAL DE LA SOCIÉTÉ D'ENCOURAGEMENT ET DE PROGRÈS DU NORD-EST,
CHEVALIER DE LA LÉGION D'HONNEUR ET DE L'ORDRE DU DANEBROG.

NANCY	PARIS
NICOLAS GROSJEAN	MAISONNEUVE ET Cie
Libraire de l'Académie de Stanislas	Libraires-éditeurs d'orientalisme
Trottoirs de la Fontaine de Neptune.	15, QUAI VOLTAIRE, 15.

1870.

DÉDICACE

SONNET A SARASVATI.

Epouse de Brahmâ, clémente majesté,
Déesse du langage, auguste Souveraine,
Toi, qui du sacrifice es l'arbitre et la reine,
Saraswati, pardonne à ma témérité !

J'ose t'offrir un livre humblement enfanté
Sous le soleil lointain où, pieuse et sereine,
Travaille en ton honneur la modeste Lorraine,
Afin que le Sanscrit soit par tous adopté.

Dans la Littérature, aujourd'hui languissante,
C'est du Gange héroïque amener l'eau puissante,
Et de l'Enseignement rajeunir les hivers !

Je voue à cette étude une ardeur sans génie :
Et pourtant, s'il te plait, Mère de l'harmonie,
Mes rimes apprendront à lire de beaux vers.

PRÉFACE

Il y a des livres qui peuvent se passer d'avant-propos, comme il est des choses qui n'ont pas besoin d'être redites. Telles ne sont pas les conditions dans lesquelles se présente le petit ouvrage que nous publions aujourd'hui. Chacun se demandera, voyant ce volume : *A quoi bon?* Chacun, après en avoir plus ou moins discuté la forme, en critiquera peut-être le fond même. Et nous, quand nous aurons justifié notre œuvre, il faudra que nous révélions aux lecteurs le secret de la généreuse intervention à laquelle cet humble travail doit la fortune de paraître. Nous voilà donc mis en demeure d'expliquer nos tendances, de répondre à des objections, et de manifester nos sentiments de profonde gratitude. Ce dernier motif d'*Avertissement préliminaire* est une de ces raisons qui viennent du cœur et qui dispensent d'en alléguer d'autres. Nous serons ainsi fort à l'aise en écrivant une Introduction ; car supposé que, pour les philologues proprement dits, elle ne fût pas indispensable, notre reconnaissance la rend obligatoire.

Et d'abord, à quoi bon un *Jardin des Racines sanscrites?* Que veut ce labeur, renouvelé de Claude Lancelot et de Louis-Isaac Lemaistre de Sacy ? « *Çœnaka* le Védique et *Pânini*, le grammairien indou, » nous objectait un illustre membre de l'Institut, « seraient bien étonnés de voir substituer des vers de ce genre à leurs formules algébriques. Croyez-vous être à la veille du jour où de jeunes *çixyas* (*écoliers*) étudieront en France la langue sacrée de l'Inde? Les adultes goûteront-ils cette mnémotechnie? N'est-ce pas trop de hardiesse, en effet, que de dessiner, de planter, de cultiver un *jardin* des racines âryennes, après l'arrêté qui défend à nos élèves cet autre jardin où poussait tout ce que beaucoup d'entre eux apprenaient et retenaient de grec? »

Nous ne demandons pas que le sanscrit s'introduise de si tôt dans le programme des lycées, des colléges et des séminaires ; mais nous espérons que les professeurs et les lettrés ne tarderont point à l'adopter pour eux-mêmes, et que, d'année en année, ils auront un plus grand nombre d'adeptes : c'est à souhaiter, dans l'intérêt d'un enseignement plus complet et d'une *Renaissance* devenue nécessaire. Quant à notre procédé mnémonique, dont les rimes surannées auront l'air de vouloir faire sourire les enfants et hausser les épaules aux hommes, nous croyons qu'il a chance de succès, malgré son apparence bizarre. En somme, une langue se compose de mots, qu'il faut savoir ; et lorsqu'il n'est pas possible de converser avec les gens qui parlent ou parlaient tel ou tel idiome, on n'a pour ressource que le dictionnaire. Mais on n'apprend pas par cœur un lexique ; on le consulte, soit pour un doute d'orthographe, soit pour une recherche de signification, soit pour un raffinement de philologie : et c'est tout. L'intelligence s'est exercée en suivant une piste, sans profit notable pour la mémoire. Nos décades agissent à l'inverse : elles prennent l'esprit au repos, se font lire comme passe-temps ; elles mènent, par curiosité, de chaque dixain aux appendices et des appendices au vocabulaire ; elles rappellent ensuite à leur poésie étrange, hantent le cerveau, s'y fixent, y demeurent, et n'en sortent plus de loin en loin que pour être machinalement récitées par ceux qui les ont presque involontairement retenues. Notre savant maître et bienveillant critique ne convenait-il pas, tout-à-l'heure, que beaucoup ont cueilli dans le Jardin de Port-Royal le peu de grec dont ils ont en quelque sorte conservé le parfum, ou du moins le souvenir ?

C'est parce que nous croyons que le sanscrit peut et doit entrer pour une large part dans l'étude de nos langues littéraires, et que nous regardons même comme déraisonnable qu'il n'y tienne pas la première place, que l'Ecole de Nancy travaille depuis longues années à le répandre, à le vulgariser ; surtout à le rendre plus abordable, en le mettant à la portée des hommes laborieux qui voudraient l'apprendre sans pouvoir cependant être prodigues de leur temps et de leur argent. Il suffit de jeter les yeux sur les travaux de chacun de nous, d'en lire seulement quelques-uns, de parcourir les *Mémoires de l'Académie de Stanislas*, patronne de nos communs efforts, pour se convaincre que nous avons une foi robuste dans l'avenir du sanscrit, non-seulement en matière de critique et de science, mais encore au point de vue classique de la littérature et de la grammaire, — j'ajouterais volontiers, de la philosophie et de la religion ; car, de mes pérégrinations idéales dans l'Inde ancienne, je suis revenu plus chrétien. — Nous ne sommes donc pas tout-à-fait de l'opinion émise par M. Renan dans la préface qu'il a consacrée à l'*Essai de Mythologie comparée* de M. Max Müller (1), lorsque, après être convenu que la découverte du sanscrit et de la vraie linguistique sera regardée dans un ou deux siècles comme un événement aussi considérable que le fut pour le monde latin celle de la littérature grecque, au quinzième siècle, il ajoute que néanmoins le grec et le latin ne seront jamais privés du droit *exclusif* de présider à notre éducation grammaticale et littéraire.

Ici, nous avons la certitude que le sanscrit est susceptible d'un classicisme complet ; et nous pensons que, pour arriver à ce résultat, il faut une série de publications méthodiques. C'est dans cette voie que l'*Ecole de Nancy* s'est résolument engagée, à la suite de M. le baron de Dumast, son fondateur, qui déroulait sous les yeux de l'Académie de Stanislas, dès 1821, les destinées promises aux langues de l'Orient. Pendant qu'il mettait au jour les *Fleurs de l'Inde*, entre les trois éditions de son *Mémoire sur l'Orientalisme rendu classique dans la mesure de l'utile et du possible*, M. Emile Burnouf faisait paraître la *Bhagavad-Gîta*, l'*Essai sur les Védas ;* et j'offrais les unes à la suite des autres, au vote de notre Académie, mes *Méditations orientales*. Comme œuvres plus élémentaires encore, M. Burnouf et moi, nous composions la *Grammaire ou Méthode pour étudier la langue sanscrite*, le *Dictionnaire sanscrit-français*, le *Selectæ* (choix de morceaux sanscrits analysés ou commentés), petit volume que je complétai quelque temps après par un *Spécimen des Purânas*, où j'appropriais à l'usage des Français le travail que M. Frédéric Stenzler avait fait imprimer à Berlin en 1829.

Mais ces labeurs auraient été stériles, si nous n'avions pas eu la facilité de les éditer à Nancy même : or, M. de Dumast nous donna les types romanisés qu'il avait fait exécuter, et l'Académie de Stanislas nous procura des caractères dêvanâgariques ; en sorte que notre Ville est la seule en France où l'on puisse mettre sous presse des œuvres sanscrites, sans avoir recours à l'Etat. Quant au système de transcription combiné par le docte correspondant de l'Institut, système longtemps médité, discuté sérieusement entre personnes compé-

---

(1) Paris et Londres, chez A. Durand, libraire, rue des Grès, 7, et chez W. Norgates, 14, Henriett Street, Covent Garden.

★

tentes, reproduit plus tard dans le *Journal asiatique*, et qui, survivant aux divers essais, restera, comme le système métrique surnagera partout après la disparition des autres, nous en dirons seulement qu'il résume ce que les anciens procédés avaient de bon, qu'il en retranche ce qu'ils pouvaient avoir de mauvais, qu'il les corrige, les complète et qu'il arrive à reproduire sans exceptions, *lettre pour lettre*, chaque caractère dêvanâgari, avec autant d'exactitude que de simplicité. Tout le monde, au reste, connaît le mémoire de M. de Dumast : *Sur les Alphabets européens appliqués au sanscrit* (1).

Tel est, fidèlement exposé, l'ensemble de ce que nous avions accompli, lorsqu'il nous vint à l'idée qu'il manquait un *quatrième pied* à la modeste *table d'écolier* sur laquelle nous voulons que chacun puisse étudier à l'aise la plus ancienne et la plus féconde des langues classiques. Ce quatrième pied, ce sera le *Jardin des Racines sanscrites*.

Rudiment et *Dictionnaire*, *Jardin des racines* et *Selectœ*, tels sont les quatre livres élémentaires à l'aide desquels nous aurons tâché de rendre moins pénible l'initiation à la littérature, rendue classique, de cet Orient où dorment tant de secrets sous la poussière des siècles.

J'ai puisé mes racines dans notre dictionnaire, ressaisissant ainsi, par un singulier bonheur, la collaboration à laquelle je dois d'être le peu que je suis; et j'entends bien, en attribuant aux autres les meilleurs parties de mes ouvrages, garder pour moi seul la responsabilité de ce qu'ils offriront de mauvais aux regards de la critique.

On va me demander, par exemple, à présent que j'ai donné le mot de nos tendances en faveur de cet orientalisme sanscrit auquel Anquetil-Duperron imprimait le branle vers le milieu du siècle dernier, et qui, malheureusement, a subi chez nous de si nombreuses intermittences, depuis cette époque, qu'il en serait mort peut-être, malgré les efforts de Chézy, d'Eugène Burnouf, des rédacteurs du *Journal asiatique*, si les étrangers ne s'étaient pas mis à la tête de cette grande étude dont ils retireront autant de gloire que la science en aura d'inappréciables avantages, on va me demander ce que signifie, pour

---

(1) Livraison spéciale du *Journal asiatique*, intercalée sous le titre d'Annexe, à la suite du cahier de juin 1860. (Tome XV de la cinquième série.)

le fond, ce Jardin de prétendues racines, alignées dans des compartiments monotones derrière leurs plates-bandes dévanâgariques.

Je répondrai que, depuis une vingtaine d'années, la France s'est sentie honteuse de son infériorité relative en Orientalisme ; que les savants de notre pays se sont émus, et qu'ils ont essayé de regagner le terrain qu'une trop longue somnolence nous avait fait perdre ; qu'une génération de jeunes érudits, ardents, laborieux, capables, s'est levée en masse, à l'appel des quelques vétérans de l'ancienne école ; et que ce vigoureux élan a manifesté deux principes agissant de concert, deux principes qui domineront notre époque et qui déjà la caractérisent : La puissance des forces humaines, par *l'association ;* l'accroissement des résultats obtenus, par *la division du travail.* Réunissons-nous donc, afin que de toutes nos insuffisances particulières se forme le faisceau de l'énergie universelle ; et, puisque nul homme n'est complet, partageons-nous la tâche, afin d'aller plus vite, quoique mieux, en besogne. Ayons ensemble pour devise : *Laboremus* ! Et que chacun de nous individuellement se dise : *Age quod agis.*

C'est ce que fait l'Ecole nancéyenne. Elle est entrée fort résolument, et de plein gré, dans le mouvement d'exégèse qui nous reporte vers les antiques civilisations orientales ; mais, laissant l'honneur des brillantes découvertes à de plus heureux et de plus savants (pour ce qui me regarde, au moins), elle s'est contentée de vouloir VULGARISER la science. Aux intrépides de creuser les filons et de tirer des mines le précieux métal ; à nous de le dégager de la gangue, et d'en fabriquer une monnaie qui puisse être mise en circulation.

— « Soit ! Avouez cependant, nous objectera-t-on, que vos racines n'en sont pas toujours ; que vous ne distinguez pas assez rigoureusement d'avec elles les éléments simples du langage ; que vous en faites une extraction qui manque de méthode ; que vous donnez parfois des entités pour des racines ; que celles-ci n'ont pas été primordialement ce que nous les voyons être dans les langues soumises à notre examen ; que toute structure de la parole a commencé par ces éléments irréductibles, qui ne sont ni des abstractions ni des hypothèses, mais que nous regardons comme des êtres réels ou comme des mots primitifs, qui, dans la période de création du langage, existaient par eux-mêmes. » —

Voilà quelles sont les théories plus ou moins énoncées par les philologues de premier ordre, écrivains devant la science de qui je m'incline, par des hommes tels que Max Müller, tels que MM. Schleicher, Curtius, Chavée, et surtout par M. Abel Hovelacque (1). Soit, pourrions-nous dire à notre tour; mais, quand possédera-t-on les racines vraies? Dans combien de temps aura-t-on mis d'accord ceux qui pensent, comme M. Ascoli, que tout vient du nom, et ceux qui croient, comme M. Benfey, que tout vient du verbe? Sans compter ceux qui font tout reposer sur des pronoms, des particules, des interjections, des monosyllabes indéterminés. En attendant que l'on soit allé jusqu'au fond des choses et que l'on ait tiré de son puits la vérité nue, devrons-nous donc nous passer d'un livre qui renferme, pour l'utilité commune et la marche des études, ce que l'on est dans l'habitude d'appeler des *racines*, et qui représente au fond une sorte de chose usuellement très-claire pour l'esprit? Ne ressemblerions-nous pas à ces utopistes qui, toujours à la recherche de la meilleure constitution politique, n'acceptent jamais, pour s'en servir avec intelligence, le gouvernement sous lequel ils vivent?

Certainement, les racines primitives de toutes les langues ont été peu nombreuses, parce qu'il fallait peu de mots pour suffire à peu de besoins et d'idées; mais, à mesure que s'étendait l'horizon des peuples, par les migrations, les découvertes, les arts, les sciences, les progrès de la civilisation enfin, on a dû nécessairement inventer d'autres racines en créant d'autres termes. Sans doute, une grande quantité de ces racines de seconde main ont été des métaphores; mais pour beaucoup d'autres est-il bien aisé de remonter à la source? Rencontrera-t-on souvent des interjections d'une harmonie aussi naïvement imitative que le sanscrit *put*, d'où viennent des onomatopées à l'aide desquelles on représente le feu qui pétille ou l'eau qui bouillonne? En conséquence, et jusqu'à solution du problème, nous continuerons de nommer racines, — arbitrairement peut-être, mais pratiquement, —tout ce qui nous semblera procréer des familles de mots simples d'où naîtront des expressions composées. Nous avouons que cette manière d'envisager les choses laisse beaucoup à désirer, qu'elle est au-dessous de la science exacte, que la linguistique et la philologie en murmureront à bon droit : mais nous

---

(1) Consulter l'intéressante polémique soutenue dans la *Revue linguistique* entre ce dernier et M. Lucien Adam.

sommes avant tout les représentants de la grammaire *classique* et courante, les auteurs de la *Méthode* où sont exposées les doctrines auxquelles nous resterons fidèles en cette matière, jusqu'à nouvel ordre (1). Personnellement, je ne peux que répéter ce que Westergaard écrit à la page 13 de la préface de ses *Racines sanscrites* : ÆTATIS NOSTRÆ NECESSITATI *satisfacere volui; quomodo quæ volui, assecutus sum, judicent doctiores.* « Satisfaire aux besoins de notre époque (*Ætatis nostræ necessitati*), » voilà pour nous l'essentiel.

Abandonnant mon petit livre à ses destins, et persuadé que les Avant-Propos sont rarement très-utiles, attendu que, pour la plupart, ils disent tout excepté ce qu'il aurait fallu dire, je me tairais, à présent que j'ai réclamé de l'indulgente critique le bénéfice des bonnes intentions, si la reconnaissance ne me rendait pas désireux, et presque impatient d'apprendre aux lecteurs ce qui fait que le *Jardin des Racines sanscrites* est en mesure de paraître.

On pouvait regarder comme souhaitable que ce quatrième et dernier terme de la tétralogie de scolarité sanscrite, ce complément de l'entreprise grammaticale nancéyenne, vît le jour au moment actuel, à l'heure où la France cherche les moyens de mettre son Enseignement supérieur au niveau des Universités étrangères et se rend compte des ressources dont elle sera maîtresse de disposer : mais, en pareille circonstance, un écrivain a beau vouloir se conduire comme un brave citoyen et contribuer pour son humble part à la gloire du pays en apportant sa pierre à l'édifice, son arme à l'arsenal, il n'est pas toujours libre d'éditer tel ou tel ouvrage ; son zèle est souvent entravé par de misérables obstacles, et son œuvre doit rester manuscrite, plus longtemps que ne le demanderait l'intérêt du savoir.

Grâce à Dieu, la mienne n'a pas eu besoin d'attendre des temps meilleurs : aussitôt achevé, le livre du *Jardin des Racines sanscrites* a pu se mettre sous presse, parce qu'il y a des villes privilégiées où l'on n'a pas conservé seulement l'amour des grandes initiatives, mais où vivent encore de ces hommes à l'âme noble, aux sentiments élevés, dont la délicate et généreuse intervention facilite à propos l'accomplissement des vœux chers à la science.

---

(1) Voir notre *Méthode*, seconde édition (1861), pag. 39-44, paragr. 20 : *Des racines.*

En sauvant la précieuse façade sculptée de l'hôtel Lunati-Visconti (1), qu'il a
fait transporter pierre par pierre, pour la rebâtir dans sa forme intégrale, au
flanc de son manoir de Renémont, comme en rendant possible l'impression du
Jardin des Racines, et tant d'autres fois en accomplissant des actes que je
laisserai sous le voile de sa discrète bienveillance, M. Jules Goüy s'est acquis
les plus respectables titres et les plus justes droits à la gratitude des Beaux-
Arts, de l'Orientalisme, de la France, de la Lorraine ; de cette ville de Nancy
surtout qui n'a pas abdiqué le sceptre de la pensée ; et de l'auteur enfin qui
ne veut pas signer cette préface sans remercier du fond du cœur le parrain
du livre qu'elle inaugure.

L.-Leupol.

---

(1) L'une des anciennes demeures de la Chevalerie lorraine, à Nancy, rue de Guise.

TABLEAU DE TRANSCRIPTION

VOYELLES.

अ आ इ ई उ ऊ ऋ ॠ ऌ ॡ ए ऐ ओ औ

a *â* *i* *î* *u* *û* *r* *ŗ* *li* *ļi* *ê* *æ* *ô* *ɔ*

CONSONNES.

Gutturales.	क	ख	ग	घ	ङ
	ka	*ḱa*	*ga*	*ǵa*	*ṅa*
Palatales.	च	छ	ज	झ	ञ
	ća	*č’a*	*ja, ja*	*ǰa, ĵa*	*ñá*
Cérébrales.	ट	ठ	ड	ढ	ण
	ṭa	*ṭ’a*	*ḍa*	*ḍ’a*	*na*
Dentales.	त	थ	द	ध	न
	ta	*t’a*	*da*	*ḋa*	*na*
Labiales	प	फ	ब	भ	म
	pa	*p’a*	*ba*	*b’a*	*ma*

Semi-voyelles.	य	र	ल	व
	ya	ra	la	va

Sifflantes.	श	ष	स
	ça	śa	sa

Aspirée.	ह
	ha

Lettre védique.	ऴ
	ḷa

GROUPES.

क	क्क	क्च	क्त	क्त्य	क्त्र	क्त्र्य	क्त्व	क्न	क्न्य	क्म	क्य
k	kka	kća	kta	ktya	ktra	ktrya	ktva	kna	knya	kma	kya

क्र	क्र्य	क्ल	क्व	क्ष
kra	krya	kla	kva	kśa (xa)

ह	ह्न	ह्र	ह्व
k̇	k̇na	k̇ra	k̇va

ग	ग्ग	ग्न	ग्र
g	gga	gna	gra

घ	घ्न	घ्न्य	घ्र	घ्ल
ġa	ġna	ġnya	ġra	ġla

ङ	ङ्क	ङ्क्ल	ङ्क्य	ङ्क्ष	ङ्क	ङ्ग	ङ्ङ	ङ्म	ङ्ग	ङ्य
ṅ	ṅka	ṅkla	ṅkya	ṅxa	ṅk̇a	ṅga	ṅṅa	ṅma	ṅġa	ṅya

च	च्च	च्ञ	च्र	च्व
ć	ćća	ćña	ćra	ćva

छ	छ्म	छ्य	छ्र	छ्व
č	čma	čya	čra	čva

ज	ज्ञ	ज्र	ज्ज
j́, j	jña, jña	j́ra, jra	j́ja, jja

ña ñća ñja ñña

ṭa ṭka ṭṭa ṭṭsa ṭpa ṭma ṭśa ṭsa ṭya

ṭ' ṭma ṭya

ḍa ḍga ḍḍa ḍḍa ḍḅa ḍya

ḍ' ḍṇa ḍma ḍya

ṇ ṇṇa

t tta tra tva ttra ttva tna

t' t'va

d dga dgra dgya dǵa dǵra dda ddra ddva dḍa dḍna dḍva ddya

dna dba dbra dḅa dḅya dbra dma dya dra drya

dva dvya dvra

d' dna dra dva

na nta ntra ntrya ntva nna nra nva

p pta pna pra pta pva pvya

p' pma pya

b	*bra*											
b̆	*b̆ra*											
m	*mna*	*mra*	*mla*	*mva*								
r	*ru*	*rú*										
l	*lna*	*lla*										
v	*vra*	*vla*	*vva*									
ç	*çća*	*çna*	*çra*	*çla*	*çva*							
s̀	*s̀la*	*s̀lya*	*s̀ṭa*	*s̀ṭya*	*s̀ṇa*	*s̀va*						
s	*stra*	*sna*	*sra*	*sla*	*sva*							
h	*hu*	*hú*	*hṛ*	*hṝ*	*hya*	*hṇa*	*hna*	*hma*	*hra*	*hrya*	*hla*	*hva*	*hvya*

SIGNES DIVERS.

á	*i*	*í*	*u*	*û*	*ṛ*	*ṝ*	*ê*	*æ*	*ó*	*ạ*

anuswâra — anunâsika — virâma — visarga — apostrophe

ṁ ṅ		ṁ ṅ		ḥ

CHIFFRES.

१	२	३	४	५	६	७	८	९	०
1	2	3	4	5	6	7	8	9	0

LE JARDIN

DES

RACINES SANSCRITES.

I.

अ   *A*, qui des Grecs est bien « l'*a* privatif, »
N'a pas toujours son effet négatif.

अक्, अग्   *Ak, ag-âmi*, serpente ou dissimule ;

अत्   *Ax-nomi*, cherche, amoncelle, accumule.

अङ्क्   *Aṅk-ê*, dessine, écrit, fait des décors ;

अङ्ग्   *Aṅg-ati*, marche ; *aṅg-a*, membre du corps.

अङ्घ्   *Aṅġ-as*, mal, faute, acte répréhensible ;

अज्   *Aj-ira*, l'air et tout objet sensible.

अञ्च्, अञ्क्   *Añc, añc-ami*, je suis respectueux ;

अञ्ज्   *Añj-ana*, fard et collyre onctueux.

APPENDICE.

A fait *an* devant une voyelle. Gr. α, αν; lat. in; germ. un. A*kama*, sans amour. — A, dans le monosyllabe Òṃ (a-u-ṃ), représente le dieu *Visṇu*.

Ak-âmi ; s. n. *ak-a*, péché, faute ; peine, chagrin. Gr. ἀγής, ἀγκύλος.

Ax-nomi, 5ᵉ classe, est aussi de la première : *axâmi*, rechercher, acquérir. Primitivement, *ax-a* représentait tout objet circulaire ou tournant, une roue, un char ; gr. ἄξων ; lat. axis ; germ. achse. A la fin des composés *axa* s'emploie pour *axi*, œil ; gr. ὄκκος ; lat. oculus. Au figuré, *axa* signifie savoir, connaissance.

Aṅk forme le verbe de la 10° classe *aṅkâyami*, noter, marquer, aller ; d'où le subst. masc. *aṅkati*, celui qui s'avance : le feu, l'incendie, le vent, le *brâhmane*.

Comparez avec le sanscrit *aṅgâmi*, je vais, je marche, le gr. ἄγγαρος, ἄγγελος.

Aṅġ-ê, blâmer, veut dire aussi commencer, partir ; d'où *aṅġri*, pied, pied d'un arbre.

Aj-âmi ; cette racine indique un mouvement en avant ; gr. ἄγω, lat. ago.

Anc-âmi et *añcé*, honorer, vénérer, courber ; *añcala*, bord, frange ; *añcilàbrú*, aux sourcils arqués ; *añcitapatra*, le lotus (aux feuilles arrondies).

Añj-ayâmi, être luisant, être beau ; *anajmi*, oindre, frotter, farder ; lat. ungo. Le subst. n. *añjana* signifie aussi le crépuscule, la nuit qui s'étend.

II.

अट्	*Aṭ-ê*, je vais : *mṛgâyâm*, à la chasse ;
अट्ट्	*Aṭṭ-ê*, surmonte ; *aṭṭ-a*, balcon, terrasse.
अट्, अण्ट्	*Aṭ, aṇṭ-âmi*, se meut dans tous les sens ;
अण्	*Aṇ-âmi*, rend des sons retentissants.
अड्	*Aḍ-ati*, flatte et soigne ce qu'il aime ;
अड्ड्	*Aḍḍ-âmi*, juge, étudie un problème.
अत्	*At-âmi*, va s'efforçant d'acquérir ;
अद्	*Ad-ana*, mets, tout ce qui peut nourrir.
अन्	*An-yê*, j'aspire en moi la vie entière ;
अन्त	*Anta*, la fin ; but, mort, terme, frontière.

APPENDICE.

Aṭana, s. n., promenade, voyage ; *aṭâ*, f., allées et venues des dévots mendiants ; *aṭâṭami* et *aṭâṭyâmi*, augm. de *aṭ*.

Aṭṭayâmi, de *aṭṭ*, veut dire mépriser, dédaigner ; d'où, *aṭṭahâsa* (has), rire dédaigneux.

Aṭ-âmi, moyen *aṇṭé* ; p. *ânaṇṭé* ; pp. *aṇṭita*.

Aṇâmi, p. *âṇa* ; pp. *âṇita*.

Aḍḍami, qui signifie résoudre, décréter, veut dire aussi unir étroitement ; quant au verbe précédent, *aḍâmi*, il adopte en outre la forme *aḍnómi*.

Aṭ-âmi, gr. ὁδός ; *aṭ-aṭa*, précipice, abîme, espace sans bord.

Ad-mi, je consomme : *havis*, l'offrande sacrée ; je dévore, je détruis : *prânân*, la vie ; gr. ἔδω, ἐσθίω ; lat. edo ; angl. eat.

An-îmi, *anyé*, souffler, respirer, exhaler, être vivant ; gr. ἄημι, ἄνεμος ; lat. animus.

Anta, c'est l'allemand « ende » ; l'anglais « end ».

On donne souvent à *Yama*, dieu de la mort, le nom d'*Antaka*, celui qui met fin. Un homme qui vient de mourir s'appelle *antaga* (gam), arrivé au but. *Antakâla*, le moment final, la fin des temps. *Antatas*, adv., à la fin, enfin.

III.

ग्रन्ध्	*Anḍ-a*, l'aveugle et son infirmité ;
ग्रप्	*Ap*, l'eau ; pluriel, *ápas*, seul usité.
ग्रब्, ग्रम्ब्	*Ab*, *amb-ami*, s'avance, se promène ;
	C'est d'*ambulo* l'origine certaine.
ग्रभि्	*Aḃi*, désigne une tendance VERS ;
ग्रभ्र्	*Aḃr-ámi*, court par des chemins divers.
ग्रम्	*Am*, va criant aux dieux qu'il sollicite ;
ग्रय्	D'*ayê*, marcher, vient *aya*, réussite.
ग्रयस्, ग्रक्र्	*Ayas*, le fer ; *arka*, l'astre des cieux ;
ग्रघ्	*Arġ-ámi*, vaut ; *arġ-a*, don précieux.

APPENDICE.

Anḍakupa, caverne obscure ; *anḍiká*, la nuit ; *anḍu*, puits ; *anḍayámi*, être ou devenir aveugle.

Ap, lat. aqua, amnis ; gr. ἀφρός, fr. évier. *Ap* s'allonge en *áp* aux cas forts, et change *p* en *d* devant le *ḃ* des flexions : *adḃis*, *adḃyas*, etc.

Le verbe *abámi*, *ambámi*, *amḃê*, etc., veut dire aussi résonner, retentir.

Aḃikáma, désir ; *aḃimarda*, assaut ; *aḃyáti*, agresseur ; *aḃiruhê*, monter, gravir.

Aḃrámi, errer çà et là ; *aḃrayámi*, mener, faire aller.

Aḃra, nuage. Gr. ὄμβρος, lat. umbra, imber.

Am-ámi, aller, adorer ; bruire, mais *am-ayámi*, faire une maladie, ou bien, s'il s'agit d'un fruit, n'être pas mûr.

Ayê, — qu'à la rigueur nous eussions pu placer sous la lettre *i*, — n'est guère que la *vridḍi* du verbe *i*, *êmi* (lat. eo) ; aussi en prend-il ses temps. Seulement, il fournit le terme *aya*, succès.

Ayas, l'airain (jadis), le fer (plus tard). Lat. æs, æris ; germ. eisen ; angl. iron (qui se pron. aïr'n).

Ark-ayámi, je brûle ; d'où *ark-a*, soleil.

Arġa, prix, valeur, offrande ; vient du verbe *arġámi*, valoir, qui veut dire quelquefois aussi blesser ou tuer.

IV.

अर्च्	*Arĉ-âna*, culte; *arĉ-âmi*, je vénère;
अर्ज्	*Arj-ana*, gain, travail qu'on rémunère.
अर्थ्	*Art-a*, l'utile; *artayê*, demander;
अर्द्	*Ard-âmi*, veut, brûle de posséder.
अर्ध्	*Ard̆-a*, demi, la moitié d'une chose;
अर्ब्	*Arb-âmi*, blesse, et de la mort est cause.
अर्ह्	*Arh-ê*, j'honore et je suis honoré;
अल्	*Al-âmi*, j'orne; *al-aγkṛta*, paré.
अव्	*Av*, désirer, atteindre, avoir puissance;
अव्	*Ava*, préfixe indiquant décroissance.

APPENDICE.

Dans la langue vêdique, le verbe *arĉâmi*, *arĉê*, *arĉayâmi*, veut dire honorer par un hymne.

La racine *arj* forme le verbe *arjâmi*, *arjayâmi*, *arjayê*: Comp. le gr. ἔργον.

Arta, l'utile, opposé à *kâma*, l'agréable, et à *darma*, l'honnête. *Artayâ*, je demande; gr. αἰτέω, αἰτία.

Ardâmi, demander; *ardaná*, demande; *ardani*, misère, maladie, feu; lat. ardeo.

Ard̆a; *ard̆akráĉa*, demi-lieue; *ard̆aĉandra*, quartier de lune; *ard̆arâtra*, minuit.

Arbuda, tumeur, ophthalmie, le premier enfer glacé; *arvâmi*, comme *arbâmi*.

Arh-âmi, être digne de, capable de, avoir droit à, pouvoir; *arhat*, vénérable.

Al-âmi, *al-ê*; orner, mais aussi suffire; d'où *alam*, assez, gr. ἅλις.

Avâmi, lat. aveo, (d'où avidus, avarus), signifie d'abord désirer, aimer, puis atteindre, saisir, posséder, et enfin, protéger. De la racine *av-* vient *avi*, bélier, mouton; lat. ovis; gr. οἶς; lith. awi; angl. ewe.

Ava marque le mouvement de haut en bas: *avatâra*, descente; *avaḍina*, vol de l'oiseau qui s'abaisse vers la terre; *avani*, torrent; *avamati*, dédain, mépris, dégoût.

V.

अश्	*Aç-navê*, prendre, occuper, acquérir ;
	Aç-nati, mange et veut se bien nourrir ;
	Aç-wa, cheval, *aç-wanta*, l'étendue,
	Semblent venir d'*aç*, racine perdue.
अष्, अष्ट्	*Ashtan*, fait huit ; *asta*, pépin, noyau ;
अस्	*As-mi*, je suis ; *as-ê*, brille en joyau ;
	As-yâmi, jette ; *asura*, vit, fait vivre ;
असूय्	*Asûy*, exècre et de fureur s'enivre.
अह्	*Ah*, dire ; *âh-us*, on dit ; *aṅç-û*, morceau ;
अंह्	*Aṅh-ê*, commence ; *aṅh-ri*, pied d'arbrisseau.

APPENDICE.

Açnavê, j'obtiens : *swargam*, le ciel ; *amṛtatwam*, l'immortalité.

Le verbe *açnâmi*, manger (gr. ἐσθίω, lat. esca), a aussi le sens d'*açnavê* (obtenir).

Aç, signifiant aller (*açwa*, cheval, lithuan. *aszwa*, zend. *aspa*, grec ἱκνέομαι, ἵππος, celt. epas, lat. equus), nous montre qu'il y a en sanscrit des mots d'origine douteuse. Par ex. *açra* et *açru*, larme, (gr. δάκρυ, lat. lacryma) ; d'un inusité *daçru* ? *Açwanta*, champ, plaine, limite, fin, mort.

Ashtan, huit (gr. et lat. ὀκτώ, octo).

Asmi, je suis, gr. εἰμί pour ἐσμι, lith. esmi, lat. esso, germ. ist.

As-âmi ou *asê*, aller, briller, éclater. *As-yâmi*, jeter, lancer, et aussi rejeter, repousser : *çramam*, la fatigue.

Asây-âmi, exécrer, injurier, maudire.

Ah, cette racine ne produit, dans son verbe, que quelques secondes et troisièmes personnes de deux ou trois temps ; lat. aio, aiunt. — *Aṅç* ou *aṅs* (अंश्, अंस्).

Aṅhê (gr. ἄρχω), commencer, entreprendre ; en outre, briller et parler. Nous avons fait voir (*Méth.* p. 199), combien de verbes sanscrits marient l'idée de parole à celle de lumière.

VI.

ग्रा, ग्राखु	*Â*, jusque, dans; *âk̑u*, le rat qui ronge;
ग्राञ्च्	*Âñč-ayâmi*, je tire à moi, j'allonge.
ग्राप्, ग्रम्षु	*Âp-nôti*, gagne; *âçu*, rapide et vif;
ग्रास्	*Âs-ê*, s'assied et demeure inactif.
इ	*I* (forme *êmi*), va : *puram*, à la ville ;
इख्, इङ्ख्, इग्	*Ik̑*, *iϒk̑*, *ig-ê*, gesticule, est mobile.
इट्	*It̤*, *êt̤ami*, vaciller, se mouvoir ;
इन्द्	*Ind-âmi*, règne, est maître, a le pouvoir.
इन्ध्	*Indȟê*, j'allume et pourrais mettre en cendre ;
इव्, ईव्	*Iv*, *inwati*, saisir, ceindre, comprendre.

APPENDICE.

Le préfixe *â* indique tendance (*âgaččâmi*, je vais à), ou approximation (*ânila*, bleuâtre, de *nila*, bleu). Il donne souvent un sens réfléchi : *karśâmi*, tirer ; *âkarśâmi*, tirer à soi. Comparez l'α grec, dans ἄλοχος, ἀδελφός, ἀκόλουθος.

On dit *âñčâmi* et *âñčayâmi*.

Âpnômi et *âpâmi*, atteindre, arriver à : *p̑alam*, un fruit ; commettre : *kilviśam*, un péché ; part. pass. *âpta* ; lat. aptus, ad-ip(ap)-iscor, adeptus.

Âçu, rapide ; le gr. ὠκύς.

Âsê, *âssê*, *âstê*, *âsatê*, s'asseoir, être assis ; demeurer en place, être.

I, êmi, ihi, dans la langue védique, venir : *Indra, ihi* ; viens, Indra. Gr. εἶμι (ι'), ἴμεν, ἴθι; lat. ire, eo ; lith. eimi ; slav. iti ; goth. iddja, je suis allé.

Ik̑ fait *êkami* ; gr. εἴκω, οἴχομαι ; *iϒk̑* et *ig* font *iϒgámi*, *iϒgê* et *igé*.

De la racine *ind* et *id*, vient Indra, le roi des cieux, et aussi l'âme, la conscience, le maître intérieur.

Indȟê, gr. αἴθω, αἰθήρ ; lat. æstus, æstas ; goth. eit, feu ; *inȟana*, bois à brûler, paille sèche, tout combustible.

Inwâmi, je prends, je comprends, j'enveloppe, je vais, je réjouis ; est usité surtout dans le Vêda.

VII.

इल् *Il-âmi*, cherche à lancer, à jeter ;

इष् *Iś-iččâmi*, désirer, souhaiter.

इष् *Iś-yâmi*, pousse, amène, occupe, explore ;

ई *I* [long], *êmi*, s'adresse à, prie, adore.

ईत् *îx-ê*, je vois, je regarde avec soin ;

ईङ्ख् *îýḱ*, *îḱ-âmi*, traverser, aller loin.

ईज् *îj*, *êjâmi*, s'emporte avec furie ;

ईञ्ज् *îñj-âmi*, blâme, invective, injurie.

ईड् *îḍ-a*, louange ; *îdiśyatê*, voudra

Chanter Agnis ou célébrer Indra.

APPENDICE.

Ilâmi, *êlayâmi*, jeter ; gr. ἐλάω, ἐλαύνω, germ. eile, goth. illu ; signifie quelquefois dormir.

Iččâmi niḍanam, je souhaite la mort de quelqu'un ; *putram*, je désire un fils. Dans la langue védique, *iččami* veut dire accorder : *iččâmi yavasam*, j'accorde des aliments.

Iśiâmi, faire sortir, faire avancer : *Savitʼa raťam iśyati*, Savitrî fait avancer son char.

La racine *i long* confond ses formes avec celles de *i bref*; et ses significations sont les mêmes, excepté dans la langue védique, où nous lui voyons prendre le sens d'aller à, s'adresser à, prier, adorer.

Ixê, gr. ὄσσομαι; considérer, veiller aux intérêts de quelqu'un ; *ixaṇa*, vue, aspect, œil, regard ; *ixaṇika*, diseuse de bonne aventure ; *ixayâmi*, causat. faire voir (régit deux accusatifs); *içíxiśê*, désidér. désirer voir.

Ikami, je passe ; *îýkayâmi*, je traverse : *parvatân*, les montagnes.

Les verbes *êjâmi* et *injâni* veulent dire aussi repousser.

Iḍḍê, je célèbre, j'honore, je rends un culte religieux : *haviśa*, avec le beurre du sacrifice ; *idya*, digne de louanges. Au lieu de *îḍḍê*, on dit aussi *îḍayâmi*; le désidératif de ces verbes est *îḍiḍiśâ*. Cette racine s'écrit aussi *îḷ*, *îl* et *îl*.

VIII.

 इर्   *ir-ê*, je tremble, excite et pousse, exhorte ;

ईर्ष्   *irṡ-â*, l'envie et sa jalouse escorte.

ईड्ड   *il̤-ê*, je loue et célèbre à l'autel ;

ईश्   *îç-â*, seigneur, roi, maître ; un immortel.

ईष्   *iṡ-âmi*, glane aux champs où l'on moissonne ;

ईष्   *îṡ-ê*, je frappe et n'épargne personne.

ईह्   *ih-amṛga*, loup qui rôde la nuit ;

उ   *U*, verbe *âvê*, résonne, fait du bruit.

उत्त्   *Uẋ-âmi*, lave, arrose et mouille ou lèche ;

उख्   *Uḱ* ; ou bien *uỿḱ*, *ôḱâmi*, se dessèche.

APPENDICE.

Iré, *irayâmi* ; lat. ira. Cette racine se confond souvent avec la suivante dans les dérivés.

Irṡayâmi, porter envie ; *irṡâlu*, *irṡu*, *irṡyâlu*, envieux ; *irṡita*, objet d'envie. La racine peut s'écrire aussi : *irx* et *îrxy*.

Il̤ita, participe passé d'*il̤ê*, dans la langue vêdique, loué, célébré, chanté, est un surnom d'Agni.

Içê, dominer, régner, être maître de, capable de, pouvoir : *kartum*, faire quelque chose ; *içatwa*, *içita*, souveraineté ; *içwara*, puissant, en état de ; *içwarya*, le pouvoir. De cette racine dérivent des épithètes en l'honneur de Kuvêra, de Çiva, de Durgâ, de Kàma, de Laxmi, de Saraswati, etc.

D'*iṡâmi* dérivent l'adverbe *iṡat*, peu, très-peu ; et l'adjectif *iṡatkara*, chétif.

Isé, marcher, s'avancer contre, aller vers, blesser, tuer ; et aussi s'en aller, s'enfuir.

Ihé, je m'efforce, je tends à, je désire ; *ihayâmi*, j'excite ; *ihâ*, tendance effort, poursuite ; *ihâ-mṛga* et *vṛka*, loup.

Dans le monosyllabe sacré Ôṃ (*a-u-m*), la lettre *u* désigne Çiva. La racine *u*, *avê*, fait au parfait *ûvé*.

Uxâmi veut dire aussi répandre : *çonitam*, le sang. *Uxa*, lavé, nettoyé.

Uḱa, pot, casserole ; *uḱya*, cuit au pot ou dans la casserole. Le verbe *ôḱami* signifie, en outre, j'orne, je pare.

IX.

उच्‌   *Uć-yâmi*, joindre, assortir, ajuster ;

उक्‌, उच्क्‌   *Uč, ućč-âmi,* passer outre, habiter.

उज्झ्‌   *Ujjh-âmi,* fuir, quitter : *prânân,* la vie ;

उञ्छ्‌   *Uñč-â,* le grain que le glaneur envie.

उट्‌   *Ut, ôtâmi,* frappe et va renversant ;

उत्‌   *Ut* (préfixe), à, vers, sur, haut s'élançant.

उनद्‌   *Und, unadmi,* trempe le sol aride,

    Mouille, est mouillé, devient ou rend humide.

उप   *Upa,* dessous, en présence, à côté,

    Vers. — Ce préfixe est très-fort usité.

APPENDICE.

Ućyâmi veut dire aussi s'assembler, se réunir, être apte à, bon pour, digne de.

Uććâmi ne s'emploie presque jamais seul ; il est ordinairement conjugué avec le préfixe *vi.*

Ujjâmi, s'éloigner de, abandonner, éviter : *avâćyam,* des paroles blâmables.

Uñčâmi, je glane : *çilâni,* des épis ; *uñćayâmi,* je fais glaner ; *uñćiććisâmi,* je désire glaner ; *uñća,* le grain glané ; *uñćaçila,* la gerbe d'épis glanés.

Ôtâmi et *ûtami,* (de *ût* long) ; gr. ὠθῶ.

Le préfixe *ut* indique mouvement en hauteur. Il a son comparatif : *uttara,* plus élevé, supérieur, au propre et au figuré ; son superlatif : *uttama,* suprême, excellent.

Unadmi, lat. unda, udus ; gr. ὔω, ὔδωρ. *Uda,* l'eau ; *undayâmi,* mouiller ; *undidisâmi,* vouloir être mouillé, désirer la pluie, être altéré (en parlant des campagnes) ; *unduru,* rat d'eau ; *unna,* mouillé, humide ; au figuré, facile, obligeant, complaisant.

Le préfixe *upa* (zend, upa ; gr. ὑπο ; lat. sub) marque voisinage, tendance, infériorité physique et morale, diminution : *upanṛtyâmi,* je danse devant quelqu'un ; *upapatâmi,* je m'élance vers ; *upayâmi puram,* j'entre dans la ville ; *upavahâmi,* je supporte ; *upastrî,* femme du second rang, concubine ; *hasâmi,* je ris —, *upahasâmi,* je souris.

X.

उब्ज्	*Ubj-âmi*, jette, abat, étend, terrasse ;
	Relève aussi, délivre et débarrasse.
उम्, उम्म्	*Ub, umb-âvas*, tous deux nous emplissons ;
उर्व्	*Urv (arv)-âma*, détruisons ou blessons.
उरु	*Uru*, de *vṛ (varu)*, large, ample et vaste ;
उर्द्	*Urd-ê*, je vis dans les jeux et le faste.
उष्	*Uś, ôśâmi*, brûle, éclate, est brillant ;
	Uśa, le jour à peine encor saillant.
उह्	*Uh, ôhâmi*, persécute et tourmente ;
ऊन्	*ûn-â*, de moins, le contraire d'augmente.

APPENDICE.

Ubjayâmi, faire dresser ; *ubjiji-śâmi*, vouloir dresser. *Indrâgni Raxa ubjatam*, Indra et Agni terrassent le Râxasa.

Ubâmi et *umbâmi* ont aussi le sens de tuer, faire mourir, comme *urvâmi* et *arvâmi*.

Uru, compar. *variyas*, superl. *variśṭa* ; gr. εὐρύς ; substantiv. l'air, l'atmosphère ; au fém. *urvî*, la terre.

L'*u* du verbe *urdê* devient long : *ûrdê*. Ce verbe signifie jouir, jouer, être heureux, et aussi mesurer.

Ôśâmi fait *uććâmi*, dans la langue vêdique. Lat. uro, ustus ; gr. αὔω, αὖος. *Uśat*, brûlant ; *uśapa* (pa), le feu, le soleil ; *uśasi*, l'aurore ; lith. auszra, lat. aurora ; *uśayâmi*, poindre ; *uśakala* (kal), le coq, mot à mot le chanteur de l'aurore ; *uśṇa*, la saison brûlante (juin-juillet) ; *uśma*, le printemps (avril-mai). Au figuré, le verbe *ôśâmi* veut dire brûler, consumer, comme au propre.

Una, soustrait de, retranché de : *pañććnavinćati*, vingt diminué de cinq, moins cinq, c'est-à-dire quinze ; *ûnayâmi*, diminuer, amoindrir.

XI.

ऊर्ज्   *ûrj-ayâmi*, je suis fort, vigoureux ;

ऊर्द्   *ûrd* [long], *ûrdê*, comme *urd* [bref], être heureux.

ऊष्   *ûś-âmi*, souffre, est malade et s'irrite ;

ऊह्   *ûh-âmi*, pense, est homme de mérite.

ऋ (1)   *ŗ-ččâmi*, va, se dirige, parvient,

Se meut, s'élève, avance, arrive, obtient.

ऋ, ऋन्   *ŗ, ŗx-nômi*, provoque, et frappe, et blesse ;

ऋक्   *ŗk-ta*, puissance, honneurs, biens, or, richesse.

ऋच्   *ŗč-âmi*, chante et célèbre en ses vers

Dieu, la nature aux attributs divers.

APPENDICE.

Ûrja, force, vigueur, pouvoir, puissance ; le mois *kârtika* (octobre-novembre) ; *ûrjaswat, ûrjaswala, ûrjaswin*, fort, robuste ; *ûrjin*, nom de l'une des neuf classes des Maruts.

Ûrdê ; causatif, *ûrdayâmi* ; désidératif, *ûrdidiśê*.

Ûśâmi veut dire aussi, dans le sens actif, irriter, blesser, tuer.

Ûhâmi, ûhê, rassembler, concevoir, comprendre, raisonner : *amuktam apy ûhati paṇḍitas*, l'homme savant comprend même ce que l'on ne dit pas. Lat. augeo. *Ûhâ*, l'action de rassembler, de suppléer à la pensée exprimée elliptiquement, compréhension, raisonnement. *Ûhayâmi*, faire penser, faire comprendre, faire exécuter.

(1) Le *ŗ* peut s'articuler *ar, eur, reu, rou*, etc. ; l'essentiel est qu'on le fasse compter pour une syllabe et qu'on ne le transforme pas en une simple consonne.

ŗččâmi ; *çântim ŗččati*, il atteint la béatitude ; *mâm ârat* (aoristo 2) *sampad*, un honheur m'est échu. Dans la langue vêdique, ce verbe est *iyarmi, âryê* : *iyarti rêṇus*, la poussière s'élève. On dit aussi *ŗṇômi* et *ŗṇâmi*.

ŗxa, ours ; gr. ἄρκτος, lat. ursus ; *ŗxêça* (*ŗxa-iça*), le prince des étoiles, la lune (lune est masculin en sanscrit.)

ŗč, substantif féminin : stance, distique des hymnes du Vêda ; le Rig-Vêda (*ŗč*).

XII.

ऋछ्   *ṛ́ć-ćǎti*, perd, émousse, engourdit l'âme ;

    D'où *ṛ́ćčará*, femme à conduite infâme.

ऋज्   *ṛj...arjé*, vit, est ferme, fort, debout ;

ऋञ्   *ṛñj...ê*, fait frire en la poêle qui bout.

ऋण   *ṛṇ...arṇômi*, va, marche ; *ṛṇa*, dette ;

    ṛṇántaka, régent d'une planète.

ऋत्   *ṛt-wâ*, luttant, combattant ou régnant,

    Parfois aussi méprisant, dédaignant.

ऋध्   *ṛd-nômi*, croît, est florissant, prospère,

    Etend : *râjyam*, les Etats de son père.

APPENDICE.

ṛććǎmi, aller, se mouvoir, se solidifier, se congeler ; s'émousser, s'engourdir. Lat. rigere ; *ṛććayâmi*, rendre solide, congeler ; émousser, *ṛććará*, femme de maüvaise vie.

ṛj, irju. Lat. rego ; gr. ὀρέγω. *ṛju*, droit ; lat. rectus.

ṛñjé, lat. frigo. On sent ici que la prononciation *ri* ou *ru* devient nécessaire, et que *ar* serait impossible.

Arṇômi, ṛṇômi, ṛṇâvê; *arṇavé. ṛṇamatkuṇa, ṛṇamárgana*, bail, contrat. *ṛṇamukti, ṛṇamoxa*, libération d'une dette. *ṛṇántaka*, le régent de la planète de Mars (patron des débiteurs).

ṛtiyé, je vais ; je commande ; j'ai pitié ; je blâme.

La racine *ṛd* forme des verbes de différentes classes, qui, outre croître, accroître, agrandir, signifient encore louer, honorer. *ṛdǎu*, grand, fort, puissant, prospère : *ṛdǎam râjyam*, vaste royaume. *ṛdǎi*, prospérité, abondance, richesse, puissance surnaturelle ou magique ; d'où plusieurs dérivés et composés.

XIII.

ऋफ्   *ṛp-âmi*, frappe et blesse en se battant ;

ऋष्   *ṛṡ…arsâmi*, se meut, va suscitant.

एज्   *Ej-ê*, s'agite et tremble d'épouvante ;

एट्   *Eṭ-ê*, haïr, avoir l'âme méchante.

एष्   *Eṡ-ê*, va, marche ; *êṡaṇa*, balancier,

Flèche, outil, sonde ou de fer ou d'acier.

एध्   *Ed-ê*, j'augmente et je suis en croissance ;

Edatu, l'homme en son adolescence,

ओख्   *Ok-ati*, peut, se fait fort d'empêcher,

Veut dire en outre : orner, se dessécher.

APPENDICE.

ṛpami ou *ṛmpmi*, frapper, blesser, tuer. *ṛbu*, *arbu*, mot védique employé au pluriel : les riblius ou ribhavas, réformateurs du sacrifice ; gr. ἀρφούς, puis Όρφούς, plus tard Όρφεὺς, un Orphée. On sait que l'Orphée par excellence, celui qui seul en a gardé le nom, fut, chez les Hellènes encore barbares, le martyr de son apostolat pour la réforme des mœurs.

ṛṡâmi et *arsâmi*, aller, se mouvoir ; faire aller, exciter : *ṛtam arṡanti sindavas*, les libations suscitent Rita (c'est-à-dire allument le feu). *ṛṡaba*, taureau, chef du troupeau ; à la fin des composés, le meilleur, le guide : *nararṡaba*, le prince ; *ṛṡabi*, femme aux traits virils. Comparez le gr. ἄρσην.

Éjâmi, *ôjô*, se mouvoir, luire, briller, arriver, aller vers, trembler : *tê-girayo biya êjam*, les monts tremblaient de peur devant toi.

Étê, être méchant, criminel ; haïr, tourmenter, frapper. Au causatif, *êṭayâmi*.

On dit aussi *êṡana*, masculin, ou *êṡaṇika*, féminin.

Édê, quelquefois *êdâmi*, croître, s'accroître ; prospérer : *sukam êdatê*, le bonheur augmente. Gr. οἶδος, οἰδάω.

Ôkâmi ; causatif, *ôkayâmi*.

XIV.

श्रोज्   *Oj̃-as, ôj̃á,* vie énergique et forte ;

श्रीण्   *On̥-âmi,* vole, enlève, prend, emporte.

श्रों   *Om̥* est un mot mystique et respecté,

         Dans l'Inde encor bien souvent médité.

कक्   *Kak-ê,* vacille, est chancelant, instable,

         S'enorgueillit, a soif, est irritable.

काख्   *Kaḱ-âmi,* rire, être aimable, amusant ;

         Autour de soi donner le ton plaisant.

कग्   *Kag-ayâmi,* je dérobe à la vue ;

कङ्   *Kaγk-ê,* je vais ; *kaγka,* héron ou grue.

APPENDICE.

Ôjayâmi, vivre, être fort, briller. Ce verbe est peut-être le dénominatif d'*ôjas, ôjâ, ôjaswila,* force, vigueur, action énergique de la vie qui se développe ; lumière, éclat ; manifestation, apparence ; éclat du métal poli ; or. *Ôjaswin,* fort, énergique, brillant. *Ôjayč,* devenir fort, brillant.

Ôn̥âmi, dérober ; causatif, *ôn̥ayami* faire emporter, faire dérober ; désidératif, *ôn̥iniśâmi ; ôlu* (pour *ôn̥u* probablement), chat.

Ôm̥-lat-sat, — *Ôm̥,* Lui, l'Etre ou le Bien, c'est-à-dire Dieu.

Kakud, kakuda kakudmal, le sommet d'une montagne ; lat. cacumen, culmen.

Kakâmi, kekḱâmi, kakkami, kaḱḱâmi, plaisanter ; *kaḱayami,* exciter à la plaisanterie ; lat. cachinnus ; gr. καχάζω, καγχάζω.

Kagâmi et *kagayâmi,* j'agis, je vais ; je couvre.

Kaγkaṭa, cotte de mailles, cuirasse ; *kaγkan̥a, kaγkan̥î, kaγkan̥ikâ,* lith. kankalas ; polon. kolokol ; bracelet du poignet, ornements à grelots ; *kaγkata, kaγkati, kaγkatikâ,* peigne ; *kaγkamuḱa,* pincettes (mot à mot, bec du héron) ; et beaucoup d'autres mots.

XV.

क *Ka ;* ce mot semble être le signe oral

Du mouvement, ou physique ou moral :

L'air, le vent, l'eau, la lumière et la flamme,

La temps, le son, le soleil, le corps, l'âme,

Un prince, un roi, le bonheur, le plaisir,

Un patrimoine, un opulent loisir,

Un homme actif, ingénieux, habile,

Agni, Viṣṇu, toute chose mobile,

Toute matière et tout être agissant,

Quoi que ce soit de prompt et de puissant.

APPENDICE.

Dans l'ordre alphabétique, *ka* (neutre et masculin) devait venir avant les racines *kak, kaḱ, kag* et *kaẏk.* Si nous l'avons mis après, c'est qu'il forme une décade à lui seul; encore n'avons-nous pas eu moyen d'exprimer en dix lignes toutes les significations qu'il présente, comme :

Au physique, tête, poils, cheveux, chevelure, paon.

Au moral, l'intelligence; dans le sens mystique, outre *Agni* et *Viṣṇu, Brahmá* et *Káma;*

En composition, *Kañćára* (*ka,* l'air, *ćar*), le soleil, mot à mot le voyageur aérien; *kañja* (*ka,* l'eau, *jan*), le lotus, mot à mot né dans l'eau; *kañjaya, Brahmá,* mot à mot né sur le lotus; etc.

Ka voulant dire une foule de choses très-différentes les unes des autres, il est bon d'observer que ce monosyllabe peut donner divers sens au même nom : ainsi, *kañja,* lotus (en prenant *ka* pour l'eau), signifie poil, cheveu, si l'on applique à *ka* la signification de tête, *kañja,* né de la tête ou sur la tête. Cette remarque est assez importante, et plus d'une fois, en traduisant, on aura besoin d'y songer.

XVI.

कच्	*Kać-ê, kañćê,* je brille, attache, lie ;
कच्	*Kać-ati,* gronde, est retentissant, crie.
कज्	*Kaj-âmahê,* nous avons le cœur gros
	D'orgueil, de joie, ou de rudes sanglots.
कट्	*Kaṭ-âmi,* va, marche, enveloppe et couvre ;
	L'eau du ciel tombe, et la terre s'entr'ouvre.
कट्	*Kaṭ-ara,* dur ; *kaṭêras,* indigent.
कड्	*Kaḍ-ê,* se trouble, est inintelligent.
कड्ड्	*Kaḍḍ-êt,* qu'il soit hérissé, qu'il se dresse ;
कण्	*Kaṇ-ita,* cri de douleur, de détresse.

APPENDICE.

Kaća, l'action de lier ; nœud, ligature, cicatrice ; nœud de cheveux, chevelure ; nuage ; *kaćâmi,* résonner, faire du bruit ; *kaćaÿgana,* marché libre où l'on ne paie pas de droit de place.

Kajâmi, être agité.

Kaṭâmi, parf. *ćakâṭa,* aor. 1, *akaṭiśam.* La racine *kaṭ* forme un très-grand nombre de mots, par exemple : *kaṭa,* actif, qui est en action ; *kaṭaka* plateau, haut pays, cercle, anneau, bracelet, camp, ville forte ; *kaṭakaṭâ,* battement, pulsation, frottement.

Kaṭâmi, mener une vie misérable ; *kaṭalla* et *kaṭalya,* sable ; *kaṭina,* dur, solide ; *kaṭinî,* craie, crayon ; terre à potier ; *kaṭina,* vase de terre, jatte ; *kaṭâhaka,* poule d'eau.

Kaḍâmi, kaḍê, se réjouir, être troublé par un sentiment vif ou profond ; *kaḍa,* égaré, stupéfié, stupide, ignorant. Voir, pour les dérivés de *kaḍ,* les racines *kaṇḍ* et *kâḍ.*

Kaḍḍâmi, être raide, être hérissé.

Kaṇâmi, résonner, crier, gémir ; cette racine a de nombreux dérivés.

Le participe *kaṇita,* employé comme nom neutre, veut dire cri de douleur.

XVII.

कण्ट्	*Kaṇṭ-aka*, clou, pointe, épine —, atelier ;
कण्ठ्	*Kaṇṭ-a*, licol, larynx, gorge, collier.
कण्ड्	*Kaṇḍ-ê*, s'ébat ; *kaṇḍayâmi*, fend, broie ;
	Kaṇḍanî, vase où le grain se nettoie.
कत्	*Kat* signifie (en composition)
	Mépris, dédain ou diminution.
कत्थ्	*Katt-ê*, se vante, en parlant fait la roue ;
कत्र्	*Katr-ayâmi*, je relâche et dénoue.
कथ्	*Kat-â*, récit ; *kataka*, narrateur ;
	Katâprâṇa, du prologue est l'acteur.

APPENDICE.

Kaṇṭâmi, aller, croître ; piquer ; *kaṇṭaka*, arête de poisson ; plante poussant en pointe, défaut, point faible. Gr. χέντρον, etc. Comp. *akaṇṭaka*. *kaṇṭala*, acacia arabica. *kaṇṭikala*, épineux.

Kaṇṭ est une racine qui ne se rencontre guère qu'avec le préfixe *ut* : *utkaṇṭa*, tristesse, affliction, regret ; *utkaṇṭâmi*, *utkaṇṭê*, regretter vivement, s'affliger.

Kaṇḍâmi, *kaṇḍê*, se réjouir. *Kaṇḍayâmi*, vanner le grain ; protéger. *Kaṇḍana*, vannage du grain.

Kat est la forme antique neutre de l'adjectif interrogatif *kas*, *kâ*, *kim* : elle s'emploie au commencement des composés.

Kattê, se glorifier ; *kattila*, vanterie, jactance. *Kattasê satyavâdî*, tu te vantes d'être véridique.

Katrayâmi, délier. Comp. *kartr*, *kart* et *kṛt*.

Katayâmi, dire, raconter, converser ; gr. χωτίλλω ; goth. qvath ; angl. quoth. *Kataŷkatika*, qui interroge. *Katânaka*, historiette. *Katáprasaŷga*, hableur, charlatan.

XVIII.

कट्   *Kad-ê, kandê, kandâmi,* se lamente ;

         Kandayâmi, trouble, agite et tourmente.

कन्   *Kan-âmi,* voit, cherche, désire, atteint ;

कब्   *Kab-ê,* célèbre, exalte, expose et peint.

कम्   *Kam-ana,'* jeune, aimable et voulant plaire ;

कम्   *Kam,* comme *ka,* l'eau, le vent, l'atmosphère.

कम्प्   *Kamp-ê,* trembler, s'émouvoir, s'agiter ;

कर्ड्   *Karj, ćakarja,* vexer, persécuter.

कर्ण्   *Karn-ayâmi,* je perce, et creuse, et troue ;

कर्त् कर्त्र्   *Kart-ayâmi (kartr* aussi), je dénoue.

APPENDICE.

Kadê, parf. *ćakanda,* crier, appeler, pleurer, gémir ; gr. κῆδος. *Kadana,* terreur, trouble, confusion, destruction, massacre. *Kadayâmi* et *kandayâmi,* troubler, mêler, porter le trouble, etc. *Kadyê,* être troublé, confondu, avoir les sens troublés par le chagrin. *Kadara,* tourment, misère ; aiguillon de cornac, scie.

Kanâmi, briller, voir, se porter vers, désirer, aimer, se réjouir. *Kanaka,* or, végétaux à fleurs jaunes.

Kabé, parf. *ćakabé,* peindre, dépeindre, célébrer. Comp. *kav* et *ku.*

Kam, parf. *ćakamé,* sans présent ni imparf., aimer, désirer, vouloir ; lat. amo. *Kamana,* qui aime, beau, désirable ; *Brahmâ. Kâma. Kamaniya,* aimable, désirable. *Kamara,* dési-

reux, amoureux. *Kamilr,* amoureux, amant. *Kamra,* licencieux, lascif.

Kampê, : *búr akampiṣṭa,* la terre trembla ; *samudró'pî kampatê,* la mer même est émue ; *çúrânâm api hrdayâni ćakampirê,* les cœurs des héros même tremblèrent de peur. *Kampa,* agitation, tremblement ; peur. *Kampana, kampra,* tremblant. *Kampayâmi,* ébranler, agiter : *daranim,* la terre ; troubler, effrayer : *manas,* le cœur.

Karjâmi, parf. *ćakarja,* tourmenter, etc.

Karna, l'oreille ; *karnakôti,* espèce de myriapode qui, dit-on, s'introduit dans les oreilles.

Kartrayâmi ; voir aussi *kalr* et *krt.*

XIX.

कर्द् *Kard-ati*, sent au ventre des douleurs ;

कर्ब् *Karb-ura*, forme aux changeantes couleurs.

कर्म *Karma* (de *kṛ*), *karman*, acte, œuvre, ouvrage,

De mots nombreux compose l'assemblage.

कर्व् *Karv-âmi* (fait au parfait *ćakarva*),

Marche orgueilleux, fier et superbe va.

कल् *Kal-ayâmi*, compte ; *kalê*, résonne ;

Kala, bruit sourd d'insecte qui bourdonne.

कल्प् *Kalp-a*, de *klip*, entre autres sens divers,

Marque le temps que dure un univers.

APPENDICE.

Kardâmi, avoir des borborygmes ; gr. χορδή. *Karda*, *kardama*, boue, fange, limon, souillure du péché. *Kardamâṭaka*, lieu où se rendent les ordures, cloaque, latrines.

Karbâmi, *kambâmi* ; *karbura* et *karbûra*, de couleur variée ; bigarrure ; démon ou *râxasa* aux formes changeantes ; crime, péché.

Karmakara, serviteur (non esclave), ouvrier libre. *Karmanyaḃuj*, qui vit de son salaire. *Karmêndriya*, organe de l'action, tout organe corporel. *Karmânta*, terminaison d'un acte, ouvrage fini.

Karvâmi, être fier. *Karva*, désir, amour. *Karvaṭa*, chef-lieu de district, ville centrale. *Karvara*, tigre ; mauvais génie.

Kalê, gr. καλέω. *Kalayâmi*, parcourir, compter, mesurer, estimer : *Kalayâmi maniḃûṣaṇam*, je compte les perles des colliers pour autant de péchés. *Kalakaṇṭa*, son doux, roucoulement ; coucou (*kôkila*), tourterelle. *Kalama*, roseau dont on se sert pour écrire ; gr. κάλαμος ; lat. calamus, culmus. *Kalarava*, colombe ; lat. columba ; lith. karwélis. *Kalaça*, vase ; gr. κάλυξ ; lat. calyx. *Kalêvara* corps mort, cadavre ; lat. cadaver. *Kalya*, prêt à, habile, favorable, heureux ; gr. καλός.

Kalpa, forme corporelle ; lat. corpus ; forme idéale des objets, durée d'un univers. (V. notre dictionnaire.) *Kalapânta*, fin d'un *kalpa*, destruction d'un univers.

XX.

कल्ल्   *Kall-ê, kallâ,* je suis sourde et muette;

कव्   *Kav-ayâmi,* chante; *kavi,* poète.

कश्   *Kaç-ya,* qu'il faut flageller vivement;

कष्   *Kaś-ṭa,* douleur; *kaśṭam,* péniblement.

कस्   *Kas-âmi,* va, sonne, frappe, assassine;

       Kasa, lanière, un fouet, une houssine.

कंस्   *Kans-ê,* je veux qu'on écoute ma voix;

       Kansa, mesure et le vase où je bois.

का   *Ká,* dans les mots qu'il précède, — atténue,

       Détériore, amoindrit, diminue.

APPENDICE.

Kallé, rendre un son confus et sourd; être muet. *Kalla,* sourd et muet. *Kallatwa,* voix ou son indistinct; enrouement; mutisme. (En esp. *callar,* se taire?)

Kavé, kavayâmi, chanter, célébrer. *Kavi,* qui chante, qui célèbre en vers; savant, instruit, poète. *Kavijyêśṭa,* le premier des poètes, Valmiki. *Kavitâ,* la poésie. *Kavitâvédin,* qui connait l'art de la poésie. *Kavitwa,* qualité de poète. *Kavilâsikâ,* espèce de lyre.

Kaçâmi, claquer. *Kaçâ,* fouet, houssine. *Kaçârha,* qui mérite le fouet. *Kaçmala,* avilissement, faiblesse honteuse : *kutas twa kaçmalam idam samupaśtitam,* d'où te vient cet abattement?

Kaśâmi, pousser, frapper, tuer; essayer. *Kaśa,* pierre de touche. *Kaśâya,* jaune, odorant; au fig. corruption : *kalpakaśâya,* période de dégénérescence d'un *kalpa. Kaśṭa,* affligé, persécuté, malheureux : *Kaśṭam,* malheur à! *Kaśṭakâraka,* le monde (lieu de misère).

Kasâmi, aller. *Kasa, kasipu,* vêtement et nourriture. Compar. avec *hans, kaç, kaś, kasa, kaçipu. Kastira,* étain; gr. κασσίτερος. *Kastûri,* castor; gr. κάστωρ.

Kansé, aller; frapper, heurter, tuer; ordonner, commander.

Ká, forme de l'adject. interrog. *kas,* s'emploie au commencement des composés dans le même sens que *kat, ku,* etc., pour marquer, diminution, mauvaise qualité, etc., de l'objet au nom duquel il est joint.

XXI.

काङ्क्ष्   *Kâŷx-â*, désir, élan, souhait, essor ;

काच्   *Kâć* et *kâñć-ê*, luit ; *kâñćana*, l'or.

काश्   *Kâç-ê kâçyê*, semble, apparaît et brille ;

कास्   *Kâs-ê*, je tousse ; et *kâsê*, je scintille.

कि   *Ki, ćikêmi*, connaître, apercevoir ;

कित्   *Kit, ćikêtmi*, voir, apprendre, savoir.

किट्   *Kit, kêṭâmi*, ma vue est effrayante ;

D'où *kiṭiva*, punaise répugnante.

किम्   *Kim* (latin, quid) et *çêkim*, quoi, comment,

De bien des mots sont le commencement.

APPENDICE.

Kâŷxâmi, kâŷxê, désirer : *na kâŷxê -vijayam*, je ne désire pas la victoire; *tê kâŷxanti*, ils te désirent (*tê*, reg. au datif).

Kâća, cristal de roche, verre; *kâ-ćuvâjanu*, vase de verre ou de cristal, *kâñćavâŷga*, qui a un corps et des membres d'or. *Kâñćê* veut dire aussi lier; d'où *kâñćî*, ceinture de femme.

Kâçê, briller, se dit surtout des personnes, dans le sens de se montrer, paraître.

Kâsa, toux; lith. kôstu; ancien germ. buosto. *Kâsaĝni, solanum Jacquini*, plante employée contre la toux. *Kâsû* (de *kas*, tousser), parole embarrassée, bredouillement; (de *kâs*, briller), éclat, splendeur.

Kêṭâmi, d'une racine *kit* (différente de celle de la décade précédente) signifie douter, désirer. *Kitava*, fou, insensé, esprit malade.

Kêṭâmi, craindre, effrayer, fait au gérondif *kêṭilwâ* et *kiṭilwâ*. *Kiṭi*, porc, sanglier; *kiṭṭa*, excrément, ordure, saleté; *kiṭṭâla*, scorie, rouille, vert de gris.

Kim, neutre de *kas*, et sa racine *ki* forment un grand nombre d'expressions énergiques, vives, pittoresques, et d'onomatopées : *kimpaća*, misérable, pauvre, gueux, avare; gr. κίμβιξ (mot à mot, que fait-il cuire? de quoi vit-il?); *kiki*, un geai; *kiki*, un singe, un chacal: *kimvadanti*, une rumeur, un on-dit.

XXII.

किल्   *Kil-âmi*, joue ; est blanc, froid, pâle et terne ;

किष्क्   *Kiśk-ayê*, lue ; et *kiśkindî*, caverne.

कीद्   *Kiṭ-ayâmi*, teindre, user d'un pinceau ;

     Kiṭa (grec κίς), insecte, vermisseau,

     D'où s'est formé *kiṭaja*, cochenille.

कील्   *Kil-a*, poteau, pieu, lance, épingle, aiguille.

कू   *Ku, kavîmi, kœmi, kavê*, chanter ;

     Kuvê, pousser des cris, se lamenter.

कुच्   *Kuć-âmi*, courbe ; et *kôćâmi*, dessine ;

     Kuća, le pis d'où nous vient la vaccine.

APPENDICE.

Kilâmi, être ou devenir froid ; jouer. *Kila*, certainement, probable ment, peut-être, assurément, oui sans doute. *Kilakilâ*, cri de joie.

Kiśkinda, montagne dans l'est-sud-est de l'Hindoustan. *Kiśkindî* et *kiśkindya*, caverne célèbre dans le mont *Kiśkinda*. *Kiśku*, vil, bas, méprisable.

Kiṭa chantre épique d'une caste issue d'un père *xattriya* et d'une mère *vœçyá* : adjectiv. dur, ferme, solide. *Kiṭajna*, soufre.

Kilâmi, coudre, percer d'une ai-guille, d'une flèche, etc. : *hṛdayaṃ çarakilitam*, un cœur percé de traits. *Kukilá* (*ku*, terre), pointe de terre, montagne, pic, promontoire.

Kavîmi est une forme vêdique ; le parfait de ce verbe est *ćukavá* et *ćukuvê* : *kagáç ćukuvirê*, les oiseaux poussèrent des cris.

Kôćâmi, tracer des lignes, dessiner, polir, fourbir ; joindre, unir, mêler. *Kućâmi*, courber, se courber, s'arrondir, être courbe. *Kuća*, sein, mamelle, pis.

XXIII.

कुक्   *Kuk*, prend, reçoit ; au parfait *ćukukê* ;
Pour le présent indicatif, *kôkê*.

कुच्   *Kuñć-âmi*, ploie, est sinueux, se plisse,
Devient petit, s'amoindrit, rapetisse.

कुज्   *Kuj*, *kôjâmi*, dérobe adroitement ;

कुञ्   *Kuñj*, *ćukuñjà*, murmurer doucement.

कुट्   *Kuṭ-âmi*, va tortueux, rusé, fourbe ;
Ou bien sous l'âge et le malheur se courbe.

कुड्   *Kuṭ*, *kôṭayê*, brûler, fendre et briser ;

कुड्   *Kuṭṭ-ayâmi*, remplir ou mépriser.

APPENDICE.

Le participe passé du verbe *kôkê*, racine *kuk*, est *kôkila* et *kukila*.

Kuñćikâ, clef ; nom de divers végétaux, entre autres l'*abrus precatorius*, dont les graines servent de poids aux bijoutiers.

Kôjâmi, parf. *ćukôja* ; gérond. *kôjilwâ* et *kuklwâ*. *Kujamvâla* et *kujamvîla*, qui vole avec effraction ; *kujjaṭi* et *kujjaṭikâ*, brume, brouillard.

Kuñjâmi, bruire, résonner sourdement ; d'où beaucoup de composés.

Kuṭâmi, courber ; être courbé, se courber ; agir tortueusement, être trompeur, plier sous le fardeau du mal. Le parfait de ce verbe est *ćukôṭa* ; aor. 1, *akuṭiśam*.

Kôṭayê et *kuṭṭayâmi*, rac. *kuṭ* ou *kuṭṭ*, ont encore les significations suivantes : diviser, parler confusément, s'embarrasser, être chaud, être tiède. Ces racines donnent naissance à beaucoup de mots, pour lesquels nous renvoyons à notre dictionnaire, page 168. *Kuṭila*, courbé, courbe, sinueux ; au fig. rusé, trompeur, qui agit tortueusement ; au fém. nom propre de rivière, la Saraswatî.

XXIV.

कुटुम्ब्   *Kuṭumb-ayê*, je soutiens ma famille,
Epouse, aïeul, frère et sœur, fils et fille.

कुड्   *Kuḍ-âmi*, joue, en enfant se conduit ;

कुण्   *Kuṇ-âmi*, souffre, est ému, fait du bruit.

कुण्   *Kuṇ-ayâmi*, je dis l'adieu suprême
Aux voyageurs, aux trépassés que j'aime.

कुण्ठ्   *Kuṇṭ-a*, niais, paresseux, nonchalant,
Estropié, mutilé, boiteux, lent.

कुण्ड्   *Kuṇḍ-ayâmi*, d'où *kuṇḍaỳga*, la treille,
Et *kuṇḍala*, collier, boucle d'oreille.

APPENDICE.

Kuṭumbayê semble être le dénominatif de *kuṭumba*, famille, enfants, descendance ; de la racine *kuṭ*, et du nom *kuṭa*, maison. *Kuṭumboka*, la réunion des parents. *Kuṭumbavyapṛta*, le père, administrateur de la famille. *Kuṭumbin*, un père de famille, un prolétaire, un laboureur, un paysan. *Kuṭumbœkas*, la maison occupée par une famille.

Kuḍâmi, faire des enfantillages ; manger, s'engraisser ; amasser, entasser. *Kuḍi*, corps, embonpoint.

Kuṇâmi, sonner. résonner ; aider, prêter assistance ; être tourmenté, souffrir ; *kuṇinda*, son.

Kuṇayâmi, adresser la parole à quelqu'un, donner un conseil ; saluer, dire adieu ; *kuṇapa*, cadavre, corps en putréfaction, puanteur.

Kuṇṭâmi, être mutilé ou estropié ; au fig. être faible, lent, paresseux, stupide ; activ. confondre, mêler, mutiler, blesser.

Kuṇḍayâmi, protéger, préserver. *Kuṇḍa*, puits, citerne ; cavité creusée dans le sol pour la conservation du feu sacré. *Kuṇḍaỳga*, tonnelle de jardin, treille. *Kuṇḍala*, boucle d'oreilles, bracelet, collier, fers, entraves. *Kuṇḍira*, fort, puissant, homme.

XXV.

कुत्स् *Kuts-ayâmi, kutsayê, kutsâmi,*

Je blâme, outrage, insulte un ennemi.

कुथ् *Kut-yâmi,* pue, ou ne sent rien qui vaille ;

कुन्थ् *Kunt-âmi,* vexe, afflige, entoure, assaille.

कुद् *Kudr-ayâmi,* tromper, être un menteur,

Un hypocrite, un fourbe, un imposteur ;

D'où *kundama,* chat ami du mensonge,

Et *Kundu,* rat, souris, bête qui ronge.

कुप् *Kup-yê,* je suis trop enclin à céder

Au mouvement qui me porte à gronder.

APPENDICE.

Kutsayâmi, lith. kussinu, injurier, être en lutte avec quelqu'un ; *kutsana, kutsâ,* blâme, outrage, reproche ; *kutsita,* partic. pass. de *kuts,* bas, vil, méprisable.

Kutyâmi, parf. *ćukóťâ* ; fut. 2. *kóťiśyâmi* ; aor. 1. *akóťiśam,* sentir mauvais. *Kuťa,* comparez *kuça, poa* cynosuroïdes (gazon sacré).

Kunťâmi, tourmenter ; embrasser, envelopper, s'attacher à. On dit aussi *kuťnâmi.* Comparez *krunť, krať, knať,* etc.

Kudrayâmi, kundrayâmi, et même *kôdayâmi* ; rac. *kud, kudr* et *kundr* ou *gundr.*

Kupyê, s'irriter, se mettre en colère ; lat. cupio. *Kupyâmi,* parf. *ćukôpa* ; aor. 2. *akupam* ; fut. 2. *kopiśyê* ; partic. pass. *kupila.* Ce verbe gouverne l'accusatif ou le datif.

XXVI.

कुम्बू   *Kumb-ayâmi*, je couvre, enferme et cèle ;

        Kumɓa, pot, cruche, un homme sans cervelle.

कुरू   *Kur-a*, son, bruit, murmure, air agité ;

कुल्लू   *Kul-a*, famille et sa propriété.

कुर्द्   *Kurd-ê*, se livre à la plaisanterie ;

        Kurdaṇa, jeu, belle humeur, raillerie.

कुच्   *Kuç-yâmi*, prendre, étreindre en embrassant ;

        Kuñçayâmi, parle, est resplendissant.

कुष्   *Kuś-nâmi*, j'ôte, arrache, extrais, enlève

        (*Ixusâram*, du doux roseau la sève).

APPENDICE.

Kumb s'écrit aussi *kump, kumɓ, kub* et *kuɓ*. Cette racine donne naissance a beaucoup de mots, par ex. : *kubja*, bossu, courbe, en gr. κύπτω, lat. gibbus ; *kubra*, forêt ; *kuɓá*, rivière du Caboul, le Κωφήν des Grecs ; *kumpa*, estropié, contrefait ; *kumbâmi*, cacher ; *kumbá*, palissade ; *kumɓa*, pot-à-l'eau, mesure, gr. κύμβη, lat. cymba ; *kumbila*, voleur, etc., etc.

Kurâmi, sonner, résonner ; *kura*, son, bruit. Une autre racine *kur* forme en partie la conjugaison de *kṛ*.

Kûlâmi, réunir ; être parent, allié.

Kula, troupe ou bande d'animaux de même espèce ; race noble ; habitation, sol formant la propriété d'une famille ; pays habité ; au fig. le corps (demeure de l'âme) ; *kulaka*, fourmilière, taupinière, et grand nombre d'autres dérivés.

Kurdé et *kúrdé* ; on écrit aussi cette racine : *kurd, gud. gurd*, etc.

Kuć et *kusyâmi, kuñçâmi* et *kuñçayami*. On écrit même *knańs*.

Kusṇâmi prâṇâm, j'ôte la vie. *Kuśmala*, extraction, action d'ôter, d'arracher, de séparer, de diviser.

XXVII.

कुह् *Kuh-aka*, fourbe, hypocrite, imposteur ;
Rat ou serpent, envieux et trompeur.

कुंग् *Kuṅç-ayâmi*, je parle, je rayonne ;

कू *Kû-nê*, gémit, retentit et résonne.

कूज् *Kûj-ita*, voix, murmure, chant d'oiseaux,
Plainte du vent, des arbres et des eaux.

कूट् *Kûṭ-ayâmi*, conseille ; *kûṭa*, ruse ;
Kûṭayê, cherche à chicaner, refuse.

कूड् *Kûḍ (kṛḍ)-âmi*, devenir gros et gras ;

कूण् *Kûṇ-i*, pauvre homme estropié d'un bras.

APPENDICE.

Kuhayê, admirer, s'étonner ; étonner ; tromper. *Kuha*, surnom de *Kuvêra*. *Kuhaka*, pris substant. tromperie, fourberie, imposture. *Kuhanâ*, hypocrisie, affectation de piété, de sainteté, de vertu. *Kuhanikâ*, hypocrisie, etc.

Kuṅçayâmi, *kuṅçâmi*, *kuṅsâmi*, *kuṅsayâmi*, parler, briller, luire.

Kûnâmi, *kûnê*. La racine *kû* présente les mêmes significations que *ku*, *knu* et *knû* : rendre un son.

Kûjita est le partic. pass., pris substant., de *kûjayâmi*, causatif de *kûjâmi*, rendre un son inarticulé, murmurer, piauler, roucouler, chanter, croasser, etc.

Kûṭayâmi, brûler ; au fig. consumer dans la peine, tourmenter, chagriner ; donner un avis. *Kûṭayê*, chercher des détours, chicaner, refuser ; se montrer avare ; manquer de cœur, être abattu. *Kûṭa*, fraude, tromperie, illusion. *Kûṭakṛt*, *kûṭaka*, trompeur, malhonnête, etc.

Kûḍâmi ou *kṛḍâmi*, manger, être ou devenir fort.

Kûṇayâmi, *kûṇayê*, se contracter, se plisser, se resserrer, se courber. *Kûṇikâ*, corne d'animal ; cheville ou clef d'un luth.

XXVIII.

कूप्   *Kûp-ayâmi*, suis-je assez misérable ?
       Karpê, krâpê, je suis bon, secourable.

कूल्   *Kûl-a*, quai, mur, rempart, entassement,
       Toute défense et tout empêchement.

कृ   *Kṛ, kurvê*, faire, en dérivés abonde ;
       Nul mot sanscrit n'est source plus féconde.

कृज्   *Kṛj'*, d'où *karjê*, fait brûler, fait rôtir ;

कृत्   *Kṛt, kṛnadmi*, cacher, voiler, vêtir.

कृ   *Kṛ-ṇômi*, frappe et de la mort est cause ;

कृत्   *Kṛt, kṛntâmi*, détruire quelque chose.

APPENDICE.

Kúpayâmi, kṛpayâmi et *kalpayâmi*, être faible. *Karpê* ou *kalpê, krapê*, avoir pitié. *Kṛpana*, pitoyable, misérable, malheureux, chétif, petit : un ver. *Kṛpá*, pitié, compassion. *Kṛpâlu*, compatissant, tendre, miséricordieux.

Kúlâmi, couvrir, défendre, empêcher d'approcher ; gr. κωλύω. *Kúla*, digue, rempart, quai, berge, rive, lac, tout ce qui met obstacle, couvre ou protége. *Kúlaka*, digue, monceau de terre, etc.

Karómi, kurvê, parfois *karámi, karê* ; lat. creare ; gr. κραίνω, ancien germ. karawam ; irland. caraim. Faire, en sanscrit comme en français, produit de nombreux idiotismes. Le parfait *ćakâra, ćakrê*, s'emploie pour former les parfaits par circonlocution.

Suivant la signification qu'il adopte, *karómi* gouverne l'accus., le génit., l'instrum., le dat., l'ablat., deux accus. : *twâṃ karómi xitivarđanam*, je te fais mordre la poussière.

Karjê, rôtir, faire rôtir, brûler.

Kṛnadmi, parf. *ćakarta*, envelopper, revêtir.

Kṛṇámi et *kṛṇômi, kṛṛṇê*, couper, frapper d'un instrument tranchant, blesser, tuer. Comparez *kṛntâmi*.

Kṛntâmi, diviser, séparer, retrancher, détruire. *Kṛtti*, l'action de couper, de fendre, de trancher. *Kṛttiká*, le troisième astérisme lunaire, comprenant les six étoiles des Pléiades et dont le signe est un couteau. *Râxasâṃ grivá api kṛntâmi*, je coupe même le cou aux *Râxasas*.

XXIX.

कृश्   *Krç-a*, petit, grêle, exigu, ténu ;
    Karçita, maigre et mince devenu.

कृष्   *Kr̂s̀-âmi*, traîne, emporte à l'aventure ;
    Kr̂s̀i, labour, charrue, agriculture.

कॄ   *Kr̂*, *kîrâmi*, lance et verse ou répand ;
    Kr̂, *kârayê*, connaît, distingue, apprend.

    Kr̂, *kr̂noti*, sur un champ de bataille
    En brave il frappe et d'estoc et de taille.

कॄत्   *Kr̂t*, *kîrtayê*, *kîrtayâmi*, conter,
    Célébrer, lire, appeler, réciter.

APPENDICE.

Kr̂çâmi, amincir, amaigrir : *ćokakarçita*, amaigri par le chagrin. *Kr̂çầgi*, femme qui a une taille mince ou des membres grêles. *Kr̂çâçwin*, danseur, sauteur, bateleur.

Kr̂s̀âmi, *kr̂s̀ê*, *kars̀âmi*, tirer, attirer, acquérir : *mahadyaças*, une grande gloire ; tourmenter, verser, dompter, vaincre, emporter : *mama añçô indriyâni prakr̂tistâni karsati*, une portion de moi-même acquiert la sensibilité inhérente à la nature ; *sa tân ćakars̀a vâyus*, ce vent les emporta çà et là ; gratter, râcler, rayer, labourer : *xêtram*, un terrain. *Kr̂s̀aka*, laboureur, bœuf de labour, soc de charrue. *Kr̂s̀abala*, laboureur, paysan. *Kr̂s̀ti*, un savant, un champ labouré, la classe des laboureurs ; et beaucoup d'autres mots.

Kîrâmi, répandre ; *miham*, la pluie ; lancer : *çarân*, des flèches ; couvrir : *vânas*, de traits ; *pr̂t'ivîm varśêna*, la terre de pluie. Gr. κεράννυμι, κέρας.

Kârayê ; gr. κρίνω ; lat. cerno.

Kr̂nômi et *kr̂nâmi*, tailler, mettre en pièces, blesser, tuer.

Kîrtayê, *kîrtayâmi*, raconter, louer, nommer : *kîrtayàswa yat'avrttam*, raconte la chose comme elle est arrivée. *Satatam kîrtayantô mâm*, redisant toujours mes louanges. *Yê twayâ kîrtitâ gunas*, les qualités dont tu as parlé.

XXX.

कॢप   *Klip-ta, kalpê, kalpayâmi,* paraître,

Faire une chose, agir, devenir, être.

केत्   *Kêt-ayâmi,* proclame, fait savoir,

Donne un conseil et rappelle au devoir.

केव्   *Kév-ê,* servir ; *kêçara,* chevelure,

Vient de *kêça,* d'où *kêçanta,* tonsure.

केप्   *Kêp-ê,* vacille, est agité, mouvant ;

केल्   *Kêl-âmi,* va, folâtre et tremble au vent.

कै   *Kæ, kâyâmi,* comme un corbeau qui passe,

Jette aigrement sa clameur et croasse.

APPENDICE.

Kalpayâmi, kalpê. Ce verbe s'applique à toutes sortes d'actions : *amṛtatwâya kalpatê,* il obtient l'immortalité ; *yajnamkalpatê,* il ordonne la cérémonie du sacrifice ; *açwam kalpatê,* il harnache un cheval ; *pritim parâm kalpatê,* il procure une grande joie ; *âsanam kalpayâmâsa,* il prépara un siége ; *kâvyam kalpayâmi,* je compose un poème ; je dessine, je peins, j'arrange, je règle. *Kliptakîlâ,* un bail, un contrat. *Kliptika,* acheté, acquis par acte de vente.

Kêtayâmi, causatif de la racine *kit,* n'est usité qu'avec les préfixes *ni* et *sam.Kêtana,* invitation, appel, marque, signe, symbole, enseigne, drapeau.

Kévê, honorer, servir ; même sens que *kêv* et *gêv,* etc. *Kêça,* chevelure, n'est pas une racine ; c'est un mot dérivé de *ka,* tête, et de *çi* probablement. Nous le citons, quoique d'origine incertaine, parce qu'il donne naissance à beaucoup d'expressions simples ou composées, comme *kêçara,* chevelure, crinière ; lat. *cæsaries.*

Kêpê a les mêmes significations que la racine *gêp.*

Kêlâmi, comme *kêl, kil,* etc. Les principaux dérivés appartiennent à *kil.* De *kêl* vient *kêlaka,* danseur, bateleur, bouffon.

Kæ (*kâyâmi,* crier, croasser) forme *kâka,* corbeau, corneille, d'où beaucoup de mots dérivent.

XXXI.

क्रय्   *Knat-ayâmi*, du simple *knatâmi*,
Frapper, blesser, tuer un ennemi.

क्रस्   *Knas-ayâmi*, je courbe et je suis courbe ;
Au figuré, c'est avoir l'esprit fourbe.

क्रु, क्रू, क्रूय्   *Knu, knû, knûy-é, caknûyé*, j'ai parlé
D'un ton maussade et mal articulé.

कम्र्   *Kmar-âmi*, donne une forme penchante,
Se plie en arc, montre une âme méchante.

क्रथ्   *Krat-ayâmi*, fait rire coup sur coup,
Nous réjouit, nous amuse beaucoup.

APPENDICE.

Knatâmi, gr. κτείνω, ἔκτανον. *Kratâmi, kratayâmi*, même signification. *Kratana*, meurtre.

Knasyâmi, *knasayâmi*, comme *knansâmi* et *knansayâmi*, outre le sens de courber, voûter, veut dire aussi briller, parler.

Knunâmi, knuné, knûnâmi, knûné, knûyé, marmotter, murmurer, rendre des sons inarticulés. *Knôpayâmi*, causatif de *knûyé*, signifie devenir et rendre humide, avoir et répandre une mauvaise odeur.

Kmarâmi, parf. *cakmâra* ; lat. camera ; gr. χαμάρα.

Kratayâmi, réjouir, amuser, faire rire coup sur coup, a les mêmes significations que *cratayâmi*, réjouir, égayer, donner ses soins, s'efforcer. Il ne manque pas non plus de rapport avec *cratnâmi*, lier, délier, réjouir.

XXXII.

क्रद्, क्रन्द्   *Krad* et *krand-ê*, je me désole et crie ;
Je trouble, agite, ou provoque et défie.

क्रप्   *Krap-ê*, j'entonne un chant religieux,
Et je suis bon, compatissant, pieux.

क्रम्   *Kram-âmi*, va, marche, aborde, s'avance,
Foule à ses pieds, monte, franchit, s'élance.

क्री   *Krî-nê*, j'achète, autrement *krînâmi*,
Répond au grec πρίαμαι, πέρνημι.

क्रीड्   *Krîḍ-âmi*, joue : *axæs*, aux dés ; s'amuse,
Du temps parfois et des plaisirs abuse.

APPENDICE.

Krandâmi, causat. *krandayâmi*, parf. *ćakranda*, p. q. parf. *aćikrandam*, pousser des gémissements : *ćakranda kurarî iva*, elle poussa des cris comme l'aigle de mer ; demander à grands cris : *ćaranam*, du secours ; hennir : *krandad açwas*, le cheval a henni. Au moy. être affligé, troublé, confondu par la douleur ; activ. troubler, confondre, agiter. *Krandana*, cri lugubre, lamentation, gémissement, appel, défi, provocation ; un chat. Au causat. crier, résonner, retentir.

Kropê, avoir pitié ; célébrer par des hymnes.

Kramâmi, *kramyâmi*, *kramyê*, *kramê*. *Krama*, marche, progrès, ordre, méthode, règle. *Kramana*, pied. *Kramêla*, chameau (le marcheur) ; gr. κάμηλος ; lat. camelus. Le part. pas. *krânta*, subst. cheval. *Krântu*, oiseau. *Krânti*, marche et progrès, au propre et au fig. — *Kramôdvêga* (*kram*, *ut*, *vêga*), bœuf. Ce verbe est peut-être la racine du latin gradus, gradi, gradior.

Krînâmi, *krinê*, part. *krita*. *Kritaka* et *krtaputra*, fils acheté pour perpétuer artificiellement la descendance masculine d'une famille. *Kritânuçaya*, reprise d'un marché par le vendeur.

Kriḍâmi, caus. *krîḍayâmi*, jouer. *Dâræx api ḍanæx api krîḍanti*, ils jouent leurs femmes et leurs richesses. *Krîḍa*, *krîḍana*, *krîḍâ*, le jeu ; amusement, plaisanterie. *Krîḍâraťa*, un char, une voiture d'agrément. Dans la langue vêdique, au lieu de *krîḍâmi*, c'est *krîlâmi*.

XXXIII.

क्रुञ्च् *Kruñc-âmi*, va par détours et replis ;

Kruñća, montagne, et *kruñć, kruý*, un courlis.

क्रुड् *Kruḍ-âmi*, plonge, au fond se précipite ;

क्रुध् *Kruḍ-â*, colère, et *krudyâmi*, s'irrite.

क्रुन्थ् *Krunt, kruṫnâmi*, tenir, ceindre, entourer,

A quelque chose avec force adhérer.

क्रुश् *Kruç, krôçâmi*, se lamenter, se plaindre,

Crier, pleurer, se désespérer, geindre,

क्लथ् *Klaṫ-ayâmi*, le combat commençant,

On frappe, on blesse, on fait couler le sang.

APPENDICE.

Kruñćâmi, aller par sinuosités, en ligne courbe ; se courber, se baisser ; être ou devenir petit, bas ; activ. courber, rendre petit, peu élevé. *Kruñćâ*, espèce d'instrument de musique, de luth.

Kruḍâmi, se plonger, s'enfoncer dans, être plongé.

Krudyâmi, s'irriter contre, se mettre en colère. *Kruḍ, kruḍâ* et *krôḍa*, irritation, colère, toutes les passions de cette sorte. *Krôḍana*, irascible ; *krôḍamûrćila*, troublé par la colère ; *krôḍayâmi*, irriter, mettre en colère ; *krôḍin*, furieux, irrité.

Kruṫnâmi, embrasser, envelopper ; quelquefois aussi affliger, tourmenter.

Krôçâmi, pleurer, gémir, pousser des cris ; gr. κρώζω, κράζω, κραυγὴ ; lat. crocio. *Kruçwan*, un chacal. Le partic. pas. *kruśța*, pris subst., veut dire cri, plainte, lamentation. *Krôśțu*, fém. *krôśțri*, comme *kruçwan*, chacal (*canis aureus*).

Klaṫâmi, klaṫayâmi ; lat. clades. Ce verbe a la même signification que *knaṫâmi*.

XXXIV.

क्रद्, क्रन्द्   *Klad, kland-âmi*, j'appelle et me lamente,
                Klâdê, klandê, l'autre ou moi je tourmente.

क्रप्   *Klap-ayâmi*, murmure sourdement,
                S'exprime mal, parle indistinctement.

क्रम्   *Klam-a*, chagrin, peine, sollicitude,
                Abattement, fatigue, lassitude.

क्रव्   *Klav-ayâmi*, faire craindre, effrayer;

क्लिद्   *Klid* (au parfait, *ciklêda*), se mouiller.

क्लिद्, क्लिन्द्   *Klid* ou *klind-ê, klindâmi*, je m'afflige,
                Et la douleur à larmoyer m'oblige.

APPENDICE.

Kladâmi et *klandâmi*, appeler en criant, pousser des lamentations. Au moyen, être affligé ; activement, affliger, tourmenter. Lat. plango ; gr. κλάζω.

Klâpayâmi, bruire, parler bas, parler ; même signification que *hlap, jalp, jap*, etc.

Klamaïa , épuisement, affliction. *Klâmyâmi* et quelquefois *klâmâmî*, partic. *klânta*, être fatigué, épuisé ; au fig. être affligé, attristé.

Klavê, craindre, être effrayé. *Klavayâmi*, causatif de *klav*, effrayer, faire craindre.

Klidyâmi, être humide, devenir humide, se mouiller ; gr. κλύζω. *Klinna*, partic. pass. de *klid*, mouillé, humecté. *Klinnâxa*, qui a les yeux humides ou mouillés de larmes.

Klindâmi, klindê, pleurer, gémir.

XXXV.

क्लिश् *Kliç-nâmi*, trouble, agite et fait souffrir,

Souffre soi-même et s'ennuie à mourir.

क्लीब्, क्लीव् *Klîb-ê, klîvê*, je suis faible et débile ;

क्लु *Klu*, d'où *klavê*, descend, monte, est mobile.

क्लेश् *Klêç-ê*, je parle, empêche ; ou, furieux,

Je blesse et tue un rival odieux.

क्वण् *Kwan-ita*, bruit ; *kwanâmi*, je résonne ;

Grelot je tinte, et mouche je bourdonne.

क्वाथ् *Kwât-a*, mets cuit à l'eau, décoction ;

Au figuré, malheur, affliction.

APPENDICE.

Kliçnâmi, kliçyâmi, kliçyê, tourmenter, fatiguer, lasser ; être affligé ; partic. pas. *klishta*, d'où *klishti*, agitation, tourmente ; torture, misère, détresse ; servage, domesticité. *Ayam mâṃ kliçnati*, il me tourmente. *Marutas kliçnanti sâgaram*, les vents agitent la mer. *Janêna kliçyatê bâlâ*, la jeune fille est tourmentée par l'homme.

Klibê, klivê, être impuissant, timide. *Kliva*, lent, paresseux, efféminé, sans pouvoir générateur ; un eunuque ; en terme de grammaire, le genre neutre. *Klævya*, amollissement, affaiblissement ; mollesse, faiblesse, défaillance.

Klavê, se mouvoir. De *klu* vient *klôman* ou *klôma*, vessie.

Klêçê, parler, empêcher ; frapper, blesser, tuer. Compar. la racine *kliç*, d'où vient *klêça* agitation, tourment, peine, ennui, toute imperfection produite par le mal moral.

Kwanâmi, sonner, résonner, tinter, bourdonner, crier, vociférer. *Kwana*, son des instruments de musique, bourdonnement ; son, en général. *Kwanana*, petit pot ou chaudière de terre. *Kwanita*, part. pass. de *kwan*, pris subst., son, bruit, bourdonnement.

Kwâta, décoction, cuisson à l'eau, nourriture préparée de cette sorte ; au fig. peine cuisante, malheur, affliction. *Kwâtâmi*, faire cuire, faire bouillir, apprêter un aliment.

XXXVI.

तन्, तञ्   *Xaj* et *xañj-é*, va, se meut, fait largesse ;
          Xajayâmi, vivre dans la détresse.

तण्   *Xan-wê*, blesser ; *xanaprabá*, l'éclair ;
          Xanardmin, le pigeon qui fend l'air.

तम्   *Xam-ê*, je souffre, et pardonne, et supporte ;
          Xama, j'ai l'âme et patiente et forte.

तर्   *Xar-a*, nuage, eau ; *xarê*, s'échapper,
          S'évanouir, couler, se dissiper.

तल्   *Xal-âmi*, va, vient, réunit, amasse,
          Est agité, court, accumule, entasse.

APPENDICE.

Xajé, *xañjê*, aller, se mouvoir, donner ; *xajámi*, *xajayámi*, vivre dans la détresse. Le parfait de ce verbe est *caxañjé*.

Xanómi, *xanwê*, frapper, blesser, tuer ; gr. καίνω. *Xana*, moment, instant, moins d'une seconde. *Xanatu*, coup, blessure, plaie. *Xanada*, l'eau. *Xanadá* et *xaniní*, la nuit. *Xanadi-ćara*, esprit, démon de la nuit, *râxasa*. *Xanana*, coup porté, action de frapper, de tuer. *Xaniká*, l'éclair. Du part. pas. *xata* dérivent beaucoup de mots, comme *xataja*, sang d'une blessure, etc. *Xati*, action de frapper, de blesser, de tuer ; *xattra*, un guerrier, un *xattriya* ; en zend, *xat'ra*.

Xamé, *xamámi*, *xamyámi* : *tam mê xantum arhasi*, veuille me pardonner cela ; *xama*, pardonne, pardon ! *Xam*, la terre ; *xami*, dans la terre, à terre, gr. χαμαί. *Xama*, tolérant, indulgent. *Xamayámi*, faire prendre patience, demander grâce. *Xamá*, patience ; la terre, la nuit. *Xamávat*, *xamitṛ*, *xamin*, *xánta*, patient, indulgent. *Xampayámi*, souffrir, endurer.

Xarámi, *xaré*, s'écouler, ou tomber goutte à goutte ; activ. répandre : *varśam*, la pluie ; *çóṇitam*, le sang ; chasser : *çókam*, le chagrin. *Xarin*, la saison des pluies. *Xârayámi*, causat. de *xar*, faire écouler, relâcher. *Xira* (de *xar*), lait, eau, suc.

Xalámi, se mouvoir, vaciller, réunir, amasser, a beaucoup d'analogie avec les racines *ćal* et *kul*.

XXXVII.

तल्   *Xal-ayâmi*, laver et nettoyer,
Avec l'eau froide ou chauffée au foyer.

ति   *Xi, xayâmi*, je suis seigneur et maître ;

ति   *Xi, xiṇômi*, brise une chose, un être.

ति   *Xi, xiyâmi*, demeurer quelque part ;

तिप्   *Xip-âmi*, lance un projectile, un dard.

तीड़्   *Xij-âmi*, faible, aux plaintes je me livre ;

तीब्   *Xib-ê*, je suis orgueilleux ; je suis ivre.

तीव्   *Xîv-é*, cracher, rendre les aliments ;

तु   *Xu-ta, xœmi*, j'ai des éternûments.

APPENDICE.

Xâlayâmi, faire couler de l'eau sur quelque chose, nettoyer avec un liquide.

Xayâmi (1re classe), être maître, régner : *Indra rayas xayati*, Indra est le maître des richesses. *Xit*, à la fin des composés, signifie maître, seigneur, chef.

Xiṇômi (5e cl.) et *xiṇâmi* (9e), frapper, tuer, briser : *ðanus*, un arc ; *yaças*, la gloire

Xiyâmi (6e cl.), habiter, demeurer : *suxitim xiyanti*, ils habitent une bonne terre. *Xi* et *xiti*, demeure, habitation ; destruction, disparition. — La racine *xi* peut s'écrire *xi*.

Xipâmi, *xipê*, jeter, lancer : *vânam*, une flèche ; précipiter : *xitœ*, à terre ; *narakê*, dans l'enfer. *Xipa*, l'action de jeter, de lancer. *Xipaka*, un soldat. *Xipaṇi*, un projectile ; une rame. *Xipaṇu*, le vent. *Xipâ* et *xiptâ*, la nuit. *Xipra*, prompt, rapide ; d'où l'adverbe *xipram*, subitement, vite.

Xiĵâmi, gémir, se plaindre. *Xijana*, gémissement du vent dans les roseaux.

Xibê, être ivre ; au fig. être orgueilleux. *Xiba*, ivre, orgueilleux.

Xivé, *xîvâmi*, *xêvâmi*, *xîvyâmi*, cracher, vomir.

Xœmi, éternuer ; lithuan. *czaudmi*. *Xut*, *xuta*, *xutâ*, éternûment. C'est une onomatopée, qui se retrouve lettre pour lettre dans le français familier.

XXXVIII.

तद् *Xud, xuṇadmi, xundê,* j'écrase et pile ;
   Xudra, menu, petit, faible, débile.

तद् *Xud-âmi,* va, d'ardeur est animé ;

तध् *Xuḍ, xuḍyâmi,* je me sens affamé.

तभ् *Xub-ḍa,* bâton de la baratte active ;
   Xubḍatâ, trouble, émotion craintive.

तर् *Xur-a,* rasoir, et *xurâmi,* raser,
   Râcler, gratter, graver, bêcher, creuser.

तै *Xæ, xâyâmi,* je tombe en défaillance ;

तोट् *Xôṭ-ayâmi,* je jette au loin, je lance.

APPENDICE.

Xuṇadmi, xundê, broyer. *Xudra,* au fig. vil, bas, abject, infime ; pauvre ; avare ; cruel. *Xudrá,* femme estropiée, danseuse, fille de rien ; une mouche, une guêpe, un moustique. *Xudranâsika,* camus, qui a un petit nez. *Xôda,* poudre, poussière ; mortier, pierre à broyer. *Xôdayâmi,* causat. de *xud,* pulvériser ; au fig. mépriser. *Xôdisṭa,* superlat. de *xôda,* réduit en poudre très-fine.

Xudâmi, aller vers, se diriger vers, marcher au but. C'est une expression vêdique.

Xuḍyâmi, avoir faim. *Xuḍ* et *xuḍâ,* la faim. *Xuḍâbijanana,* moutarde noire apéritive. *Xuḍita,* partic. pass. affamé. *Xuḍuna,* un sauvage, un barbare.

Xubyâmi, xubṇâmi, xôbê, part. pas. *xubita* et *xubḍa,* être agité, troublé ; trembler, craindre ; se corrompre, se dépraver. *Xubḍârnava,* mer houleuse. *Xôba,* houle. *Xôbaṇa,* l'une des flèches de Kâma. *Xôbayâmi,* causat., agiter, troubler : *samudram,* la mer ; *jagat,* le monde.

Xurâmi, gr. ξέω, ξύω. *Xura,* rasoir ; sabot du cheval ; ongles de la vache. *Xuri,* couteau, gr. ξυρός. *Xurapra,* espèce de flèche. *Xuramardin, xurin,* barbier.

Xâyâmi, s'amaigrir, s'amincir, se réduire à rien ; dépérir, mourir. *Xâma,* partic. pas. mince, grêle, maigre, exigu, faible, débile. *Xâmâśya,* diète, régime débilitant.

XXXIX.

दृणु *Xṇu*, d'où *xṇæmi*, veut dire aiguillonner ;

Mais *xṇu*, *xṇuvé*, signifie emmener.

द्मील् *Xmîl-âmi*, baisse, agite sa paupière ;

द्विड् *Xwiḍ*, *xwêḍâmi*, *xwêḍita*, cri de guerre.

द्वेल् *Xwêl-âmi*, va, se met en mouvement ;

Saute, bondit, prend son ébattement.

ख *K'a*, ciel, bonheur, espace, air, jouissances,

Champ, cité, vide, un point, nos connaissances.

खकाख् *K'akK'-âmi*, rire à se tordre, éclater ;

खच् *K'aé-ñâmi*, mort, je veux ressusciter.

APPENDICE.

Xṇæmi, aiguiser, effiler ; au fig. exciter, animer. *Xṇuvé*, emmener, emporter.

Xmîlâmi, parf. *éixmîla*, cligner des yeux, a le même sens que *mîlâmi*, *mimîlâ*.

Xwêḍâmi et *xwidyâmi* (*xwiḍ* et *xwid*), grincer des dents ; répandre, émettre, dégager, laisser aller ; suer ; rendre un son ; répandre sur soi des parfums ; répandre des largesses, faire un présent ; aimer. *Xwêḍa*, courbé, tortueux ; au fig. pervers. *Xwêḍâ*, son, bruit ; toute chose émise ou répandue, poison, venin ; bourdonnement dans les oreilles. *Xwêḍana*, sonorité. *Xwiḍ* et *xwid* sont deux racines différentes, qui se rencontrent dans le sens de répandre, émettre, laisser aller.

Xwêlâmi, aller, se mouvoir ; vaciller, chanceler ; bondir, s'ébattre. *Xwêla* et *xwélana* ont le même sens que *xwêḍa* et *xwêḍana*.

'*Ka* sert à former bien des mots, comme : *K'aga* (*gam*, aller), oiseau, flèche, vent, soleil, planète, étoile, un être divin ; *K'aéamasa*, la lune ; *K'aéara*, le nuage ; *K'aĵala*, la gelée blanche, etc.

'*KaKK'âmi*, rire, éclater de rire.

'*Kaéñâmi*, revenir à la vie, se montrer comme un revenant ; purifier, rendre illustre et puissant ou heureux.

XL.

खच्   *Kać-ayâmi*, je joins, enlace et noue ;

खज्   *Kaj-a*, cuiller ; *Kajâmi*, je secoue.

खञ्   *Kañj-a*, boiteux ; *Kanjâmas*, nous boitons ;

खट्   *Kat-amâhœ*, désirons, souhaitons.

खट्   *Katt-ayâmi*, couvrir, cacher, défendre ;

खड्   *Kad-ayâmi*, rompre, briser et fendre.

खण्ड्ु   *Kand-ayâmi*, diviser, séparer,

       Mettre en morceaux, partager, déchirer ;

       Kanda, fragment, pièce, débris, cassure,

       Et *Kandabra*, lambeau fait par morsure.

APPENDICE.

'*Kaćayâmi*, lier, joindre, attacher. '*Kajâmi*, agiter, remuer ; au fig. exciter, émouvoir. '*Kaja*, cuiller-à-pot. '*Kajá*, agitation ; action de remuer, de pousser, de détruire, de mettre en déroute ; la main ouverte.

'*Kañjâmi* et *Kajámi*, boiter. '*Kañja*, *Kañjaka*, *Kañjana*, boiteux. '*Kañjá*, stance de deux parties, dont l'une a 32 padas et l'autre 30. '*Kañjakéta*, *Kañjakéla*, *Kañjanákrti*, *Kañjaniká*, *Kañjarila*, hochequeue. '*Kañjanarala*, culte idolâtrique des saints.

'*Kalámi*, désirer, peut-être aussi regretter.

'*Kalli*, *Kallikâ*, *Kalwâ*, *Kalwikâ*, bois de lit, couchette, bière, corbillard.

'*Kadayâmi*, mettre en pièces, détacher. '*Kada*, action de fendre. '*Kadga*, glaive, poignard, épée, sabre, couteau. '*Kadgarita*, bouclier. '*Kadgika*, marchand boucher. '*Kadgin*, qui porte un glaive, rhinocéros. '*Kadgika*, faucille.

'*Kand*, qui forme *Kandayâmi*, *Kandé*, partic. pass. '*Kandita*, est une racine à l'aide de laquelle se composent beaucoup de mots, renfermant tous l'idée de briser, de séparer, de diviser, de déchirer, au propre et au figuré.

XLI.

खद्   *Kad-a*, sois ferme, à frapper vigoureux ;

खन्   *Kan-i*, la mine ou carrière aux flancs creux.

खर्ज्   *Karj-âmi*, traite avec respect, honore ;

  Karjû, le ver, l'insecte qui dévore.

खर्द्   *Kard-ati*, mord, pique, blesse et répand

  Le noir poison d'un venimeux serpent.

खर्ब्   *Karb-âmi*, va, s'avance à la rencontre ;

खर्व्   *Karv-âmi*, fier et superbe se montre.

खल्   *Kal-a*, lieu, place, aire à battre le grain,

  Sol végétal, fertile et bon terrain.

APPENDICE.

'*Kadâmi*, être fixe, être ferme ; frapper, tuer ; manger.

'*Kanâmi*, *Kanê*, fouir, creuser, fouiller : *pṛṭiviṃ*, la terre ; *Kaniṃ*, une mine ; gr. χαίνω ; lat. canalis, cuniculus. '*Kanaka*, *Kaniṭṛ*, laboureur, mineur, fossoyeur ; rat ; voleur. '*Kanana*, action de fouir, de creuser. '*Kani*, mine, souterrain. '*Kanitra*, houe, pioche, tout instrument pour creuser la terre ; labour.

'*Karjâmi*, honorer, rendre hommage, traiter avec respect ; purifier, nettoyer ; tourmenter, mettre mal à l'aise. '*Karjikâ*, fumet d'une liqueur, tout ce qui excite à boire. '*Karjû*, ver, insecte ; éruption cutanée. '*Karjûra*, scorpion.

'*Kardâmi*, mordre, piquer, en parlant des serpents venimeux.

'*Karbâmi*, a la même signification que *Kambâmi*, *garbâmi*, *ćarbâmi*.

'*Karvâmi*, être fier, hautain. '*Karvaṭa*, ville, chef-lieu, marché central.

'*Kala*, terre aplanie, grange ; sédiment, dépôt, alluvion. '*Kalinî*, *Kalyâ*, réunion de plusieurs aires ou granges. '*Kalêḍânî* et *Kalêvâlî*, aire à battre le grain. '*Kalâmi*, vaciller, chanceler ; réunir, rassembler. '*Kalamûrti*, vif-argent, mercure. '*Kalina*, mors de cheval ; gr. χαλινός. '*Kalapû*, qui balaie, qui nettoie. '*Kalvâṭa*, chauve ; lat. calvus.

XLII.

खव्	*Ḱav, Ḱœnâmi*, j'obtiens ma renaissance ; Devenu pur, j'ai bonheur et puissance.
खष्	*Ḱaś-âmi*, frappe et souvent met à mort ;
खाद्	*Ḱâd-ana*, dent ; *Ḱâdati*, mange et mord.
खिट्	*Ḱiṭ, Ḱêṭâmi*, je crains ou j'épouvante ;
खिद्	*Ḱid-yê,ˁKindê*, s'afflige et se tourmente.
खु	*Ḱu, Ḱavê*, sonne, et résonne, et s'entend ;
खुड्	*Ḱuj, Ḱôjâmi*, dérobe, en voleur prend.
खुण्ड्	*Ḱuṇḍ-ayâmi*, briser, rompre (une branche) ;
खुर्	*Ḱur-âmi*, fend, casse, abat, coupe et tranche.

APPENDICE.

ˁ*Ḱœnâmi* et *Ḱunâmi*, ressusciter, devenir heureux ; activement, purifier.

ˁ*Ḱaśâmi*, frapper, tuer ; comme *kaś, ćaś, jaś*, etc. ˁ*Ḱaśpa*, colère, passion, violence.

ˁ*Ḱâḍâmi*, manger : *mânsam*, de la chair ; dévorer, mordre ; au fig. affliger, tourmenter : *ćittam*, la pensée. ˁ*Ḱâdaka*, mangeur ; emprunteur ; usufruitier. ˁ*Ḱâdana*, dent ; aliment, pâture. ˁ*Ḱâdayâmi*, faire manger, donner à dévorer : *puruśaṃ çwaḃis*, un homme aux chiens. ˁ*Ḱâduka*, dévorant ; au fig. malfaisant, pernicieux, pervers.

ˁ*Ḱêṭâmi*, je crains ; activ. j'effraie.

ˁ*Ḱidâmi* ou *Ḱindâmi*, tourmenter, affliger, attrister : *ćittam*, l'esprit. ˁ*Ḱindê* et *Ḱidyê*, être tourmenté, affligé, attristé, fatigué ; gr. κῆδος. ˁ*Ḱidra*, tourment, affliction, misère ; un pauvre, un malheureux. ˁ*Ḱinna*, affligé, misérable.

ˁ*Ḱavê*, retentir, a la même signification que la racine *ku*.

ˁ*Ḱôjâmi*, gérond. ˁ*Ḱôjiṭwâ* et *Ḱuktwâ*, même sens que *kuj*.

ˁ*Ḱuṇḍayâmi*, briser, fait aussi *Ḱuṇḍê* (même sens), qui signifie de plus être boiteux.

ˁ*Ḱurâmi*, fendre ; fouir. ˁ*Ḱura*, rasoir. ˁ*Ḱurali*, exercices militaires. ˁ*Ḱurapra, Ḱurâlika*, flèche de fer ; boutique de barbier ; poison.

XLIII.

खर्द्, *Kurd-ê,* je joue et plaisante et me ris ;

खेट्, *Kêṭ-ayâmi,* je mange et me nourris.

खेल्, *Kêl-âmi,* va, bondit, saute en cadence ;

Kêlana, jeu ; *Kêli,* chanson et danse.

खेव्, *Kêv-ê,* servir, rendre un culte, honorer ;

कै *Kœ, Kâyâmi,* rend fort, veut rassurer.

खोड्, खाड्, *Kôṭ, Kôḍ-âmi,* boite et marche avec peine ;

खोड्, *Kôḍ-ayâmi,* lance un trait dans la plaine.

ख्या *Kyâ-mi, Kyâyê, Kyê,* désigner, nommer,

Faire un récit, célébrer, proclamer.

APPENDICE.

'*Kurdê* et *kúrdê* ; comparez *kurd* et *gurd.*

'*Kêṭ* et *Kêḍ.*

'*Kêlâmi,* se mouvoir, chanceler, vaciller, s'ébattre. '*Kêla,* chancelant, vacillant ; action de chanceler, de vaciller ; ébats. '*Kêlagati, Kêlagâmin,* qui a une démarche chancelante. '*Kêlana, Kêlani, kéla,* jeu, amusement, ébats ; pion, au jeu du damier. '*Kêli,* chanson, danse ; oiseau, animal (en général) ; le soleil (danseur céleste) ; flèche.

'*Kêv,* comme *kêv, gêv, sêv.*

'*Kâyâmi,* être las, abattu, affligé ; être ou rendre ferme, fouir, creuser ; frapper, blesser, tuer. Comparez *Kan, Kid* et *Kâd.*

'*Kôḍâmi, Kôṭâmi, Kôrâmi, Kôlâmi,* être boiteux. '*Kêḍa,* boiteux ; lat. claudus. '*Kôra, kôla,* boiteux ; gr. χωλὸς. '*Kôli,* carquois. '*Kôlaka,* casque ; casserole ; coque de la noix d'arec.

'*Kôḍayâmi, Kôḷayâmi,* jeter, lancer.

'*Kyâta,* partic. de *Kyâ,* célèbre, fameux. '*Kyâtagarhita,* infàme, décrié. '*Kyâti,* réputation, gloire, notoriété. '*Kyâpayâmi,* causat. de *Kyâ,* passif *Kyâpyê,* proclamer : *jitwâ Kyâpayêt,* qu'il proclame sa victoire. *UpâKyana,* récit secondaire, épicode.

XLIV.

गग्घ्   *Gagġ-âmi*, rit, à la gaîté se livre ;

गज्ञ्   *Gaj-âmi*, gronde en éléphant, semble ivre.

गड्   *Gaḍ-âmi*, coule et tombe lentement ;

गण्   *Gaṇ-ayâmi*, je compte exactement.

गद्   *Gad-âmi*, parle ; et *gadayâmi*, tonne ;

गन्ध्   *Gand-ayê*, blesse, offense une personne.

   Gand-a, parfum, soufre, myrrhe, senteur ;

   Au figuré, l'orgueilleuse hauteur.

गम्   *Gam-yê, gaććê, gaććâmi*, va, vient, passe,

   Marche, franchit la distance et l'espace.

APPENDICE.

Gagġ, comparez *kakk*.

Gajâmi, résonner sourdement, être ivre, mugir. *Gambiram jagajur gajâs*, les éléphants ont mugi sourdement. *Gaja*, éléphant. La racine *gaj* donne naissance à beaucoup de mots qui, presque tous, ont rapport au substantif *gaja*.

Gaḍâmi, couler, tomber goutte à goutte. *Gaḍayanta*, nuage distillant la pluie. *Gaḍéra*, nuage.

Gaṇayâmi, compter, supputer : *padâni*, les pas ; compter pour, estimer : *dévân na gaṇayanti*, ils comptent pour rien les dieux ; *kâmâsaktô na gaṇayati kâryam*, l'homme livré à l'amour ne compte pour rien son devoir. *Gaṇa*, nombre, troupe, réu-

nion, secte. *Gaṇaka*, calculateur. *Gaṇita*, opération d'arithmétique ; et beaucoup d'autres mots.

Gadâmi, dire. *Gada*, parole, discours, la voix, la parole ; lith. zadas ; polon. gadac ; irland. gadh. *Gadayitnu*, loquace. *Gadgada*, balbutiement. *Gadya*, la prose.

Gandayê, blesser, tourmenter, haïr, persécuter ; lith. gandinu. *Gandâ*, au fig. grand-air, arrogance ; au prop. odeur. Ce mot forme beaucoup de composés.

Gam est une racine féconde en dérivés. *Gam, gmas, gmâ*, la terre ; gr. γῆ. *Gama*, qui va, qui vient, se place à la fin des composés.

XLV.

गर्ज्, गर्द् *Garj, gard-âmi,* hurler, gronder, rugir,

Pousser des cris, résonner et mugir.

गर्ध् *Gard-a,* souhait, vœu, convoitise, envie ;

गर्भ् *Garb-a,* fœtus, germe, embryon de vie.

गर्व् *Garv-a,* l'orgueil ; *garvara,* vaniteux ;

गर्ह् *Garh-ya,* blâmable, abject et bas, honteux.

गल् *Gal-a,* gosier, cou ; sorte de résine ;

Galagraha, trop piquante cuisine.

गल् *Gal-âmi,* part et passe comme un trait,

Tombe, déchoit, s'écoule et disparaît.

APPENDICE.

Garjâmi, gardâmi, garjayâmi, gardayâmi, résonner, retentir ; au fig. se vanter, se glorifier. *Garja,* son profond et sourd ; lat. gurges, garrio. *Garjana,* bruit du tonnerre, du vent, de l'eau ; cri de fureur ou de guerre, hurlement, rugissement. On dit aussi *garji* et *garjita.*

Gardayâmi, désirer ; *gardana,* désireux ; *gardoyê,* tromper l'attente de quelqu'un.

Garbâmi, aller, croître. *Garbarûpa,* petit être nouveau-né. De la racine *garb,* germ. kalb, angl. calf, irland. cilfin, gr. δελφύς, dérivent beaucoup de mots ayant rapport à l'enfantement.

Garvâmi, garvayê, être orgueilleux ; anc. germ. gelf ; lith. garbê. *Garvara, garvita,* fier, orgueilleux.

Garhê, garhayâmi, garhayê, blâmer, reprendre, accuser, injurier, ne pouvoir souffrir : *duśkṛtam,* une méchante action. *Garhana, garhâ,* blâme, censure, reproche. *Garhyavâdin,* qui parle mal.

Galâmi, manger. *Gala,* cou, gosier, avaloire ; lat. collum, gula ; germ. kehl. *Gali,* bœuf gras.

Galâmi, gâlayê, s'échapper : *hastêbyas,* des mains de quelqu'un ; s'écouler (en parlant de la vie).

XLVI.

गल्भ्   *Galbّ-ê,* je suis plein de force et d'audace ;

गह्न्   *Gah-ana,* bois sombre, épais et sans trace.

गा   *Gâ mi* (voyez *gæ, gam* et *gač*), marcher ;

गाध्   *Gâd-ê,* partir, monter à, rechercher.

गाह्   *Gâh-ê,* je suis les détours d'une route,

Ou je me perds dans les sentiers du doute.

गु   *Gu-vâmi,* c'est *alvum deponere* ;

Gavê, par nous un nom est célébré.

गुज्, गुञ्ज्   *Guj, guñj-âmi, gôjâmi,* je résonne,

Murmure, gronde et sourdement bourdonne.

APPENDICE.

Galbّé, être fort, être audacieux ; irland. galbha, rigueur, dureté.

Gahayâmi, traverser péniblement : *vanam,* une forêt. Au fig. comprendre avec peine : *çâstram,* un traité. Au neut. être difficile à traverser, à parcourir, à comprendre. *Gahana,* impénétrable, impraticable, inextricable ; forêt, bois fourré ; caverne, l'abîme, la *géhenne* ; gêne (qui en est le dérivé), peine, détresse. *Gahwara,* caverne, grotte, abîme ; forêt épaisse ; cris de détresse ; orgueil ; tonnelle de jardin.

Gâmi, jigâmi, jagâmi, aller, parcourir ; gr. βαίνω, ἔϐην ; aller vers, s'adresser à : *stutiّbir indraṃ jigâmi,* j'adresse des hymnes à Indra.

Gâdé, partir, aller vers, monter à : *gâdilâsé nabas,* tu monteras au ciel ; désirer, rechercher ; placer, poser ; tâcher de prendre ; se tenir solidement debout ; germ. gehen. *Gâda,* peu profond, guéable ; gué, place, lieu ; lat. vadum. Au fig. désir, convoitise.

Gâhê vanam, je traverse une forêt ; *gâhê mârgam,* je parcours une route ; *manô mê sañçayaṃ gâhaté,* le doute pénètre dans mon cœur ; *gâhê dyam,* je m'élève au ciel, *gâhê nadim,* j'entre dans une rivière (pour m'y baigner).

Gavê, résonner, louer, célébrer ; *guvâmi,* aller à la selle.

Guñja et *guñjâ,* bruit sourd, murmure, bourdonnement ; timbale ; cabaret ; la prière à voix basse, méditation. *Meditari* équivalait originairement à *mussitare* ; et Virgile dit encore : *Musam meditaris avenâ.*

XLVII.

गुद्, गुड् *Gut, gud-âmi, gunt* et *gund-ayâmi,*
Défend, protége et soutient un ami.

गुण् *Gun,* saluer ; renseigner qui dévie ;
Guna, façon, tout ce qui modifie.

गुद्, गुध् *Gud, gud,* — *gôdê,* jouer, se divertir ;

गुध् *Gud* (au parfait, *jugôda*), revêtir.

गुध् *Gud* (classe neuf), *gudnâmi,* je me fâche ;

गुन्द्र् *Gundr-ayâmi,* tromper, mentir en lâche.

गुप् *Gup-yâmi,* reste attéré, confondu ;
Se fait gardien ; *gupta,* bien défendu.

APPENDICE.

Guntayâmi et *gundayâmi* veulent dire aussi cacher, voiler, couvrir : *pançuguntita,* couvert de poussière. Quelquefois *gundâmi* et *gundayâmi,* signifient piler, broyer.

Gunayâmi, saluer, conseiller, persuader. *Guna*, propriétés, qualités bonnes ou mauvaises de l'esprit et du cœur ; modes sensibles des objets matériels ; qualités du son, caractère qu'il reçoit dans la prononciation (terme de grammaire). A la fin des composés, *guna* produit des multiples : *triguna,* le triple ; *çataguna,* le centuple. *Gunita,* partic. pas de *gun,* multiplié, additionné, réuni, entassé. *Guna* forme beaucoup de mots et se prête à beaucoup de significations.

Gud, gôdê ; *gud, gôdê.*

Gudyâmi, couvrir, voiler, vôtir, revêtir. *Gudêra,* qui couvre, qui défend, qui protége ; gr. κεύθω ; lat. cutis ; germ. haut ; angl. hide ; suéd. hud.

Gudnâmi, s'emporter, s'irriter.

Gundr a le même sens que la racine *kundr.*

Gup-yâmi (4ᵉ classe), parfait *jugôpa,* être troublé, confondu ; *gup-gôpé* (1ʳᵉ classe), refuser, dénier ; *gup-gôpâyâmi* (10ᵉ classe), garder, veiller sur, protéger, défendre : *gôsťam,* une bergerie ; *striyam,* une femme ; *darmam,* la loi. *Gupila,* roi, prince. *Gupta,* partic. pass. de *gup* (10ᵉ cl.), protégé, défendu. Les noms propres qui finissent par *gupta,* désignent ordinairement des hommes de la 3ᵉ caste, celle des *Vaeçyas. Gupti,* garde, protection, défense ; cachette, prison.

XLVIII.

गुफ् *Gup'-âmi*, joint, ensemence, écrit, noue ;

गर्द् *Gurd-ayâmi*, je m'amuse et je joue.

गुर *Gur-u*, gros, grand, ardu, haut, large et long,

   Compact et lourd, difficile et profond ;

   Majestueux, GRAVE et considérable ;

   L'instituteur, le père vénérable.

गुह् *Guh-â*, cachette et trésor enterré ;

   Guhya, secret ; *guhina*, bois fourré.

गू *Gû-vâmi*, court vite à la garde-robe ;

   Gûtâ, déjets, qu'aux regards on dérobe.

APPENDICE.

Gupâmi et *gumpâmi*, lier, unir, composer, écrire, ensemencer.

Gurdayâmi, *gùrdayâmi*, *gûrdé*, jouer ; habiter.

Guré, *gûrvâmi*, lever avec effort, s'efforcer, soulever. *Gurana*, effort fait pour soulever, exercice pénible. *Guru*, fém. *gurwi*, compar. *garíyas*, superl. *garisťa* ; lat. gravis ; goth. kauriths. *Gurwini*, femme de l'instituteur, du maître spirituel ; *gurukârya*, office ou devoir d'instituteur ; *gurwarťam* (adv.), à cause de l'instituteur, pour l'instituteur.

Gûhâmi, *gûhé*, couvrir : *divam čâyayâ*, d'ombre le ciel ; *tamô jyótiśâ*, l'obscurité de splendeur ; cacher : *karman*, une action ; gr. κεύθω. *Guhâ*, caverne, lieu obscur ; la nuit. *Guhina*, buisson. *Guhila*, richesse. *Guhéra*, ouvrier mineur, puisatier. *Guhya*, qu'il faut cacher, secret. *Guhyâdêça*, doctrine mystique, mystère, formule magique. *Gûdaja*, enfant dont on cache l'origine, dont le père est tenu caché. *Gûdapâda*, serpent (aux pieds invisibles). *Gûdapuruśa*, espion, agent secret ; etc., etc.

Gûťa, excréments, ordure. *Gûna*, qui a évacué.

XLIX.

गूर्   *Gûr-yê*, heurter, blesser, donner la mort ;

        Gûrayê, lève un poids avec effort.

ग्ॄ   *Gṝ*, *garâmi*, répandre des largesses,

        Distribuer : *rayâs*, d'amples richesses.

गॄज्, गॄज्   *Gṝj*, *gṝñj-ana*, rugissement affreux ;

गॄध्   *Gṝd-u*, l'Amour, et *gṝdnu*, désireux.

गॄभ्   *Gṝbh-ayâmi*, de *gṝh* (forme vêdique),

        Je prends, empêche, arrête et revendique.

गॄह्   *Gṝh-a* (de *grah*), domicile, maison ;

        Ce mot produit d'autres mots à foison.

APPENDICE.

Gûryê, parf. *jugûrê*, part. pass. *gûrṇa* ; dans la langue vêdique, aller. *Gûrayê* signifie quelquefois manger. *Gûraṇa*, effort.

Garâmi, *jagâra*, répandre, faire couler : *payas*, de l'eau.

Gṝñjâmi et *garjâmi*, rugir ; parf. *jagṝñja* et *jagarja*. *Gṝñjana*, rugissement.

Gṝdyâmi, désirer : *paradârân*, la femme d'autrui. *Gṝdu*, l'Amour, Kâma. *Gṝdnu*, désireux, amoureux. *Gṝdnutâ*, convoitise, concupiscence. *Gṝdhra*, désireux, avido ; vautour.

Gṝbhayâmi ; en zend, *gereb*, est le causatif de *gṝbh* ou *gṝmbh*, formes vêdiques de *gṝh*.

Gṝh est la même racine que *grah* ; de là viennent : *gṝhanâçana*, pigeon ; *gṝhanîḍa*, moineau ; *gṝhapati*, maître de maison ; *gṝhamaṇi*, lampe, flambeau ; *gṝhamṝga*, chien ; *gṝhamêdin*, père de famille ; *gṝhavâṭikâ*, jardin, bosquet ; *gṝhârâma*, petit lézard des maisons ; *gṝhiṇî*, maîtresse de maison, mère de famille ; *gṝhya*, *gṝhyaka*, domestique ; et beaucoup d'autres composés

L.

गॄ   *Gṛ̂, girâmi,* j'absorbe, je dévore,

Je bois, j'avale et j'engloutis encore.

गॄ   *Gṛ̂, gṛ̂nâmi,* rendre un son, murmurer,

Prier tout bas, invoquer, révérer.

गेप्   *Gêp-ê,* se meut, va, s'agite, frissonne ;

गेष्   *Gêš* et *glêš-ê,* chercher une personne.

गेव्   *Gêv-ê,* j'honore et respecte, je sers ;

गै   *Gæ, gâyâmi,* je chante et loue en vers.

गो   *Gô,* bœuf et vache, est la source féconde

De mots nombreux dont le sanscrit abonde.

APPENDICE.

Girâmi (class. 6), *jigarmi* (class. 3, dans le Vêda), moy. *girê,* pass. *giryê,* part. pas. *gírna,* engloutir ; au fig. écouter avidement ; lat. glutio, gula ; gr. γλῶσσα.

Gṛnâmi, chanter, louer, célébrer : *tam idam gṛnimus,* nous lui adressons cet éloge ; *tam gîrbir gṛnantas,* le célébrant par des hymnes.

Gêpê, aller ; trembler.

Gêš est peut-être une syncope de *gavêš.*

Gêvê, honorer ; comparez la racine *sêv.*

Gâyâmi, chanter : *kâvyam,* un poème ; *sâmâni,* des hymnes ; *indrâya,* en l'honneur d'Indra.

Gô n'est pas une racine. Voir *gup, gôpayâmi.* Lat. bos ; gr. βοῦς ; angl. cow ; dan. koe ; suèd. ko ; germ. kuh. *Gôkula,* troupeau de bœufs et de vaches ; *gôkṛta,* bouse de vache ; *gôgṛta,* le lait de la vache, l'eau du nuage, la pluie ; *gôćara,* pâturage, prairie ; *gôduh,* vacher ; *gôpâ, gôpî,* vachère, bergère, au plur. les *Gôpis* dans la légende de *Kṛṣna* ; *gôpati,* le maître des vaches, le taureau, au fig. le roi, le soleil ; *gômêda,* le sacrifice d'une vache ; *gôlâsa,* champignon qui croît sur le fumier de la vache ; *gôćâla,* étable ; et beaucoup d'autres mots.

LI.

गोष्ठ् *Gôśṭ-ê,* garder, réunir, héberger ;

ग्रथ्, ग्रन्थ् *Graṭ, granṭ-âmi,* lier, joindre, arranger.

ग्रस् *Gras-ê,* ronger, dévorer, se repaître ;

ग्रह् *Grah-ê,* saisir, prendre, se rendre maître ;

Graha, l'éclipse aux longs bras triomphants,

Démon qui vient emporter les enfants ;

Grahana, chose à nos mains accessible,

Perception de quelque objet sensible ;

Sûryaṃ tamô jagrâha, du soleil

L'ombre a couvert le visage vermeil.

APPENDICE.

Gôśṭê, rassembler, amasser, est sans doute le dénominatif de *gôśṭa* (*gô, śṭâ*), étable ; demeure ; *gôśṭi,* assemblée, entrevue, conversation ; l'ensemble des parents.

Graṭâmi, graṭê, granṭâmi, graṭnâmi : kusumær granṭitaṃ srajam, guirlande de fleurs entrelacées ; combiner des lettres, écrire ; être courbe, courbé ; être coupable ; act. courber. *Granṭa,* jonction, arrangement, écriture, livre ; richesse, propriété. *Granṭakuṭi,* bureau, cabinet d'étude, bibliothèque. *Granṭi,* ligature, articulation, rhumatisme. *Granṭihara,* conseiller, ministre (qui dénoue les difficultés).

Grasê, grasâmi, grasâyâmi, absorber, tuer, perdre : *vânân,* des flèches ; *đanam,* des richesses ; *sûryam grasati râhus,* l'éclipse ronge le soleil ; *na viđiṃ grasatê prajñâ, prajñâm tu grasatê viđis,* l'esprit ne tue pas la règle, c'est la règle qui tue l'esprit. Gr. γραίνω ; germ. grasen.

Grahê, gṛhayê, gṛhṇâmi, gṛhnê, prendre : *kârmukam,* un arc ; *râjyam,* la royauté ; lat. prehendo ; gr. γριπίζω, γρύψ ; franc. griffe ; germ. greifen. Cette racine a beaucoup de dérivés : *grahanêmi,* la lune ; *grahapati, grahapuśa,* le chef des planètes, c'est-à-dire le soleil ; *graharâja,* le soleil, la lune ; *grahâđarâ,* le pôle céleste du nord ; etc., etc.

LII.

गुच्　　　*Gruć, gróćámi,* trompe, est voleur et traître;

ग्लेप्　　　*Glêp-ê,* s'agite et tremble sous un maître.

ग्लेव्　　　*Glêv-ê,* servir respectueusement;

ग्लै　　　*Glæ,* d'où *glâni,* fatigue, épuisement.

घग्घ्, घघ्　　　*'Gagġ, ġaġ-âmi,* comme *kik* et *kikk,* rire;

घट्　　　*'Gaṭ-ê,* je veux arriver où j'aspire.

गट्　　　*'Gaṭṭ-ayâmi,* touche d'un instrument,

　　　　Ebranle, agite et met en mouvement.

घण्　　　*'Gaṇ-wê,* je brille et de feux je ruisselle;

घण्ट्　　　*'Gaṇṭ-âmi,* parle, est sonore, étincelle.

APPENDICE.

Gróćâmi, parf. *jugróća,* aor. 2. *agrućam,* aller; prendre, dérober.

Glêpê, se mouvoir, trembler, être malheureux.

Glêvê, parf. *jiglêvê,* honorer, servir. Compar. les racines *gêv* et *sêv.*

Glæ, glâmi, gláyâmi, être las, abattu. *Na gláyati na hṛśyati,* il n'éprouve ni abattement, ni allégresse. *Glâni,* lassitude, langueur, tristesse, affaiblissement, décadence. *Glâsnu,* las, abattu, épuisé, languissant, triste; lat. lassus. *Glâna,* part. de *glæ,* las, fatigué. Le causatif est *glâpayâmi.*

'Gaggâmi, ġaġâmi ou *ġaġâmi,* rire.

'Gaṭâmi, ġaṭê, s'efforcer d'arriver à: *râjyâya,* la royauté; *asmâkamartê,* un avantage personnel. *'Gaṭá,* effort, tentative. *'Gaṭi,* sorte de cloche ou plaque de métal où l'on sonne les heures. *'Gaṭayâmi,* exciter, encourager: *mâṃ vaktuṃ ġaṭayati,* il m'exhorte à parler.

'Gaḷḷayâmi, ġaḷḷê. 'Gaḷḷa, quai; *ġaḷḷi,* petit débarcadère.

'Gaṇwê et *ġaṇômi,* briller.

'Gaṇṭá, cloche. *'Gaṇḷu,* lumière, chaleur. Nous avons déjà fait remarquer, et depuis longtemps, que beaucoup de racines sanscrites ont à la fois le sens de parler et de briller, comme pour montrer que la parole est la lumière.

LIII.

घम्ब्, घर्ब्　　　'*Gamb, ġarb-âmi*, je m'avance gaîment ;

घस्　　　'*Gas-âmi*, mange, et *ġasmara*, gourmand.

घंस्　　　'*Gaṅs-ê*, tomber par gouttes, se répandre ;

घिण्　　　'*Ġinn-ê*, parfait *jiġinnê*, saisir, prendre.

घु　　　'*Gu*, d'où *gavê*, fait du bruit, rend un son ;

घुड्　　　'*Guṭ-a*, retour, cou-de-pied, choc, talon.

घुण्　　　'*Guṇ-âmi*, roule au hasard, est instable ;

घुर　　　'*Gur-âmi*, jette une voix lamentable.

घुष्　　　'*Guṡ, ġôṡâmi, ġôṡayâmi*, vanter,

Avec fracas proclamer, raconter.

APPENDICE.

'*Gambâmi*, marcher, sauter ; compar. le français gambader, jambe.

'*Gasâmi*, manger ; *ġâsi*, vivres, aliment ; *ġasmara*, mangeur, glouton ; *ġasra*, dévorant, destructif, malfaisant ; *ġâsi*, le feu (dévorant), Agni ; *ġâsa*, pâturage, prairie. Gr. γαστήρ ; lat. gustus, vescor.

'*Gaṅsé* ou *ġaṅsê*, tomber goutte à goutte, distiller de.

'*Ġiṇṇê* ; on dit aussi *ġuṇṇê*, parf. *juġuṇṇê*.

'*Gu*, subst. masc. son, bruit ; *ġûka*, chouette ; *ġûkâri*, corneille.

'*Guṭâmi*, résister au choc, rendre le contro coup, réagir ; troquer, faire un échange ; retourner, revenir ; *ġuṭa, ġuṭi, ġuṭî, ġuṭikâ*, cou-de-pied, talon.

'*Guṇâmi, ġôṇê*, rouler, errer çà et là.

'*Gurâmi*, résonner fortement, rendre un son terrible ; épouvanter par du bruit ou par des cris ; pousser un grand cri de douleur ou d'effroi.

'*Gôṡâmi : purê swayaṃ varam aġôṡayat*, il fit proclamer par la ville l'élection d'un époux.

LIV.

घूर 'Gûr-yê, je frappe, et je blesse, et je tue ;

घूर 'Gûr, comme ġṝ, ġûrayê, s'évertue.

घूर्ण् 'Gûrṇ-âmi, roule ; et ġûrṇa, tournoiement ;

'Gûrṇê, s'émeut, s'agite vivement.

घृ 'Gṛ, garâmi, je répands sur, je voile ;

घृ, घृण् 'Gṛ, ġṛṇ-ômi, briller comme une étoile.

घृण् 'Gṛṇ-ê, saisir, prendre d'autorité ;

घृष् 'Gṝṡ-ṭi, broiement, lutte, rivalité.

घ्रा 'Grâ-mi, flairer odeur mauvaise ou bonne ;

ड़ु Ṛu, comme ġu, retentit et résonne.

APPENDICE.

'Gûryê signifie aller et venir, dans le Vêda : ġûrṭa amṛtasya, venez vers l'Ambroisie.

'Gûrayê, je m'efforce, et aussi je mange.

Vâyur ġûrṇatê , le vent tourbillonne ; nær ġûrṇatê'mбasi , le navire tournoie sur les eaux ; ġûrṇati manô mê, mon cœur est violemment agité.

'Garâmi, ġârayâmi, jiġarmî (dans la langue vêdique) : jiġarmy Agniṃ haviṡâ ġṛtêṇa, je couvre Agni des flots du beurre clarifié.

'Gṛṇômi , ġṛṇwê, briller , luire ; ġṛṇâ, pitié, miséricorde ; ġṛṇi, rayon de lumière, soleil ; ġṛṇin, compatissant, miséricordieux. La racine ġṛ, signifiant répandre sur, couvrir de, et briller, luire, a de nombreux dérivés.

'Gṛṇ, prendre, semble être une altération de la racine ġṛh.

'Gṛṡ, d'où ġarṡâmi, frotter, triturer, broyer , ġṛṡti et ġṛṡwi, porc.

'Grâmi et jiġrâmî, lat. fragrare ; ġrâṇa, odeur , nez ; ġrâṇatarpaṇa, odeur agréable, parfum ; ġrâta, odorant.

Ṛu fait au présent de l'indicatif ŕavê.

LV.

चक्	*Ćak-ê*, repousse, écarte loin de soi,

Résiste, chasse, et cause de l'effroi.

चक्क्	*Ćakk-ayâmi*, je souffre et je tourmente,

Des maux d'autrui mon propre mal s'augmente.

चत्	*Ćax-ê*, parler, dire et voir ; *ćaxus*, l'œil ;

Ćaxuśya, beau, charmant, de bon accueil.

चञ्	*Ćañć-âmi*, tremble en sa démarche lente,

Vacille, hésite, a l'âme chancelante.

चट्	*Ćaṭ-âmi*, fend, met en pièces, détruit ;

चण्	*Ćaṇ-âmi*, rendre un son, faire du bruit.

APPENDICE.

Ćakê, ćakâmi, veulent dire aussi être satisfait ; *ćakita*, partic. effrayé, timide.

Ćakkayâmi, tourmenter, faire souffrir ; être affligé, souffrir soi-même ; *ćaxê* ou *jaxê*, verbe défectueux, qui paraît être l'abrégé de *ćakâsmi* ; *ćaxaṇa*, l'action de parler, de dire, de voir ; *ćaxas*, instituteur, maître spirituel ; *ćaxuśmat*, qui a de bons yeux ; *ćaxuśmattâ*, faculté de voir ; *ćaxuśyâ*, femme d'un extérieur agréable.

Ćañćâmi, aller, se mouvoir, trembler ; *viśidati, ródili, ćañćati*, elle s'affaisse, elle pleure, elle tremble ; lat. cunctari. *ćañćalka*, partic. qui se meut, qui tremble, qui chancelle.

Ćaṭâmi et *ćaṭayâmi*, diviser, briser, tuer ; pleuvoir ; couvrir.

Ćaṇâmi, retentir ; lat. cano.

Les racines *ćaṇ-ayâmi* ou *ćânayâmi* et *ćanâmi, ćanayâmi*, se rapportent aux deux racines *ćaṭ* et *ćaṇ*, dans le sens de frapper, tuer, briser avec fracas.

LVI.

चण्ड्	*Ćaṇḍ-ê*, s'emporte et se met en colère ;
चत्	*Ćat-ê*, demande, implore son salaire.
चन्द्	*Ćand-ámi*, brille, éclate, resplendit,
	D'où le nom « lune » ou « dieu Lunus » se dit.
चप्	*Ćap-ámi*, calme en nous l'inquiétude,
	Se meut, vacille et change d'attitude ;
	Ćapalatâ peint la mobilité,
	L'étourderie et l'instabilité.
चम्	*Ćam-ámi*, mange et boit ; *ćamasa*, vase
	Où du *Sôma* les dieux puisent l'extase.

APPENDICE.

Ćaṇḍê, ćaṇḍayê, brûler, s'irriter ; *ćaṇḍa*, chaud, ardent, emporté, violent ; *ćaṇḍâ, ćaṇḍî*, chaleur, ardeur, fougue, passion.

Ćatâmi, ćatê, aller à, chercher, demander. On dit aussi *ćadâmi, ćadê*.

Ćanda, ćandaka, ćandira, ćandra, ćandramas, lune. Tous ces mots sont masculins. La racine *ćand* donne naissance à beaucoup de dérivés. Lat. candeo, candela. A la fin des composés, *ćandra* signifie le premier, le meilleur, le chef.

Ćapâmi, caresser, adoucir, tranquilliser ; *ćapayámi*, tromper, frustrer, broyer, écraser ; *ćapala*, mobile, inconstant, alerte, voleur ; *ćapaláyê* (dénominat.), devenir inconstant ou mobile, se mettre aisément hors de soi.

Ćamâmi, vêd. *ćamnômi*, manger : *mânsaṃ ćêmus*, ils mangèrent de la chair ; boire : *maḍu*, du vin. On écrit aussi *ćamâmi*.

LVII.

चम्बू, चम्प्, क्रुम्प् *Camb-ayâmi, camp* et *čamp*, je me meus ;

चय् *Čay-ê*, je vais promptement où je veux.

चर् *Čar-ê*, je cours ; *čarakas*, émissaire ;

Čarâčara, le monde, l'atmosphère ;

Čara, mobile, inconstant et léger ;

Čaru, l'offrande ou le divin manger.

चर्च् *Čarč-ayâmi*, parle, à quelqu'un s'adresse,

En menaçant brise tout, frappe et blesse.

चर्ब् *Čarb-âmi*, va ; *čarb-âmas*, nous marchons ;

चर्व् *Čarv-ayâmi, čarvâmas*, nous mâchons.

APPENDICE.

La racine *čamp* produit beaucoup de noms d'arbres, de plantes, de fleurs, de villes, de pays, d'épithètes appliquées soit aux dieux, soit aux hommes.

Čayê; gr. *χίω*; lat. citus.

Čarâmi, čarê; lat. curro, currus; gaul. carrus; franç. carrière et charrière, char; gr. *σχαίρω*; *čaraṇa*, l'action d'aller, de marcher, de manger; l'exercice d'un emploi, prêtrise, magistrature; le pied; *čarî*, jeune femme; *čarma*, cuir, écorce, peau, bouclier; lat. corium, cortex; gr. *σχῦλον*. Cette racine a de très-nombreux dérivés.

Čarčâmi, čarčayâmi, au fig. accuser, blâmer, calomnier; lire, étudier, méditer; *čarčari*, l'action de battre la mesure avec les mains, chant, festival, concert; cheveux frisés ou crépus; *čarčâ*, lecture, étude, méditation; action de friser ou de parfumer; *čarčita*, frotté d'un collyre ou d'un onguent, par extension, souillé: *rudirêṇa*, de sang. La racine *čarč* semble être un redoublement de *čar*.

Čarbâmi, aller, venir, s'avancer. Comparez *karb, gamb, čamb*, etc.

Čarvâmi, čarvayâmi, manger, mâcher, dévorer; *čarvaṇa*, manducation.

LVIII.

चल्   *Ćal-âmi*, tremble, et s'agite, et vacille ;

Va, vient, s'éloigne et sans repos oscille ;

D'où *ćalana*, *ćalâćala*, mouvant ;

Ćalayâmi, mène et pousse en avant.

चष्   *Ćaś* (comme *jax*), *ćaśê*, je bois, je mange ;

Et comme *ćaŕ*, je frappe, je me venge.

चह्   *Ćah-ayâmi*, tourmenter, extorquer ;

चाय्   *Ćây-âmi*, voir, observer, remarquer.

चि   *Ći-nwê*, *ćayê*, j'amoncelle, j'entasse,

Je réunis sans que ma main se lasse.

APPENDICE.

Ćalâmi, *ćalê* : *ćaćâla vasunđarâ*, la terre s'agita, trembla ; *ćalâmi*, jouer, plaisanter, s'amuser ; *ćalayâmi*, commme la racine *bal*, nourrir, entretenir ; *ćala*, mouvement de va et-vient, instabilité ; *ćalanî*, *ćalanaka*, sorte de jupon de femme.

Ćaśâmi, *ćaśê* ; *ćaśuka*, verre ou vase à boire ; liqueur spiritueuse, miel ; *ćaśati* (de *ćaś*, frapper, blesser, tuer), affaiblissement, infirmité.

Ćahâmi et *ćahayâmi*, parf. *ćaćâha*, broyer, blesser ; tromper, frustrer.

Ćâyâmi, *ćâyê*, regarder, observer, honorer : *Agnijyôtir nićayya*, observe la splendeur d'Agni ; *ćâyayâmi*, faire remarquer, faire observer, faire honorer ; *ćâyitya*, tout lieu consacré au culte, temple, monument, arbre, etc.

Ćinômi, *ćinwê*, *ćayayâmi*, *ćapayâmi*, *ćayâmi*, *ćayê*, accumuler, amonceler, attiser, entretenir, couvrir de : *puśpâṇi ćinômi*, je fais un bouquet ; *būmâv aćæśus tân hatân*, ils entassèrent les morts à-terre ; *Agniṃ ćinômi*, j'attise le feu, j'entretiens le feu sacré ; *aćiđwam yayim*, vous avez assemblé la nue ; *ćinômi navâm puśpæs*, je couvre de fleurs un navire.

LIX.

चिक्क्　*Ćikk-ayâmi*, comme *ćakk*, affliger ;

चिट्　*Ćiṭ, ćêṭâmi*, faire au loin voyager.

चित्　*Ćint-á*, pensée, attention, étude ;

　Ćintayê, songe avec sollicitude.

चिरि　*Ćiri-ṇômi*, je blesse et fais périr ;

चिल्　*Ćil, ćilâmi*, cacher, voiler, couvrir.

चिल्ल्　*Ćill, ćillâmi*, s'ébat et se relâche ;

चीक्　*Ćik-ayâmi*, supporte mal, se fâche.

चीव्　*Ćîv-ati*, met : *vastram*, un vêtement ;

चुक्क्　*Ćukk*, ou tourmente, ou souffre du tourment.

APPENDICE.

Ćikkayâmi, tourmenter, faire souffrir, ou souffrir soi-même ; *ćikka*, qui a le nez camus ; subst. m. rat musqué ; fém. souris.

Ćêṭâmi et *ćêtayâmi*, éloigner, envoyer ; apercevoir, connaître, savoir ; revenir à soi ; veiller, réveiller ; *ćiṭ*, part. enclitique indécl. qui se place à la fin de certains adjectifs interrogatifs ou pronominaux, par exemple : *kaçćiṭ*. Voir *Méth.*, parag. 113. La racine *ćiṭ* forme un grand nombre de mots.

Ćintayâmi, *ćintayê*, méditer, réfléchir, s'occuper de, avoir souci de ; lat. censeo, sentio ; *ćintana*, réflexion, délibération ; *ćintapara*, qui est tout entier à la méditation, à la rêverie, à une idée fixe ; *ćintita*, objet de la pensée, chose à laquelle on songe.

Ćiri paraît être le développement d'une vraie racine monosyllabique perdue, en *r* ou en *i*.

Ćilâmi, parf. *ćiçéla* ; lat. celare.

Ćillâmi, prendre du relâche, s'ébattre ; penser, conjecturer.

Ćikâmi, *ćikayâmi*, toucher, supporter bien ou mal, s'emporter, se fâcher.

Ćivâmi, *ćivê*, prendre, mettre sur soi, couvrir ; gr. σκεῦος ; *ćivayâmi*, parler, briller ; *ćivara*, vieux vêtement, haillon ; *ćivárin*, couvert de haillons, mendiant.

Ćukkayâmi, tourmenter, affliger ; être tourmenté, souffrir ; *ćukkára*, le rugissement du lion. Comparez les racines *ćakk* et *ćikk*.

LX.

चुट्   *Ćuṭ, ćuṇṭ* et *ćuṇḍ,* être faible, inhabile,

Etroit, petit, bas, chétif et débile.

चुट्   *Ćuṭ-âmi,* rompt, brise, détache, fend ;

चुड्   *Ćuḍ-âmi,* couvre, et protége, et défend.

चुत्, च्युत्, च्यु *Ćut, ćyut* et *ćyu, ćyavâmi,* disparaître,

Déchoir, tomber, s'écouler, cesser d'être.

चुप्   *Ćup,* au parfait *ćućôpa,* le serpent

Vient par détours et se glisse en rampant.

चुद्   *Ćud, ćôdâmi,* je présente une offrande ;

Ćôdayâmi, j'interroge et commande.

APPENDICE.

Ćuṭ, ćôṭâmi; ćuṇṭâ et *ćuṇṭi,* petite source, bassin près d'une source.

Ćuṭâmi, ćôṭayâmi, ćuṭṭayâmi, ćuṇṭayâmi et *ćuṇḍayâmi,* diviser, séparer.

Ćuḍâmi, couvrir. Compar. la racine *buḍ.*

Ćyavâmi, ćyavê, ćyâvayâmi, ćyôṭâmi, ćyôṭayâmi; gr. χυ dans χέω ; tomber, faire tomber, précipiter, distiller, mouiller, humecter, périr, se perdre : *mê buḋḋir aćyavat,* ma raison se perdait; *ćuṭa, ćuṭi, ćyuti* et *ćyuṭi,* anus, vulve ; *ćyovana,* écoulement; *ćyuṭa,* tombé, mort; *ćyôṭa,* chute, arrosement; *ćyœtna,* déchu, disparu,

parti, qui a quitté la voie de la vertu; *ćyuṭâ ratis,* la joie s'est enfuie. *Tataç ćyuta,* mort, mot-à-mot: tombé d'ici-bas.

Ćup fait au présent de l'indicatif *ćôpâmi,* avancer lentement, ramper ; lith. kopu. Quant à *ćupâmi,* verbe de la 6e clas.; dont la signification est celle de *ćupâmi,* nous le retrouverons parmi les racines qui commencent par la lettre छ, *ća.*

Ćôḍâmi, apporter, offrir avec empressement : *ôôjanaṃ dêvêßyas,* l'aliment aux dieux; *ćôdayâmi,* exciter, presser, stimuler; interroger: *ćiśyán,* des élèves ; gr. σπεύδω, σπουδάζω.

LXI.

चुब्, चुम्ब्ं *Ćub* et *ćumb-in*, homme qui sait oser
(Qu'on le permette ou non) prendre un baiser.

चुर्, चूर् *Ćur* et *ćûr-yê*, je brûlè, enflamme, embrase ;
Ćur, ćôrâmi, vole, fait table rase.

चुल् *Ćul* (comme *bul*), d'où vient *ćôḷayâmi*,
J'élève, hausse et submerge à demi.

चुल्ल् *Ćull-âmi*, joue, est joyeuse personne ;
Pense, prévoit, conjecture et soupçonne.

चूण् *Ćûṇ-ayâmi*, froncer, rider, serrer ;

चूर्ण् *Ćûrṇ-ayâmi*, broyer, casser, briser.

APPENDICE.

Ćumbin et *ćumbaka*, hommé qui prend des baisers ; débauché ; escroc, filou ; homme universel, sachant un peu de tout ; le milieu de la balance ; l'aimant, barre aimantée ; *ćumḃana*, un baiser ; *ćumbâmi* et *ćumbayâmi*, donner ou recevoir des baisers.

Ćuryê et *ćûryê*, brûler ; gr. χαυ dans χαίω ; lith. kurrù, sukurrù, allumer.

Ćôrâmi et *ćôrayâmi*, voler, dérober ; gr. φωράω ; lat. furari ; *ćurá* et *ćuraṇa*, vol, larcin ; *ćuraṇyâmi* (dènominatif de *ćuraṇa*), voler, dérober.

Ćuluka, boue, fange ; petit vase ; le creux de la main ; l'action de se rincer la bouche avec de l'eau tenue dans le creux de la main.

Ćullâmi, opiner, supposer ; s'ébattre, badiner, plaisanter; *ćulli* et *ćulli*, âtre, foyer.

Ćûṇayâmi, contracter, resserrer. Comp. *kûṇ*.

Ćûrṇayâmi : tasya gâtrâṇi ćûrṇayâmâsa, il lui broya les membres; *ćûrṇa*, poussière, poudre ; choix d'un argument irréfutable; *ćûrṇaka*, grain torréfié ou moulu ; *ćûrṇaḱaṇḍa*, caillou, gravier, fragment de pierre ou de brique ; et beaucoup d'autres dérivès.

LXII.

चूष् *Ćûš-ámi,* boit, suce et se désaltère ;

चृत् *Ćṛt-ámi,* noue, attache, étend par terre.

चेल् *Ćél-ámi,* va revêtu pauvrement ;

चेष्ट् *Ćêšṭ-ayámi,* je mets en mouvement.

च्युस् *Ćyus* (comme *ćyu*), *ćyôsayámi,* veut dire

  Abandonner, supporter, surtout rire.

छद् *Ćad-ámi,* couvre, ombrage, est protecteur,

  Se montre fort, vigoureux, bon tuteur ;
  D'où bien des mots : toit de chaume, tonnelle,
  Un parasol, un arbre, un voile, une aile.

APPENDICE.

ćúsayámi, faire sucer ; *ćúśámi,* lat. sugere, succus ; germ. saugen ; island. siuga; *ćóśa,* action de sucer; *ćóśya,* objet bon à sucer. *Lêhyañ ćóśyañ ća pêyañća,* ce qu'on peut lécher, sucer et boire.

ćṛtámi, lier, nouer, frapper, blesser, tuer. Dans la langue vèdique, la racine *ćṛt,* ou *ćṛp,* fait *ćartámi, ćartayámi,* et signifie illuminer, éclairer.

ćêllámi, ćêlámi, aller, se mouvoir, trembler; *ćêla* et *ćæla,* vil, bas, vêtement pauvre; *ćéluka* et *ćælaka,* religieux mendiant.

ćêšṭê, s'agiter, se mettre en mouvement : *Yadá sa dêvó jagarti, tadá idaṃ ćêšṭatê jagat,* quand Brahmâ s'éveille, alors ce monde se met en mouvement. *ćêšṭa,* branle, effort; *ćêšṭayámi,* causatif de *ćêšṭ,* mettre en mouvement, donner le branle, exci-ter, exhorter; *ćêšṭita,* partic. de *ćêšṭayámi,* mis en mouvement : *rurućêšṭitam vanam,* forêt où courent les antilopes.

ćyu fait *ćyavayámi,* supporter, soutenir ; abandonner ; rire.

ćadámi, ćadê, ćádayámi, ćádayê, couvrir : *Kaṃ ćádayanti jaladás,* les nuages couvrent le ciel ; *ᵬûmiṃ ćádati vṛxas,* l'arbre ombrage la terre. Gr. σκοτός; angl. shade , shadow ; irland. scath ; goth. skadu; *ćatra* (de *ćad,* suff. *ra),* parasol, ombelle de fleurs, champignon ; gr. σκίρον. *ćadana,* couverture, feuille, gaîne, fourreau; *ćadis,* chaume, toit, maison, ombelle de fleurs ; gr. σκάνδιξ, σκιάς. *ćadman,* déguisement, fraude, hypocrisie, masque ; et beaucoup d'autres mots. Le *ća* est ordinairement représenté chez les Hellènes par σκ.

LXIII.

छन्द्   *Čand-âmi,* loue et célèbre les dieux ;

छम्   *Čam-âmi,* mange et se nourrit au mieux.

छर्द्   *Čard-ayâmi,* je vomis, j'expectore ;

छष्   *Čaš-ê,* je tue, ou frappe et frappe encore.

छिद्, छुट्, छुर्   *Čid, čuṭ* et *čur, čindê,* briser, trancher,

Fendre, couper, mettre en pièces, hacher ;

Čidira, glaive ardent à la blessure ;

Čidra, défaut, brèche, fente ou fissure.

Čidaka, foudre, et *čurita,* brisé ;

Čuri, couteau, poignard bien aiguisé.

APPENDICE.

Čandâmi (vêdique), célébrer par des hymnes ; favoriser : *êša mê dêvas savitâ čačanda,* ce divin Savitri m'a été favorable. *čandas,* rhythme, les chants du Vêda ; *čandôya (gæ),* chantre ou théologien et commentateur du Sama-Vêda.

Čamâmi, se nourrir de, avec l'accus.

Čardayâmi, lat. screo, gr. σχωρ; *čarda, čardana, čardi* et *čardî, čardikâ, čardis,* vomissement, expectoration; *čardikâripu,* le petit cardamome, plante qui empêche les vomissements.

Čašâmi, čašê, parf. *čačaša,* frapper, blesser, tuer.

Činadmi, čindê, couper : *dwiâá, triâá,* en deux, en trois ; *čakrirê márgam čindantô drumán,* ils firent un chemin en coupant les arbres ; lat. scindo ; gr. σχίζω, σκιδάννυμι ; germ. scheiden. Figurément, ôter : *tŗšņâm,* couper la soif, l'étancher ; *sançayam,* trancher le doute; *čid* et *čidâ,* l'action de fendre; *čuṭâmi* et *čôṭayami,* fendre; *čurâmi,* briser, trancher, diviser, séparer; *čêda,* coupure, interruption, fin ; gr. σχίδη. Le verbe *čyâmi,* de la racine *čô,* a le même sens que *činadmi, čuṭâmi* et *čurâmi* ; *čurita,* partic. de *čur,* fendu, tranché ; enduit, peint, fardé : *çaçikiraņæs,* coloré par les rayons de la lune.

LXIV.

छुप्   *Čup-âmi*, touche, effleure la surface ;
D'où *čupa*, vent qui caresse et qui passe.

कृद्, छुप्   *Čṛd* (*čṛp* aussi), resplendir, scintiller,
Illuminer, éclairer et briller.

जञ्   *Jaj, jañj-âmi*, la bataille me tente ;

जट्   *Jaṭ-a, jaṭ-i*, chevelure flottante.

जन्   *Jan, jajanmi*, j'enfante, je produis,
Je viens, je nais, je me montre, je suis ;
Jana, le monde, une personne, un être ;
Janayâmi, fait engendrer, fait naître.

APPENDICE.

Par extension, *čupa* signifie bataille.

Čardâmi, čardayâmi, lat. splendeo, gr. σπινθήρ, germ. glanz, et *čarpâmi, čarpayâmi*, ont le même sens que *čṛnadmi, čṛndê*, luire.

Jajâmi, jañjâmi, combattre.

Jaṭâmi, entrelacer, entortiller. *Jaṭâ*, chevelure entrelacée ou nattée (comme celle de Çiva et des ascètes), ou tombant négligemment sur le dos et les épaules. *Jaṭâla, jaṭin, jaṭila*, qui a la chevelure entortillée, flottante ou nattée.

Jajanmi, jâyê: gr. γεννάω, γίγνομαι ; lith. gemù, gaminu ; lat. gigno, genui, nascor (gnascor). *Janaka, janayiṭṛ, janiṭṛ*, le père ; gr. γενέτωρ ; lat. genitor ; irland. genteoir. *Janakâ, janakî, janayitrî, janitrî*, la mère ; gr. γενέτειρα, lat. genitrix. *Jani*, femme ; gr. γυνή ; irland. gean. *Janma* ou *janman*, production, naissance ; gr. γέννημα ; lat. germen pour genmen ? *Janmada (dâ)*, le père, celui qui donne la naissance. *Mṛtô na jâyatê*, un mort ne revient pas à la vie. *Aḃrâd vṛṣṭir ajani*, le nuage a produit la pluie. *Nó janê janaya viçwavârê*, rends-nous pères de nombreux enfants. *Kŏçalyâ ajanayad Râmam*, Kauçalyâ mit au jour Rama. *Xuĕârttâ jajñirê janâs*, les hommes devinrent affamés. Cette racine est d'un fréquent usage et produit une foule de dérivés.

LXV.

ज़प्   *Jap-ê*, tout bas récite une oraison ;

ज़म्   *Jaṽ-ê*, s'étendre en bâillant sans façon.

ज़म्म्   *Jamṽ-ayâmi*, mettre à mort une bête ;

ज़म्   *Jam-ayâmi*, de manger se fait fête.

ज़र्च्   *Jarć-âmi*, frappe ou menace en parlant ;

ज़ल्   *Jal-âmi*, couvre, est riche, a froid, est lent.

ज़ल्प्   *Jalp-âmi*, cause, et rapporte, et raconte ;

        Jalpa, babil qui lasse en fin de compte.

ज़ष्, ज़स्   *Jaš* et *jas-ê, jašâmi, jajasmi*,

        Frapper, blesser, tuer un ennemi.

APPENDICE.

Japâmi, japê, jajâpa, parler, dire, réciter à voix basse, murmurer : *ṛćam*, un hymne du Vêda. *Japa*, récitation à voix basse de paroles sacrées ou mystiques. *Japapardyaṇa*, zélé à pratiquer la récitation à voix basse. *Japayajñá*, l'acte religieux qui consiste à réciter des prières à voix basse.

Jaṽê et *jamṽê* ; comparez *jṛmṽ*.

Jaṽayâmi ou *jamṽayâmi*, dompter, tuer : *vṛkam*, un loup.

Jamâmi et *jamayâmi*, manger, prendre sa pâture. *Jamana*, action de manger, aliment, pâture.

Jarćami, réprimander, calomnier, battre. Cette racine s'écrit aussi : *jarj, jarj* et *jarts*.

Jalâmi et *jâlayâmi*, couvrir, lat. galea ; être froid, frileux, lent, apathique, niais ; lat. gelare, lith. szala, fr. il gèle. *Jala*, lat. gelu, irland. gil, froid, eau, donne naissance à une très-grande quantité de mots fort ingénieusement composés.

Jalpâmi, parler, dire, rapporter, raconter, louer, adorer. *Jalpa* et *jalpita*, entretien, conversation, babil, caquet, discussion, dispute. *Jalpaka*, babillard.

Jas, jajasmi, jâsayâmi, veut dire figurément, mépriser, dédaigner. *Jasamâna*, blessé.

LXVI.

ज्रस्	*Jas-âmi*, va ; *jasyâmi*, nous protége,
	Nous vient en aide et du joug nous allége,
	Brise les fers de la captivité,
	Pour enchaîner les cœurs à sa bonté.
ज्राग्	*Jâgṛ* (de *gar*), fait *jâgarmi*, je veille,
	Je suis de garde et prévois à merveille.
ज्रि	*Ji, jayâmi, jayê*, vaincre ou mourir,
	L'emporter sur, maîtriser, conquérir.
ज्रिन्व्	*Jinw-âmi*, j'aime, et j'accrois l'allégresse
	Des dieux émus de ma chaste tendresse.

APPENDICE.

Jasâmi, jasyâmi et *jaṅsâmi, jaṅsa-yâmi*, relâcher, mettre en liberté, protéger, défendre.

Yadi jâgarṣi, cṛṇu , si tu es éveillée, écoute. *Agnês twam sujâgṛhi* , toi, veille bien au feu sacré. *Daṇḍas suptêṣu jâgarti*, le châtiment veille pour ceux qui dorment. *Kṛ́ččrakâlasya âimán jâgarti*, le sage prévoit les mauvais jours. Gr. ἐγείρω, ἐγρήγορα. *Jâgṛvi*, le veilleur de nuit (le feu sacré, Agni). *Jâgara*, veille, veillée, insomnie , vigilance. Cette racine donne beaucoup de dérivés.

Jayâmi , jayê, battre , gagner la partie, dominer : *Jayati, jayati râjâ !* victoire , victoire au roi ! *Jijisâmi* (désidératif de *ji*), vouloir vaincre : *parân*, les ennemis ; vouloir conquérir : *mahîm*, la terre ; vouloir séduire : *bâlâm*, une jeune fille. *Jina*, victorieux.

Jinwâmi et *jivâmi*, aimer, réjouir, accroître : *Jinwa yajñâṃ, jinwa yajñâpatim* , aime le sacrifice, aime le maître du sacrifice.

LXVII.

त्रिष्	*Jiš, jéšâmi*, j'arrose, je répands ;
	Sur nous se tient le nuage en suspens.
ज्रीव्	*Jiv-ê*, je vis, âme et corps en substance ;
	J'ai ma personne et ma propre existence.
जु	*Ju, javâmi, junômi*, se hâter,
	Presser autrui, le pousser, l'exciter.
जुग्, जुऋग्	*Jug, juŷg-âmi*, va loin de sa famille ;
जुड्	*Jud-âmi*, noue, entrelace, entortille.
जुत्	*Jut, jôtê*, brille, est radieux à voir ;
जुन्	*Jun-âmi*, va ; s'avancer, se mouvoir.

APPENDICE.

Jéšâmi, répandre, arroser, est un mot védique.

Jivâmi, jivê, vivre : *jânîhi yadi jîvati*, informe-toi s'il vit encore. *Jiva*, vif, vivant : *jivam rudanti*, ils crient vivat ! Lat. vivo, vivus ; gr. βίος. *Jivada (dâ)*, qui donne la vie, médecin ; et *jívada (dô)*, qui ôte la vie, destructeur. *Jivayâmi*, faire vivre, faire revivre, ressusciter : *hatân*, les morts. *Jivâtman*, l'esprit de vie, l'âme vitale. *Jivita*, la vie ; lat. vita ; angl. live ; lith. gywas ; goth. qvivs.

Cette racine produit de nombreux dérivés.

Javâmi, javê, junómi, hâter, se hâter. *Jur* et *jû*, mouvement, surtout mouvement rapide ; ciel, éther.

Juŷgâmi, abandonner, quitter, s'éloigner de, n'est peut-être qu'un augmentatif de *gam*.

Judâmi (1re classe), lier, nouer. *Judâmi* (6e classe), aller, comme *junâmi*.

Jôtê, briller ; compar. *jyut*.

LXVIII.

तुर्व्   *Jurv-âmi*, frappe, est sans miséricorde ;

तुष्   *Juś-ê*, j'accueille avec grâce et j'accorde.

जूर्   *Jûr-yê*, déchoit, tombe, s'anéantit ;

जृ   *Jṛ, jarâmi*, met plus bas, rend petit.

जृम्, जृम्भ्   *Jṛ̌ ou jṛmb̌-ê*, bâille, est bouche béante ;

      Jṛmb̌â, des nerfs exprime la détente.

जॄ   *Jṝ, jarâmi, jṛṇâmi*, s'épuiser,

      Devenir vieux, être abattu, s'user.

जेह्   *Jêh-ê*, tend à, s'efforce vers, aspire ;

जै   *Jæ, jâyâmi*, dépérit, devient pire.

APPENDICE.

Jurvâmi, frapper, tuer ; on écrit aussi *jûrv* ; comparez la racine *turv*.

Juśê, quelquefois *jôśâmi*, accueillir, recevoir favorablement : *îmaṃ stô-maṃ juśaswa nas*, accueille de notre part cette invocation ; accorder : *tan nô dêvâ juśantu*, que les dieux nous accordent cela. On écrit aussi *jûś*.

Jûryê, jûryâmi, se détruire, tomber en décrépitude ; figurément, devenir irascible et chagrin. Ce verbe signifie aussi vieillir, comme *jarâmi, jarê*, de la racine *jṛ*.

Jarâmi, de *jṛ*, diminuer, raccourcir, rendre plus bas, mettre au-dessous, par conséquent se mettre au-dessus, l'emporter sur, dépasser.

Jarb̌ê ou *jṛmb̌ê*, s'entr'ouvrir, s'élargir, bâiller ; relâcher, détendre : *âanus*, un arc.

Jarâmi, jarê, jîryâmi, jṛṇâmi, jarayâmi : Jiryati balam, la force s'épuise ; *sœhṛdâni jîryantê kâlêna*, les amitiés s'usent avec le temps ; activ. abattre, accabler, rendre vieux.

Jêhê, aller, tendre à, s'appliquer à, n'est peut-être qu'un augmentatif de *hi* ; le causatif de *jêh* est *jêhayâmi*.

Jâyâmi, dépérir, se détruire peu à peu. Comparez *xx*.

LXIX.

ज्ञा   *Jñâ, jânâmi, jânê,* latin nosco,

Grec γνοέω, mieux encor γιγνώσκω,

Je vois, j'observe et je cherche à connaître ;

Jñâtṛ, jñânin, un sage et savant maître.

ह्या   *Jyâ, jinâmi,* s'en va dépérissant,

S'use, s'écoule et tombe en vieillissant.

ह्युत्   *Jyut, jyôtâmi,* brille, étincelle, éclaire ;

Jyôtîraṭa, c'est l'étoile polaire ;

Jyôtis, splendeur, éclat, feu sans pareil ;

Jyæ, Jupiter ; *jyôtiṣmat,* le soleil.

APPENDICE.

Jânâmi, jânê ; lat. gnarus, gnosco (nosco) ; gr. γνοέω (νοέω) ; angl. know ; germ. kann, kennen. *Jânîhi brâtaram yadi jîvati,* informe-toi si mon frère vit encore ; *na jânimô yadi jîvati,* nous ignorons s'il est encore vivant. *Jñâna,* la science, son objet et son but, l'intelligence, la pensée. *Jñâpayâmi,* causatif de *jñâ,* faire savoir, apprendre quelque chose à quelqu'un, avec deux accusatifs.

Jyâ, comme *jæ,* vieillir ; *jyâ,* la mère, la terre, gr. βίος ; *jyâni,* vieillesse, vétusté, abandon ; rivière, torrent ; *jyâyas,* plus vieux, plus respectable, meilleur ; superlatif *jyêṣṭa.*

Jyut, comme *dyut, jyôtâmi, jyôtê,* forme un grand nombre de dérivés qui se rapportent à l'astronomie ou à l'astrologie. Quant à *jyæ,* planète de Jupiter, c'est un mot tiré du grec Ζεύς.

LXX.

त्रि   *Jri, jrayâmi,* je l'emporte en vitesse ;

ज्वर्   *Jwar-a,* chagrin, fièvre, douleur, tristesse.

ज्वल्   *Jwal-âmi,* flambe, est tout brûlant d'ardeur ;

     Jwalana, flamme, éclat, Agni, splendeur.

कष्   *Jaś-ê,* reçoit force coups, sait les rendre ;

     Frapper, blesser, renverser, couvrir, prendre.

ठङ्क्   *Ṭaγk-ayâmi,* fondre, unir et lier ;

टल्, टूल *Ṭal, ṭwal-âmi,* se troubler, s'effrayer.

टिक्, टीक् *Ṭik* ou *ṭik-ê,* va, se meut, se balance ; .

टोक्   *Ṭok-ê,* se glisse et s'approche en silence.

APPENDICE.

Jrayâmi, aller, courir, surpasser, vaincre.

Jwarâmi, être malade, avoir la fièvre ; *jwarayâmi* (caus.), la donner ; *jwarâgni,* chaleur de la fièvre.

Jwalâmi, brûler, flamber ; figur. être enflammé : *róśât,* de colère ; *jwala,* brûlant, flamboyant ; *jwalá-nana,* qui a le visage enflammé ; *jwâlájihwa,* Agni, mot à mot qui pour langue a la flamme ; *jwâlâmuki,* fontaine ardente, jet de gaz inflammable s'échappant de la terre.

Jaśâmi, jaśê. Nous ne donnons que cette racine en *ja,* la lettre क्ष n'étant que l'aspirée de श, qu'elle remplace le plus souvent ; de sorte qu'on écrit, par exemple, *jat* ou *jat, jam* ou *jam, jarć* ou *jarć, jarj* et *jarj* ou *jarj, ju* ou *ju, jŕ* ou *jŕ,* etc.

Ña et *ṭa,* 24ᵉ et 26ᵉ lettres de l'alphabet sanscrit, n'offrent point de racines. La première ne donne comme mot significatif que *ña* : son inarticulé, chant ; bœuf ; hérétique, apostat ; *Çukra,* régent de la planète Vénus. Le second ne présente que *ṭa* : globe, cercle, disque du soleil ou de la lune, chiffre ; idole ; clameur ; Çiva.

Tak ou *ṭaγka,* tout ce qui se rapporte à la fabrication de la monnaie, à la fonte des métaux, par extension aux noms des instruments tranchants, et figurément aux airs tranchants, arrogants, orgueilleux.

Talâmi, parfait *taṭâla* ou *taṭwâla.* Nous ne connaissons pas d'autres racines en *ṭa,* si ce n'est *ṭip, ṭêpayâmi,* lancer.

LXXI.

उ   *Da*, bruit, tambour, effroi, feu sous les eaux ;

उप्   *Dap, dâpayê*, mettre en tas, en monceaux.

उम्ब्   *Damb-ayâmi*, lance, envoie et dirige ;

डी   *Dî-yê, dayê*, l'oiseau vole ou voltige.

ढौक्   *Dæk-ê*, parfait *dudôkê*, s'approcher,

Venir au but, voir le terme, y toucher.

त   *Ta*, le nectar, le sein, le flanc, la hanche ;

L'arbre fertile et son heureuse branche ;

Le fier désir d'avoir la liberté ;

Par la vertu le vice racheté.

APPENDICE.

Da, damara, damura, dakhâ, dôla, son, bruit, tumulte, émeute, cris de guerre, gestes menaçants, tambour, peur, un des noms de Çiva. L'on écrit aussi *da*.

Dâpayâmi, *dâpayê*, de *dap*, ou *dêpayê*, de *dip* (10e cl.), amonceler ; *dimbayâmi* et *dumbayé* ont la même signification.

Dipyâmi, dipâmi, dêpayâmi, de *dip* (4e et 6e cl.), ont le même sens que le verbe *dambayâmi*, je lance, j'envoie.

Dîyê, dayê, diyâmi, aller, s'en aller, voler, s'envoler ; *dîna*, vol, essor de l'oiseau ; *dinadinaka*, action de voltiger, de s'envoler plusieurs fois de suite.

'*Dæké*, causat *dækayâmi*, faire approcher : *ratam*, un char ; *dôdækyé*, augment. ; *dudækisé*, désidér. ; *dækana*, présent fait pour gagner les bonnes grâces de quelqu'un.

Outre les sens que nous avons indiqués, *ta* signifie, au masc., un Mlêtche ou barbare ; au neut. il veut dire affranchissement.

LXXII.

तक्   *Tak-âmi,* va, rit, soutient et supporte ;

तङ्क्   *Taÿk-a,* chagrin, tourment de toute sorte.

तक्ष्   *Tax-âmi,* fait, fabrique, en son chantier,

Taille le bois ; *taxan,* un charpentier.

वङ्ग्   *Taÿg-âmi,* tremble, est près de choir par terre ;

तञ्च्   *Tañć, tanaćmi,* courbe, fléchit, resserre.

तट्   *Taṭ-âmi,* grand, haut, élevé se tient,

Taṭa, plateau de la montagne en vient.

तड्   *Taḍ-ayâmi,* pousse, bat, frappe et brille ;

De là, *taḍit,* foudre, éclair qui scintille.

APPENDICE.

Takma, progéniture, enfants, postérité ; gr. τέχνον ; *takya,* risible, ridicule.

Taÿkâmi, vivre dans la misère ; *taÿka,* chagrin causé par la perte d'un objet aimé, misère, crainte.

Taxâmi, taxṇómi, aor. 1. *ataxiṣam, ataxam :* Twaśṭá *ataxad vajram,* Twashtri fabriqua la foudre (l'arme d'Indra) ; *taxaka,* charpentier, fabricateur, surnom de Twashtri (le divin fabricant), directeur d'une troupe dramatique ; *taxaṇa,* l'action de charpenter, de travailler un corps brut quelconque.

Taÿgâmi, aller, se mouvoir, vaciller, chanceler.

Tanaćmi et *tanajmi,* fléchir, courber, contracter, resserrer.

Taṭâmi, activem. élever, soulever ; *taṭa* et *taṭâ,* rive, rivage, plaine, plateau de montagne, fesse ; *taṭasťa,* une personne qui se tient sur le bord, entre la terre et l'eau, c'est-à-dire qui n'est ni pour ni contre, ni amie ni ennemie.

Táḍayâmi (l'a du radical devient long) veut dire aussi parler. *Taṭayâmi* et *taṇḍê* ont les mêmes significations que *táḍayâmi,* pousser, battre, frapper : *padá,* du pied. *Taṇḍu,* l'un des gardes de Çiva, regardé comme l'inventeur de la mimique et de la danse. *Taḍilwat,* qui porte la foudre, nuage orageux.

LXXIII.

तन्   *Tan-âmi,* frappe, aide ou vexe, et, bruyant,

A l'étourdie est toujours confiant.

तन्   *Tan-wê,* j'étends, j'étale, je déploie,

Je développe, augmente, ouvre la voie.

तप्   *Tap-ê,* brûler ; *tapa, tapas,* chaleur ;

Tapyê, je suis consumé de douleur.

तम्   *Tam-as,* le mal, l'obscurité profonde

Dont l'ignorance enveloppe le monde.

तम्बु   *Tamb-âmi,* va régulier dans son cours ;

Tambâ, la vache aux pas graves et sourds.

APPENDICE.

Tanâmi, tânayâmi, croire, avoir confiance ; frapper, tourmenter ; aider ; rendre un son.

Tanômi, tanwê : âslaraṃ hastini, j'étends un caparaçon sur un éléphant ; *yêna sarvam idaṃ tatam,* celui par qui a été déployé cet univers ; *yajñær aťarvâ paťas talê,* Atharvan (le feu) a ouvert la voie par des sacrifices. Gr. τείνω, τάννμαι ; lat. tendo. L'augmentatif est *lantanmi* et *tantanyê. Tata,* partic. pris adject. diffus, répandu, déployé, large ; subst. masc. l'air, le vent ; subst. neut. instrument de musique à cordes. *Talapatri,* bananier. *Tati,* état d'une chose étendue ou déployée, rangée, ligne, etc. *Tanti,* tisserand. *Tantu,* fil, descendants, lignée ; et beaucoup d'autres mots.

Tapâmi, tapê, brûler, torréfier, chauffer : *Sûryas tapalê lôkam,* le soleil échauffe le monde ; être chaud, brûlant ; lat. tepeo. *Tapyê, tapas,* forment un grand nombre de dérivés ayant rapport à l'ascétisme.

Tâmyâmi, languir, regretter, dépérir ; lat. tabeo. *Tamâ,* la nuit : *tamô'jñânajam viddi,* sache que l'obscurité procède de l'ignorance.

Tambâmi ou *tarbâmi,* aller ; *tambâ* ou *tampâ,* vache ; *tarbaja,* l'année.

LXXIV.

तय्   *Tay-ê*, se meut, sort de chez soi, chemine ;

तर्क्   *Tark-ayâmi*, considère, examine.

तर्ज्   *Tarj-ana*, blâme, incrimination ;

        Tarjâmi, porte une accusation.

तर्द्   *Tard-âmi*, frappe à grands coups, blesse et tue ;

तल्   *Tal-âmi*, fonde, établit, institue.

तस्   *Tas-yâmi*, lance, enlève, jette encor ;

तंस्   *Tans-ayâmi*, parer, faire un décor.

तिग्   *Tig-nômi*, veut, en sa fougue insolente,

        Tout assaillir ; *tigma*, saveur brûlante.

APPENDICE.

Tayê, aller, s'élancer, descendre : *ratât*, d'un char ; protéger, sauver.

Tarkayâmi, briller, parler ; apprécier, juger, penser, douter ; *tarka*, examen, cause, raison, motif ; *tarkaka*, homme exposant ses motifs, présentant une requête ; *tarkavidyâ*, la logique ; *tarkin*, un logicien.

Tarjayâmi, blàmer, reprendre, menacer, faire rougir ; *tarjanî*, l'index ou doigt indicateur.

Tardâmi, *tardayâmi* ; comparez *tṛd*, *tṛṇadmi*, *tṛṇdê*, parfait *tatarda*, *tatṛdê*.

Talâmi, fonder, établir ; *tala*, sol, terrain, superficie ; de là, beaucoup de dérivés, tels que ; *talina*, qui repose sur le sol ; *talima*, sol préparé pour une construction, etc.

Tasyâmi, rejeter, projeter, lancer, périr, soulever, enlever ; angl. toss ; *tasara*, navette du tisserand.

Tansâmi et *tansayâmi*, orner, parer, décorer.

Tiknômi et *tignômi*, provoquer, attaquer ; *tikta*, piquant, âpre, amer ; *tigma*, pénétrant, chaud ; *tigmânçu*, le soleil (aux rayons brûlants).

LXXV.

तिज्   *Tij-ila*, lune, et *téjas*, la splendeur,
L'éclat, la gloire, une brûlante ardeur.

तिप्   *Tip* fait *têpê*, goutte à goutte distille;

तिम्   *Tim-yâmi*, rend ou devient immobile.

तिल्   *Til-a*, sésame, un petit signe, un point ;
Tilayâmi, *tilâmi*, je suis oint ;
Tilaka, marque ou de secte ou de race,
Qui, sur le front, comme ornement, se trace.

तिल्ल्   *Till-âmi* (soit *têlâmi*, si l'on veut),
Va, vient, remue, en liberté se meut.

APPENDICE.

La racine *tij*, d'où le verbe *téjayâmi*, aiguiser , se confond avec *liknômi*, *tignômi*, *téjâmi*. *Téjas* a beaucoup de significations différentes pour représenter, au propre comme au figuré, ce qui brille, ce qui pénètre, ce qui s'échauffe, ce qui est fort, Agni lui-même. *Téjaswin*, doué de vigueur, de puissance, de dignité, etc.

Têpê, parfait *titipê*, futur 2 *têpsyê*, distiller, tomber goutte à goutte.

Timyâmi, être ou devenir humide, immobile. *Timu*, *timikôsu*, la mer.

Timi, poisson fabuleux , long de 100 *yôjanas* ; *timiÿgila*, poisson plus grand que le *timi* ; *timiÿgilagila*, poisson plus grand que le *timiÿgila*. *Timila* , partic. de *tim* , humide , mouillé, fixe, immobile.

De *tila* dérivent une assez grande quantité de mots. *Tilaka*, qui veut dire encore marque ou signe naturel sur la peau, forme aussi beaucoup de composés.

Til, faisant *têlâmi*, est un verbe de la 1re classe.

LXXVI.

तीर्	*Tir-ayâmi*, je termine une affaire ;
तु	*Tu, tavîmi*, croît, grandit et prospère.
तीव्	*Tiv-ara*, mer ; *tivra*, grand, excessif ;
	D'où *tivâmi*, devient gros, gras, poussif.
तुञ्	*Tuj', tôjâmi*, se hâte, est frappé, frappe ;
तुप्	*Tup-âmi*, bat ; grec, τύπτω ; français, tape.
तुञ्ज्	*Tuñj-âmi*, vivre, être puissant et fort,
	Rendre d'autrui bon ou mauvais le sort.
तुट्	*Tut-âmi*, gronde, et crie, et se chamaille ;
तुड्	*Tud-âmi*, fend, brise et cherche bataille.

APPENDICE.

Tirayâmi, finir, terminer : *karman*, une affaire. *Tirita*, partic. employé comme subst. neut., subornation, non exécution d'une sentence.

Tu, tœmi, tavîmi, croître ; mot védique.

Tivara signifie, en outre, chasseur de profession et pêcheur. *Tivra* veut dire aussi chaud, piquant, pénétrant. *Tivravédaná*, peine extrême, agonie, damnation, supplices de l'enfer: *Tivram*, adv. beaucoup, excessivement.

Tôjâmi, tôjayâmi. Vṛtrasya marma tujan vájréna, frappant de la foudre le corps de Vritra. *Tôjâmi biyá*, je suis frappé de terreur.

Tupâmi, tôpâmi.

Tuñjâmi, tuñjayâmi : tuñjâlê vṛśnyam payas, ils accordent le liquide fécondant. Ce verbe veut dire encore parler, briller.

Tutâmi, se quereller. *Tutuma*, un rat.

Tudâmi, tôdâmi, tuṇḍé, briser, fendre, tuer.

LXXVII.

तुड्ड् *Tuḍḍ-âmi*, prendre à dédain, être altier ;

तुण् *Tuṇ-i*, le bois que taille un charpentier.

तुत्थ् *Tutt-ayâmi*, j'étends ; *tutta*, collyre ;

तुद् *Tud-âmi*, frappe avec force, avec ire.

तुन्द् *Tund-âmi*, tendre au terme, s'efforcer ;

तुम्ब् *Tumb-ayâmi*, maltraiter et vexer.

तुर *Tur-aṇa*, hâte, agilité, prestesse ;

Tutôrmi, court, s'avance avec vitesse.

तुर्व् *Turv-âmi*, frappe et fait tomber soudain ;

तुल् *Tul, tôlâmi*, soulève avec la main.

APPENDICE.

Tuḍḍâmi, dédaigner, négliger.

Tuṇâmi, être courbe, se courber ; figur. agir d'une manière tortueuse ; *tuṇi*, bois de charpente.

Tutt'ayâmi et *tutt'âpayâmi*, étendre sur, couvrir ; *tutta*, masc. le feu ; fém. l'indigo ; neut. un collyre pour les yeux, sulfate de cuivre servant à cet usage.

Tudâmi, tudê, battre, frapper : *ayas*, le fer ; *açwam*, un cheval ; *arim*, un ennemi. Lat. tundo.

Tunda, tundi, le ventre ; *tundi, tundikâ*, le nombril.

Tub ou *tumbâmi, tumbayâmi*, agiter, troubler, tourmenter.

Tur, tutôrmi, se hâter ; *turaga* (gam), *turaygama*, cheval ; *turagin*, cavalier ; *turaṇyâmi* (dénominat. de *turaṇa*), se hâter. *Turaga* veut dire aussi l'esprit, mot-à-mot le rapide.

Tûrvâmi (ú long), faire tomber en frappant : *vṛṣṭim*, les eaux du nuage.

Tôlâmi, lôlayâmi, lever : *danus pâṇinâ*, un arc avec la main ; soulever : *adrim*, une montagne. Lat. tuli, tollo ; gr. τλάω, τελάμων, etc. *Tu'ayâmi* (dénominat. de *tulâ*), peser dans une balance, apprécier, estimer, juger ; gr. τάλαντον, ταλαντάω. *Tulâ*, balance, poids d'or ou d'argent ; de là beaucoup de dérivés.

LXXVIII.

तुष्   *Tuśṭa*, content, satisfait, plein de joie ;

तुस्   *Tus, tôsâmi*, rend un son, le renvoie.

तुह्   *Tuh, tôhâmi*, maltraiter, tourmenter ;

तूण्   *Tûṇ-ayâmi*, resserrer, contracter.

तूल्   *Tûl-ayâmi*, pèse dans la balance ;

तृज्   *Tṛx-âmi*, va, se meut, vite s'élance.

तृण्   *Tṛṇ-ômi*, mange, et *tṛṇa*, le gazon,

    D'où bien des mots dérivent à foison.

तृद्   *Tṛd, tṛṇadmi*, frapper, blesser, détruire ;

    Avec dédain et mépris se conduire.

APPENDICE.

Tuśyâmi, se calmer, s'apaiser : *tuśya mâ krudas*, calme-toi, ne t'irrite pas ; être satisfait, se contenter de, se réjouir de, être joyeux ; *tuśṭi*, satisfaction, contentement, joie ; *tuśṭa*, partic., satisfait, content, joyeux ; *tuśila*, pris substant. représente la classe des dieux du 4ᵉ ordre.

Tôsâmi, rendre un son, retentir. Le parfait est *tutósa*.

Tôhâmi, vexer, a pour causat. *tôhayâmi*. *Tuhina*, la gelée. *Tuhinâdri*, l'Himâlaya.

Tûṇayâmi, moyen *tûṇayé*, remplir. Nous omettons ici quelques racines en *û* long, parce qu'elles forment double emploi avec d'autres racines en *u* bref.

Tûlâmi, tûlayâmi ; tûla, coton ; d'où plusieurs dérivés.

Tṛxâmi a pour causat. *tṛxayâmi*. Comp. la racine *tṛx* avec le gr. τρέχω.

Tṛṇômi et *tarṇômi*, manger ; *tṛṇajamba*, herbivore ; *tṛṇadânya*, blé sauvage ; *tṛṇarâja*, palmier ; *tṛṇasârâ*, banane ; *tṛṇaharmya*, hutte de gazon, chaumière ; *tṛṇâgni*, feu de paille ; *tṛṇikarômi*, n'estimer pas plus que l'herbe ; *tṛṇyâ*, quantité d'herbe, etc., etc.

Tṛṇadmi, tṛṇdé, tuer, détruire : *bûtim raxasâm*, le pouvoir des Râxasas. Ce verbe signifie quelquefois : manger, comme *tṛṇômi*.

LXXIX.

तृप् *Tṛp, tarpâmi,* je me sens en gaîté ;

Je mange et bois jusqu'à satiété.

तृष् *Tṛś,* soif, désir, convoitise, appétence ;

Tṛśnaj, demande à boire avec instance.

तृह्, तृंह् *Tṛh, tṛṅh-âmi, tṛṇêhmi,* mettre à mort ;

तृ *Tṛ̂, tarâmi, tirâmi,* faire effort.

तेप् *Têp-ê,* s'écoule en vacillant, tremblote ;

तेव् *Têv-ê,* je pleure, et soupire, et sanglote.

त्यज् *Tyaj-ê,* quitter ; *tyâga,* donation,

Renoncement, renonciation.

APPENDICE.

Tṛpyâmi, tṛpnômi, tṛpâmi, tarpâmi, tṛpyê, se réjouir, se rassasier ; activ. rassasier, réjouir ; gr. τέρπω, τρέφω. *Nâgnir tṛpyati kâśṭânâm,* le feu est insatiable de bois. *Tṛpâyê,* dénomin. de *tṛp,* devenir réjouissant, commencer à se rassasier. *Tṛpti,* satisfaction, satiété, joie ; gr. τέρψις. On peut écrire aussi *tṛp* et *tṛmp* ou *tṛmp.*

Tṛśyâmi, avoir soif (au prop. et au fig.), être desséché (en parlant des campagnes) ; gr. τέρσω ; germ. durst ; goth. thars. *Tṛśâha,* eau à boire. *Tṛśita,* altéré ; angl. thirst.

Tṛhâmi, tṛnêhmi, 3° pers. *tṛnêḍi,* tuer.

Tarâmi, traverser : *nadim,* un fleuve ; franchir, échapper à, dépasser, vaincre, triompher de,

venir à bout de, atteindre, exécuter, réaliser : *pratijñâm,* une promesse.

Têpê, dégoutter, distiller, suinter. Comp. *tip.*

Têvê veut dire aussi jouer ; d'où *têvana,* jeu, lieu de plaisir, salle de jeu, place pour jouer, jardin. Comp. *div* et *dîv.*

Tyajâmi, tyajê, quitter, abandonner : *diçam,* un pays ; *ḍarmam,* la vertu ; *dêham,* le corps (mourir) ; renoncer : *kâmâm,* aux désirs ; *jîvitam,* à la vie ; renvoyer, répudier : *ḍâryâm,* sa femme ; lancer : *vâṇam,* une flèche ; négliger : *sahajam karma,* sa fonction originelle ; livrer : *kâmaḍênum,* sa vache d'abondance. *Tyâga,* abandon : *çântis tyâgâd anantaram,* tout près du renoncement est la béatitude.

LXXX.

ऋउक् *Traÿk-ê*, se meut, va, s'agite, voltige ;

ऋद्, ऋन्द् *Trad, trand-âmi*, vers un but se dirige.

ऋप् *Trap-a*, la honte ; avoir honte, *trapê ;*

On dit, en grec, ἐντρέπειν, ἐντροπή.

ऋस् *Tras-âmi*, tremble, a peur, craint, s'épouvante ;

Trasa, tremblant, la forêt quand il vente.

ऋुप् *Trup, trôpâmi*, je frappe avec le fer ;

त्रे *Trâyê*, tirer : *narakât*, de l'enfer.

ऋंस् *Trans-ayâmi*, parle, brille, étincelle ;

ऋुट् *Trut-i*, brisure, atome, éclats, parcelle.

APPENDICE.

Traÿk, ou *trak*, *trak'*, *traÿg*, et même *triÿk*, *trik'*. *Traÿga*, la cité de *Hariç-ćandra*.

Tradâmi, *trandâmi*, s'efforcer, tendre à. Comparez la racine *tund*.

Tra ou *trâpayâmi*, causat. de *trap*, faire rougir ; *trapâraṇḍá*, femme de mauvaise vie. *Trapa* ou *trapá* signifie, en outre, modestie, célébrité, famille, race ; femme qui est la honte des siens.

Trasâmi, *trasyâmi*, trembler ; gr. τρέω, τρέμω ; lat. tremo ; fr. transe. *Trasa*, tremblant, mobile, forêt agitée par le vent ; *trasara*, navette de tisserand ; *trasarênu* (*rênu*, poussière), atome, objet très-petit, temps très-court ; *trasta* et *trasnu*, timide, craintif ; *trâsa*, frisson, tremblement,

peur ; *trâsadâyin*, qui fait trembler, effrayant, terrible ; *trâsayâmi*, causat. de *tras*, faire trembler de peur.

Trup, frapper, tuer, s'écrit aussi *trup*, *trump* et *trumṕ*.

Træ, *trâyê*, délivrer, sauver, préserver, semble venir de *tṛ* : *narakât putras trâyaté pitaram*, le fils retire son père de l'enfer.

Transâmi et *transayâmi*, parler, briller.

Truṭâmi, *truṭyâmi*, se briser, se détacher en se brisant ; *truṭi*, *truṭi*, brisure, destruction, perte, doute, incertitude, atome, petit objet, petite quantité, temps très-court ; *trôṭayâmi*, causat. de *truṭ*, briser, mettre en pièces.

LXXXI.

त्रौकृ   *Trœk-ê*, venir, s'approcher, s'avancer ;

त्वक्षृ   *Twax-âmi*, fendre, en morceaux dépecer.

त्वङ्गृ   *Twaṅg-âmi*, tremble et secoue avec force ;

त्वच्   *Twać-a*, la peau, l'enveloppe, l'écorce.

त्वरृ   *Twar-ê*, se hâte, a de l'empressement ;

      Twaráyaṇa, rapide mouvement.

त्विषृ   *Twiś, twêśâmi*, répandre la lumière

      Sur le palais et sur l'humble chaumière.

त्सरृ   *Tsar-âmi*, va sinueux en son cours

      Et procédant par feintes, par détours.

APPENDICE.

Trœkayâmi, causat. de *trœk*, faire aller, faire approcher ; plus-que-parfait, *atutrœkam*.

Twaxâmi kâśṭam, je fends du bois. *Twaśṭ*r, charpentier, fabricant en général, l'artiste divin (Twashtri).

Twaṅgâmi et *twañćâmi*, aller, se mouvoir, remuer, trembler, vaciller, activ. ébranler.

Twaćâmi et *twaxâmi*, couvrir, changer de peau, faire peau neuve ; *twaćayâmi*, dénom. peler, ôter la peau, muer ; *twaćiśṭa*, qui a beaucoup d'écorce ou une forte peau ; *twagaṅkura*, horripilation ; *twaṅmaya*, d'écorce, de peau.

Twarâmi, *twaré*, se hâter : *ĩartur anwêśaṇê twara*, hâte-toi de chercher ton mari ; *hantum arin*, de tuer les ennemis. *Twarayâmi*, causat. faire que l'on se hâte, exciter ; *twaraṇa*, *twarâ*, *twarî*, *twarita*, hâte, empressement.

Twêśâmi, *twêśê*, briller, faire briller, illustrer, célébrer : *amâtram twa âiśaṇâ titwiśê mahi*, un grand hymne a répandu son éclat sur toi qui es immense. *Twiś, twiśâ*, lumière, éclat, beauté, splendeur, parole, discours, désir, coutume, usage. *Twiśâmpati*, le maître des lumières (le soleil); *twiśi*, rayon de lumière ; *twêśayâmi*, causat. de *twiś*.

Tsarâmi, aller frauduleusement ; *tsaru*, garde ou poignée d'un glaive ; *tsarumârga*, escrime, duel à l'épée.

11

LXXXII.

थ '*Ta*, comme *da*, montagne, bon augure,

गुर्व् '*Turv-âmi*, frappe, et tue ou fait blessure.

दत्त् *Daẋ-ê*, se meut ; il est actif, il croît ;

   Daẋa, (dexter); *daẋina*, côté droit.

दघ्, दङ *Daǵ* ou *daẏǵ*, s'arme, et de ceux qu'on offense,

   Dans les combats veut prendre la défense.

दण्ड *Daṇḍa*, bâton, toise ; et l'autorité

   Avec son sceptre et sa sévérité.

दन्त *Danta*, la dent incisive et brillante ;

   Dantin, mâchoire ou montagne saillante.

APPENDICE.

'*Ta*, montagne, maladie, peur ; préservation, bon augure.

'*Turvâmi* ; comparez la racine *turv*.

Daẋê, *daẋâmi*, se mouvoir, se hâter, être actif et fort, croître, frapper, blesser, tuer. *Daẋa*, qui est à droite, qui prend la droite ; gr. δέξιος ; lat. dexter. *Daẋya*, adresse, dextérité. Ce mot a beaucoup de dérivés ; notamment *daẋiṇa*.

Daǵnômi et *daẏǵâmi*, frapper, tuer, protéger, garder, quitter, éviter.

Daṇḍa, bâton, tige d'arbre, perche, mesure de superficie et de temps, punition, supériorité de rang, arrogance. Ce mot forme de nombreux composés : un roi (porte-sceptre), un mendiant (porte-bâton), Yama (le punisseur), un magistrat, un juge, un huissier, un gardien, un portier, etc. *Daṇḍayâmi*, causat. bâtonner, punir.

Danta, dent, défense d'éléphant ; gr. ὀδόντος ; lat. dens. *Dantaĉada*, *dantavastra*, *dantavâsas*, lèvre ; *dantamala*, tartre des dents ; *dantamûla*, racine des dents ; *dantaçirâ*, gencive ; *dantâlikâ*, bride de cheval ; *dantya*, dental. C'est un des mots qui, dès l'origine, ont éveillé le mieux l'attention sur la parenté du sanscrit avec le grec et le latin.

LXXXIII.

द॑न्व् *Danw-ê,* se meut, aime à se balancer ;

दभ् *Dabʹ-ayâmi,* jeter, frapper, blesser.

दम् *Dam-yâmi,* dompte, à ses lois nous enchaîne,

Est sous son toit la règle souveraine,

Commande, ordonne, et règne absolument

Par le respect ou par le châtiment.

दम्भ् *Damb-a,* mensonge, orgueil et fourberie ;

Dambʹra, petit ; mer qui trompe et varie.

दय् *Day-ê,* je cède à la douce amitié ;

Mon cœur se porte où mène la pitié.

APPENDICE.

Danwâmi, danwê, gr. δονέω, agiter, disperser ; δόνημαι sebousse, balancement ; δόνησις, l'action de troubler, de chasser, de tourmenter.

Dabʹ ou *dambʹâmi, dabʹ* ou *dambayâmi,* envoyer, lancer, tuer, laisser périr.

Dâmyâmi, gr. δάμνημι, lat. domare, angl. tame. *Dam,* en composition, signifie épouse, maîtresse de maison ; gr. δάμαρ, lat. domina, fr. dame, angl. dam. *Dama,* l'action de dompter, châtiment, pénitence que l'on s'inflige soi-même ; en composition, qui dompte, qui soumet, qui punit ; gr. δαμος, par ex. ἱππόδαμος, lat. damnare. *Damunas,* Agni, le feu (qui dompte tout). *Dampati,* le mari et la femme, le maître et la maîtresse de la maison. *Damya,* jeune bœuf (non dompté).

Dabʹnômi, tromper, faire défaut : *Mâ ta ûtayô'smân kadâćana dambʹan,* que vos secours ne nous manquent jamais. Ce verbe signifie aussi blesser, nuire ; *dambʹôli,* la foudre ; *dambʹra,* la mer trompeuse.

Dayê, aller vers, se porter pour ou contre, aimer, avoir de la pitié ; gr. δαίομαι. *Daya,* compatissant, affectueux, tendre ; subst. f., pitié, miséricorde. *Dayila,* aimé, chéri ; subst. masc., le bien-aimé, l'époux ; fém. la bien-aimée, l'épouse. *Dayâlu, dayâvat,* comme *daya.*

LXXXIV.

दल्

Dal-ati *bûs,* ou *hŗd* : dans une crise
Le sol se fend, s'ouvre ; le cœur se brise.

दस्

Das-ma, le feu ; *dasyami,* dans les airs
Je disparais, en montant je me perds.

दह्

Dah-âmi, donne en pâture à la flamme,
Et *dahyâmi,* je me consume l'âme.

दंश्

Dañç-a, le fait de mordre avec la dent,

De déchirer parfois en bavardant ;

D'où l'adjectif *dañçéra,* qui censure

Et fait le mal que cause une morsure.

APPENDICE.

Dala, l'action de fendre, de briser ; fragment, feuille ; *dalanî,* motte de terre ; *dalika,* bois de charpente, planche ; *dalila,* entr'ouvert, épanoui, fendu, brisé ; *dalmi,* la foudre et surnom d'Indra. *Dalali sá hŗdi,* son cœur se brise ; mot-à-mot, elle se brise dans son cœur. *Dadâla bus,* la terre s'entr'ouvrit.

Dasyâmi, lancer, périr, se perdre. *Dasyu,* nom des populations inâryennes rencontrées dans l'Inde par les Aryas védiques ; ennemi, voleur, impie. *Dasma,* le feu ; la personne qui fait offrir un sacrifice ; un voleur. *Dasra,* au duel, les Açwins ; au singulier, un âne (monture des Açwins).

Dahâmi, livrer au feu, détruire ; *dahyâmi,* s'affliger, se tourmenter, se consumer ; gr. δαίω ; *dahana, dahra,* le feu, Agni, un incendie. Le verbe *ḍañhayâmi,* racine *dañh,* a le même sens. Au passif, être consumé : *çôkéna,* par la douleur ; être brûlant : *manyunâ,* de colère. Gr. δαίω ; lith. degu ; irland. daghaim.

Daçâmi, daçê, dañçâmi, dañçayê, et même *dañsâmi,* mordre, parler ; gr. δάκνω. *Dañçayâmi,* causat. de *dañç,* faire mordre : *Sarpær ênam adañçayat,* il le fit mordre par des serpents. *Dañśṭra,* grande dent, défense ; *dañśṭrin,* qui a de grandes dents, un sanglier, un porc, un serpent. *Dañça,* action de mordre, morsure. *Dañçaka,* taon. *Dañçana,* morsure, armure. *Dañçita,* cuirassé. *Dañçéra,* qui mord ; par extens. malfaisant, nuisible.

LXXXV.

द	*Dâ, dadâmi, dadê,* donner, céder,
Aider, permettre, ordonner, accorder.

दा, दो	*Dâ, dô, dâmi, dyâmi,* partage, brise,
Met en morceaux, coupe, taille, divise.

दाष्	*Dâç-ê,* je suis votre humble serviteur,
Mais, avant tout, de Dieu l'adorateur.

दिव्	*Dinw-âmi,* j'aime à voir régner la joie,
Quand au plaisir mon âme se déploie.

दिम्प्	*Dimp-ayâmi,* veut dire accumuler,
Ranger en tas, grossir, amonceler.

APPENDICE.

Dadâmi, dadê, dadmi; gr. δίδωμι; lat. dare, dedi; lith. dûmi; irland. daighim; *dâka, dâyin,* celui qui donne; *dâtr, dâtwa, dânu,* donateur, gr. δότης, lat. dator; *dâna, dâya,* don, présent, lat. donum; *dânatas,* adv. en don, en présent; *dânapati,* homme libéral; et beaucoup d'autres mots.

Dâmi, déchirer, gr. δαίζω; *dânâmi, dânayâmi,* couper, tailler, mettre en pièces; *dâna,* l'action de déchirer, de lacérer; *dâya,* division, partage, destruction; *dâyitr,* celui qui divise, qui partage; *dili,* division, séparation; et beaucoup d'autres mots.

Dâçâmi, dâçâ, dâsâmi, donner, offrir, honorer, servir, rendre un culte; *kêna tê namasâ dâçêma,* par quel hommage t'honorerons-nous? *Dâça, dâçivas, dâççya, dâçêra, dâçwa, dâsêra,* chameau, serviteur, adorateur; *dâçayâmi,* comme *dâçâmi; dâsa,* Dasyu, esclave; *dâsatwa, dâsya,* esclavage, domesticité; *dâsayâmi,* devenir esclave; *dâsiputra,* fils d'esclave; et beaucoup d'autres mots.

Dinwâmi, parfait *didinwa,* réjouir, se réjouir.

Dimpayâmi s'écrit aussi *dimbayâmi;* mais, sous cette seconde forme, il signifie lancer plutôt qu'accumuler. Comparez *dap* et *dip.*

LXXXVI.

दिव् *Divy-âmi*, joue, à tout hasard se livre,
Brille, s'exalte et s'*enlumine*, est ivre.

दिव् *Div, dêvayê*, gémir, se lamenter ;
Dêvayâmi, presser, solliciter.

दिव् दिव *Div* et *diva*, l'air, le jour, l'empyrée,
Le paradis, la lumière éthérée.

दिश् *Diç-ê*, produire, indiquer, faire voir,
Montrer la route et marquer le devoir ;
Diç, région, plage, espace céleste ;
Dista, destin, sort heureux ou funeste.

APPENDICE.

Divyâmi, jouer, s'amuser ; faire du commerce ; répercuter la lumière, être brillant, enluminé, ivre ; lancer (dans un jeu où l'on se dispute le prix) : *vânân*, des flèches.

Dêvayâmi, presser, tourmenter, demander, solliciter ; *dêvayê*, se plaindre, gémir.

Div, nominat. *dyôs* ; *diva*, bois, bosquet, jour, ciel ; *divan, divasa*, le jour, lat. dies, divum ; *divasakara*, le soleil (qui fait le jour) ; *divasamuka*, le point du jour, l'aurore ; *divaspati*, le maître du jour, Indra, lat. Diespiter ; *divâ*, adv. pendant le jour, lat. diu ; *divyâmi*, désirer voir le jour ; *divâniça*, le jour et la nuit ; *divâmadlya*, midi.

Diçâmi, diçê, diçyâmi, montrer, démontrer, prouver, exposer, raconter, indiquer ; gr. δείχνυμι, δίχη, δοχέω ; lat. dico (dans indico) ; *diç*, point cardinal, plage. On dit aussi *diças, diçâ, dêça ; paradêça*, le paradis, l'autre région, comme *paratoka*, l'autre monde. *Dista* (partic. de *diç*), temps, époque, destin (¹), sort ; *distania*, mort, fin de la destinée ; *disti*, sort heureux, bonheur, plaisir ; *distyâ*, adv. heureusement ; interj. quel bonheur !

(¹) Peut-être n'y a-t-il pas d'autre étymologie que *dista* pour le mot *destin*, dont l'origine, quoique latine, ne se rattache à aucune racine de la même langue.

LXXXVII.

दिह् *Dih* fait *dêhmi*, frotter tant bien que mal,
Teindre, salir ; *ćandanæs*, de sandal.

दी *Dî-yê*, périt, disparaît, se dissipe,
Verbe qui prend *dîna* pour participe ;
D'où, *dînaka*, plongé dans la douleur,
Dînamanas, âme en proie au malheur.

दीक्ष् *Dix-ê*, vouloir offrir un sacrifice,
Tout disposer afin qu'il s'accomplisse.

दीप् *Dîp-yê*, briller ; *dîpa*, lampe, flambeau ;
Dîpaka, rend et lumineux et beau.

APPENDICE.

Dêhmi, dêhê (3ᵉ pers. *dêgâi, digâê*), oindre, souiller ; lat. tingo.

Dînavarṇa, décoloré, d'une mauvaise couleur ; *dînâra*, pièce de monnaie ; lat. denarius. *Dîna, dînaka*, malheureux, en détresse ; *dinamanas*, qui a l'âme affligée.

Dixê, faire les cérémonies préparatoires d'un sacrifice ; *dixayâmi, dixâpayâmi*, initier, faire accomplir une cérémonie préliminaire, enseigner les rites ; *dixâ*, cérémonie préliminaire ; *dixânta*, cérémonie supplémentaire destinée à corriger un vice dans une cérémonie principale ; *dixita*, élève d'un brâhmane, catéchumène ; *dixitṛ*, maître spirituel, catéchiste. *Râjânam dixayâmâsus*, ils sacrèrent le roi, mot à mot, ils firent exécuter au roi les actes préparatoires du sacre.

Dîpyê, dîpyâmi, parfait *didîpê*, être allumé, briller, resplendir, figur. être enflammé ; *dipayâmi*, allumer, mettre en feu, incendier : *puram*, une ville ; enflammer d'ardeur : *hṛdam*, le cœur ; *dîpti, dîptimat, dîpra*, brillant, resplendissant, éclat du feu, lumière, splendeur ; *dîptôpala (upala)*, verre ardent, lentille de verre ; et beaucoup d'autres mots. Dans la langue vêdique, on dit *didyê*, de *didi*, d'où vient le subst. fém. *didîti*, rayon, lumière. *Xapa usraç ća didîhi*, allume-toi le soir et le matin.

LXXXVIII.

उ   *Du, davâmi,* va; *dunômi,* tourmente,
      Souffre soi-même, a l'âme trop aimante.

उर्व् *Durv, dûrvâmi,* mettre à mort ou blesser;
उल् *Dul,* soulever, brandir et puis lancer.

उष् *Duś-yê,* pécher, d'un crime être capable.
      Se rendre impur, vil, dépravé, coupable.

उःख् *Duṣk-ayâmi,* je cause du chagrin;
      Duṣka, le monde et son pénible train.

उह् *Duh-ê, dôhmi, dôhê,* j'extrais, j'arrache;
      Mais, tout d'abord, je trais : *gâm,* une vache.

APPENDICE.

Davámi, aller ; gr. δύω, δύσις. *Du-nómi, dóhámi* (rac. *duh*), et *dûyámi, dûyê,* tourmenter, vexer, affliger ; s'affliger, souffrir, être tourmenté soi-même: *manmáténa,* par l'amour ; gr. ὀδύνη.

Durvámi, frapper, blesser, tuer ; *durvaças,* langage blessant ; *durvaç* et *durváda,* qui parle d'une façon blessante, basse ou ridicule ; *durviḍa,* stupide, sot, d'un mauvais caractère ou d'une mauvaise conduite ; *durvi-níta,* cheval rétif ; *durhṛd* et *durhṛdaya,* qui a le cœur mal disposé, un ennemi.

Dólayámi, lever, soulever, brandir, jeter : *axán,* les dés ; *dólayê,* être ébranlé, ému, révolté : *Matir dóla-yalê salâṃ kalôklibis,* l'esprit des gens de bien est scandalisé par un langage pervers.

Duśyámi, duśyê, commettre une faute. D'où beaucoup de dérivés. Les préfixes inséparables *dus, dur, duç, duś* et *duṣ,* signifient: mal, difficulté, méchanceté ; gr. δυς.

Duṣkyámi, duṣkayámi, est le dénomin. de *duṣka,* peine, affliction, le monde ; *duṣkayê,* éprouver de la douleur ; *dusśťa,* qui est dans une situation difficile, pauvre, misérable ; *dusśťili,* condition pénible, état fâcheux ; et beaucoup d'autres mots.

Dôhmi, traire, extraire, donner son lait, fournir, procurer (en général) ; *duhitṛ,* la fille, mot à mot, celle qui trait ; gr. θυγάτηρ; lith. dukterès, au génitif ; goth. dauhtar ; ang. daughter ; germ. tochter. *Payó gâm aduǧa,* il a trait le lait de la vache ; *duhâm Açwiḃyâm payas,* tirons le lait (la pluie) des Açwins ; *Saraswati payó duduhê Náhuśáya,* Saraswatî a donné son lait au fils de Nahusha.

LXXXIX.

द॒   *Dṛ-yê*, j'honore et suis respectueux ;

द॒प्   *Dṛp*, se gaudir, être présomptueux.

द॒प्   *Dṛp-âmi*, vexe ; et *darpâmi*, j'éclaire ;

द॒श्   *Dṛ-ç*, δέρκομαι, je vois, je considère.

द॒ह्   *Dṛh, darhâmi*, devenir fort et grand ;

द॒ंह्   *Dṛnh*, affermit, fort et solide rend.

द॒   *Dṛ (dṛnâmi)*, rompt, divise par fente,

         Dṛ, darâmi, met en fuite, épouvante.

दे   *Dê, dayê*, j'aime et cherche à protéger

Quiconque souffre ou se trouve en danger.

APPENDICE.

Dṛyê, avoir égard à, du respect pour, honorer, rendre un culte. *Matayó dasma dadrus*, les sages ont adoré le feu. Ce verbe est ordinairement précédé de *á*.

Dṛpyâmi, s'enorgueillir, être orgueilleux ; se réjouir. Comparez *tṛp*.

Darpâmi et *darpayâmi*, éclairer, illuminer. *Dṛpâmi*, tourmenter. On dit aussi *dṛbâmi, darbâmi, darbayâmi*, pour signifier tourmenter, nouer ensemble, et craindre.

Dṛç n'a pas de présent ; parf. *dadarça, dadṛçê*, voir, apercevoir, distinguer, discerner, regarder, considérer, prévoir. *Dṛç, dṛçâ, dṛçâna, dṛçi, dṛśti*, vue, vision, perception, connaissance, œil. *Dṛśta*, chose que l'on voit tout à coup, apparition, le monde visible (*adṛśta*, le monde invisible) ; et beaucoup d'autres mots dérivés ou composés. Gr. δέρκομαι. *Draśtum satyam*, discerner la vérité.

Darhâmi, croître, grandir, devenir fort ; gr. δριάω.

Dṛhâmi, affermir, rendre solide ; au moy. *dṛhê*, être fort, être solide ; au causatif, *dṛhayâmi*. *Dadṛha pṛtivim*, j'ai rendu la terre solide.

Dṛnâmi, fendre, déchirer, couper ; *diryê, diryâmi*, être fendu, se fendre, etc. Gr. δέρω ; angl. tear ; ancien germ. zar ; germ. zehre. *Dara*, caverne ; au fig. peur ; gr. δαρά. La racine *dṛ*, forme une très-grande quantité de mots en *dar* et en *dâr*.

Dṛnâmi et *darâmi*, craindre ; activ. effrayer, détourner, écarter par la crainte.

Dayê, protéger, avoir pitié, aimer. Le participe de ce verbe est *datta*.

XC.

देव्   *Dêv-ê*, je joue, et presque à la même heure

Je me chagrine, et me désole, et pleure ;

Dêva, niais, enfant ; ambition ;

Dêvaná, peine et lamentation.

दि   *Dæ*, *dáyámi*, je rends pur ; *dætyá*, sorte

De beaume, ou drogue, ou parfum ; liqueur forte.

द्यु   *Dyu*, *dyæmi*, brille ; et *dyu*, jour, ciel, éther ;

Mot qui répond à *ju* dans Jupiter.

द्रम्   *Dram-ámi*, court (comparez *dru*), va vite ;

द्रा   *Drâ-mi*, *drati*, se hâte, prend la fuite.

APPENDICE.

Dêvê, jouer. Voir la racine *div*, d'où viennent en foule les composés de *dêva*, dieu, divin ; lat. divus, deus ; gr. θεός ; lith. diewas ; irland. dia.

Dáyámi, purifier ; *dêtêya*, *dêtya*, un fils de Diti, un Dætya ; *dætyá*, le parfum *murá*.

Dyu, le jour, le ciel, l'éther, le paradis ; lat. diu. Le verbe *dyôtê*, de *dyut*, a le même sens que *dyæmi*. *Dyut*, *dyuti*, rayon lumineux, éclat, splendeur ; *dyutikara*, l'étoile polaire ; *dyupati*, le maître du jour, le soleil, Indra ; *dyumani*, le soleil, joyau du ciel ; *dyôta*, lampe, illumination publique ; *dyôtayámi*, causat. de *dyut*, éclairer, illuminer ; *dyôśad*, habitant du ciel ; *dyuniça*, un jour et une nuit, un nyctémère ; *dyulôka*, le ciel, l'éther ; *dyôbûmi*, oiseau (qui fréquente le ciel et la terre) ; *dyætra*, lumière, éclat ; et beaucoup d'autres mots.

Dramámi ; gr. ἔδραμον([1]), δρόμος. Ce verbe offre les mêmes significations que *dravámi*, rac. *dru*, que nous verrons dans la décade suivante. Le causatif est *dramayámi*.

Drámi, 3ᵉ pers. *drati*, fuir ; gr. δρᾶναι. *Drák*, adv. vite, en courant. Le partic. de ce verbe est *drâna* ; le causatif, *drápayámí*, mettre en fuite.

([1]) L'aoriste second, temps verbal qui renferme toujours la racine pure, prouve bien que, puisqu'il fait ἔδραμον, le vrai noyau primitif est *dram*.

XCI.

द्राक्   *Drâk-é*, suffire, orner, se dessécher ;

द्राघ्   *Drâġ-é*, pouvoir, contenir, empêcher.

द्राड्   *Draḍ-é*, la fleur sur sa tige inclinée

Bientôt se brise et dépérit fanée.

द्राउत्   *Drâẏx-âmi*, pousse au ciel des cris affreux ;

द्राह्   *Drâh-é*, s'éveille, ouvre à peine les yeux.

दु   *Dru, dravâmi*, semblable à l'eau qui coule,

Rapidement s'échappe, s'enfuit, roule.

दु   *Dru, drunômi*, blesse, en est affligé ;

दुड्   *Druḍ-âmi*, plonge, est noyé, submergé.

APPENDICE.

Drâkâmi, plus-que-parf. *adadrâkam*, veut dire aussi : empêcher, comme *drâġé*.

Drâġé, parf. *dadrâġé*, signifie en outre : se donner du mal, se fatiguer à.

Drâḍé, se briser, se détruire, périr : *drâḍaté puṣpam*, la fleur se fane.

Drâẏxâmi, pousser des cris affreux (en parlant des oiseaux) ; désirer.

Drâhé, s'éveiller, être éveillé ; rejeter, jeter à bas.

Dravâmi veut dire aussi : se fondre, se liquéfier. *Nadyaḥ samudram dravanti*, les fleuves coulent vers la mer. *Dravanti*, rivière, torrent ; par ex. Druentia, la Durance ; la Drave. *Dravya*, ce vers quoi l'on peut ou l'on doit courir. *Dru*, mouvement rapide, fuite ; *dru*(¹), un arbre ; gr. δρῦς, goth. triu. Comparez *dâru*, de *dṝ*, gr. δόρυ. *Drutam*, adv., rapidement ; et beaucoup d'autres mots. Le causatif de ce verbe est *drâvayâmi* ; le dénominatif, *dravasyâmi*. *Dravâḍâra*, récipient, vase pour recevoir un liquide.

Druṇômi, *druṇâmi*, et *drûṇâmi*, *drûṇé*, blesser, éprouver de la peine, se repentir.

Druḍâmi et *drôḍâmi*, se plonger, être submergé.

(¹) Chez les Gaulois, le mot chêne (ou grand arbre) était darv, derv, quelquefois darf, derf.

XCII.

इ्ण् *Druṇ-âmi*, marche ou rampe en ligne courbe,
Blesse dans l'ombre, agit de ruse, est fourbe.

इ्ह् *Druh*, vouloir nuire au prochain, le haïr ;

े्क् *Drêk-ê*, crier, mais pour se réjouir.

इ *Dræ*, *drâmi*, dort, est ami du silence,
De la paresse et de la somnolence.

िह्प् *Dwiš-é*, *dwêšmi*, se fâcher, s'irriter,
Haïr quelqu'un, contre lui s'emporter.

ह् *Duṛ*, *dwarâmi*, couvre, enferme, possède
Un bien qu'il prend, qu'il acquiert, qu'on lui cède.

APPENDICE.

Druṇa ou *drûṇa*, filou, escroc, scorpion, abeille ; *druṇâ*, corde d'arc ; *druṇi* et *druṇi*, tortue, bassin de bois ovale pour verser de l'eau.

Druhyâmi, *druhyê*, haïr, vouloir nuire, essayer de nuire ; lat. trux, atrox ; ancien germ. trug. Le parfait de ce verbe est *dudrôha* ; futur 1 *drôgḍâsmi* et *drôḍâsmi*. *Drôha*, mal fait avec intention. *Drôhaċintana*, projet de nuire.

Drêkê, pousser des cris de joie, être fier et content ; croître et s'augmenter, pouvoir.

Drâmi, dormir ; lat. dormire ; gr. ὄρχθεῖν, δαρθάνω ; sax. drôm ; germ. traum. Cette racine se construit toujours avec le préfixe inséparable *ni* : *nidrâ*, sommeil, somnolence, paresse ; *nidrâmi*, *nidrâyâmi*, dormir, s'endormir ; *nidrâvṛa*, l'obscurité, mot à mot : l'arbre du sommeil. *Ni-drâmi* représente donc la négation ou privation des actes exprimés par *drâmi*, *dramâmi*, *dravâmi*, aller vite, courir.

Dwiš, *dwêšin*, *dwišat*, *dwêšṭṛ*, ennemi, hostile, un ennemi ; *dwêša*, la haine ; *dwêšana*, haineux ; *dwêšya*, haïssable, odieux ; *dwêšôyut*, qui fomente la haine ; et beaucoup d'autres mots. *Dwiṭ*, ennemi (à la fin des composés). *Na aḃinandati na dwêšṭi*, il ne se réjouit ni ne se fâche. Le causatif est *dwêšayâmi*.

Dwarâmi, clore, couvrir, fermer, enfermer, prendre possession ; *dwâr* et *dwâra*, porte ; gr. θύρα ; lat. foris, porta ; goth. daur ; lith. durrys ; germ. thür ; angl. door ; *dwârayantra*, loquet, serrure ; *dwârin*, *dwâšṣṭa*, portier.

XCIII.

धक्षू   *Dakk-ayâmi*, fait périr et détruit ;

धण्   *Dan, danâmi*, rend un son, fait du bruit.

धन्   *Dan, dadanmi*, j'enfante et mets au monde ;

Dana, les biens de la terre féconde.

धव्   *Danwas*, un arc ; *danwami*, s'en aller ;

धम्, धमा   *Dam, dmâ-mâmi*, passif *dmâyê*, souffler.

धा   *Dâ*, qui contient, qui maintient, qui possède ;

Dâtṛ, de qui la famille procède ;

Dadâmi, pose ; en védique ; *dâmi* ;

Latin : dare (parfois) ; grec : τίθημι.

APPENDICE.

Comparez la racine *nakk* avec *dakk-ayâmi*.

Comparez la racine *dwan* avec *danâmi*, qui s'écrit aussi : *danâmi*.

Dadanmi, produire, mettre au monde, porter du fruit ; *dana*, biens, richesses, productions de la terre et des troupeaux ; *danakêli*, Kuvêra ; *danaćyuta*, déchu de la richesse, devenu pauvre ; *danamada*, ivre de sa richesse ; *danavat*, *danika*, *danin*, *danya*, riche ; *danada*, libéral, bienfaisant ; *danâyâmi*, désirer la richesse, être avare et cupide ; et beaucoup d'autres mots. *Mâlâyad viram dadanad daniṣṭa*, l'homme qu'une mère très-riche a enfanté.

Danwâmi et *darâmi*, aller, se sauver, s'en aller. Le parfait de ce verbe est *dadanwa* ; *danwa, danu, danus*, arc.

Damâmi, dmâyâmi, dadmâmi, souffler : *vâyur dadmæ*, le vent souffla ; souffler dans, enfler : *çaχkam*, une conque, une trompette ; activ. souffler : *agnim*, le feu ; par extens. souffler l'incendie, embraser, brûler ; au fig. exciter : *rôśam*, la colère ; gr. ἄσθμα. *dmâkâra, dmâṭṛ*, forgeron, fondeur.

Dádâmi, *dadê*, placer, poser, mettre, donner (dans le sens d'apporter, de présenter, d'offrir) : *asmâsu dâ vâjam*, donne-leur des aliments ; *ratnâni nô dadantu*, qu'ils nous donnent des joyaux ; *dâṭṛ*, le père ; au fém. la mère, la nourrice, la terre ; *dâni*, grenier, dépôt ; *dâna*, demeure, maison ; lat. domus ; *dâtu*, élément, substance élémentaire ; et beaucoup d'autres mots. Comparez avec *dâ*, outre le grec et le latin, le lith. dêmi et le goth. dêths.

XCIV.

धाव्	*Ḍâv-ê*, je cours ; je lave, je nettoie ;
धि	*Ḍi-yâmi*, tient un objet, une proie.
धिन्	*Ḍix-ê*, brûler ; désirer vivement ;
धिव्	*Ḍinw*, *ḍinômi*, donner accroissement.
धिष	*Ḍiś*, *diḍêśmî*, sonner ; *ḍiśṇa*, l'enceinte
	Où pour Agni retentit l'hymne sainte.
धी	*Ḍî*, la pensée et son expression,
	L'intelligence et l'adoration.
घु, घू	*Ḍu* (comme *dû*) parfois vexe et harasse,
	Agite au moins, — ou bien se débarrasse.

APPENDICE.

Ḍávâmi, *ḍâvê*, *ḍávayâmi*, courir : *ilaç éa ḍávati*, elle court çà et là ; laver : *pâdœ*, ses pieds ; *ḍâvana*, course ; lotion, action de laver ; lat. lavare. Le causatif *ḍâvayâmi* fait au plus-que-parfait *adiḍavam*.

Ḍiyámi, tenir ; partic. pas. *ḍita*, comme le partic. vêdique de *ḍâ*.

Ḍixé, brûler, enflammer ; figur. brûler pour, désirer vivement ; vivre, avoir la flamme de la vie. Ce mot paraît venir de *dah*. On l'écrit aussi *ḍuxyé*.

Ḍinómi, réjouir, accroître, faire grandir. Le parfait est *diḍinwa*.

Ḍiḍêśmi, résonner ; *ḍiśaṇa*, guru, maître spirituel, prêtre qui chante l'hymne ; au fém. prière, hymne ; au duel, le ciel et la terre ; *ḍiśṇa*, le lieu où l'on chante l'hymne, l'enceinte sacrée d'Agni ; *ḍiśṇya* et *ḍiśṭya*, qui se rapporte au *ḍiśṇa*.

Ḍiyâmpati, la raison ; *ḍîyê*, concevoir, méditer, adorer ; *ḍiti*, pensée pieuse ; *ḍîndriya*, organe de la pensée ; *ḍimat*, sage, savant ; *ḍîra*, intelligent, recueilli, calme ; et beaucoup d'autres mots.

Ḍúnômi, *ḍúnwê*, *ḍunámi*, *ḍunê*, *ḍuvámi*, *ḍavámi*, *ḍavê*, ébranler : *vanam*, la forêt ; agiter : *paxáni*, ses ailes ; secouer : *rajas*, la poussière ; se débarrasser : *pâpam*, d'un péché ; *ḍûka*, le vent ; *ḍûni*, agitateur ; *ḍûnin*, une classe des Maruts ; *ḍûma*, fumée ; gr. θῦμα ; lat. fumus ; lith. dûmai.

XCV.

धूप्   *Dûp*, remplit l'air des vapeurs de l'encens ;
   Dûma, fumée et ses flots blanchissants.

धूर   *Dûr-yê*, s'avance, attaque, blesse ou tue ;
   Dûr, l'avant-train d'un char, d'une charrue.

धूष्   *Dûś-ayâmi*, mettre en couleur, vernir ;

ध्   *Dṛ, darâmi*, tenir et soutenir.

धृष्   *Dṛś-nômi*, j'ose ; et *darsâmi*, j'affronte ;
   Dṛśnaj, hardi, sans pudeur et sans honte.

धृ   *Dṝ-ṇômi*, vieux, caduc est devenu ;

धे   *Dé-ṇâ*, rivière ; et vache à lait, *dênu*.

APPENDICE.

Dûpâyâmi, encenser, est le dénomin. de *dûpa*, fumigation, encens, vapeur aromatique ; d'où, *dûpana*, résine ; *dûpavṛxa*, pin ; gr. θυμιάω, τύφω, τῦφος. Une autre racine *dûp* fait *dûpayâmi*, parler, briller.

Dûrgata, qui se tient ou se place sur l'avant-train ; *dûrvi*, timon.

Dûśayâmi, embellir, orner, s'écrit aussi *dûç* et *dûs* ; *dûsara* et *dûśara*, pâle, verdâtre ; fabricant d'huile ; *dûsaratwa*, pâleur, au fig. vieillesse.

Darâmi, darê, tenir, retenir, soutenir, nourrir, sustenter, faire exister, être vivant, survivre ; *dṛti*, l'action de tenir, d'avoir, de posséder ; *dṛtimat*, constant, calme, ferme. Une autre racine *dṛ, darê*, signifie tomber.

Dṛṣṇômi, darśâmi, darśayâmi, oser, affronter ; gr. θάρσος, θρασύς ; lith. drasûs ; goth. gadars. *Na twâm dṛśnumas praśṭum*, nous n'osons pas te parler ; *dṛṇuhi*, sois courageux ; *dṛṣṭâ*, femme impudente, hardie ; au masc. audacieux, effronté.

Dṝṇâmi, vieillir, être vieux.

Dayâmi, boire, téter : *mâtaram*, sa mère ; tarir, épuiser : *prânam*, le souffle de la vie ; *matim*, l'intelligence ; gr. θάομαι, θῆλυς, τιθήνη ; *dêna*, eau potable, fleuve, océan, rivière ; *dênu, dênukâ, dênuśya*, vache à traire ; *dænuka*, troupeau de vaches à lait.

XCVI.

धोर्   *Dôr-âmi*, marche avec grâce et vitesse ;
De prendre, ôter, jeter, fait l'action.

धोर्   *Dôr-âmi*, marche avec grâce et vitesse ;
Est vif, habile, adroit, plein de prestesse.

ध्यै   *Dyæ*, *dyâyâmi*, réfléchir, méditer,
Et, contemplant, en extase rester.

ध्रज्   *Draj-âmi*, va, comme au fort des tempêtes ;

ध्रण्   *Dran*, *dranâmi*, résonne sur nos têtes.

ध्रस्   *Dras-nâmi*, glane ; et, par extension,
De prendre, ôter, jeter, fait l'action.

ध्राघ्   *Draġ-ê*, pouvoir, suffire, être capable ;

ध्रु   *Dru*, sois solide, assuré, ferme et stable.

APPENDICE.

Dôraṇa, habileté manuelle ; véhicule, moyen de transport, en général ; figur. *dôraṇi*, la tradition ; *dôrita*, *dôritaka*, *dæritaka*, *dærya*, le trot du cheval.

Dyâyâmi, parfois *dyâmi*, penser ; gr. θεάομαι ; *dyâna*, méditation, contemplation ; *dyânaparamitâ*, la perfection de la contemplation, une des six vertus cardinales ; *dyânamâtra*, la pensée seule ; *dyâpayâmi*, causat. de *dyæ*. La racine *dyâ* est la même que *dyæ*.

Draj et *drañjâmi*, aller vite ; *drâji*, tourbillon de vent, vent fort. On dit aussi *dréjâmi*, racine *drij*.

Dranâmi, résonner, retentir, faire entendre un bruit.

Dras (et *udras*) *nâmi*, *drâsayâmi*, glaner ; par exten. enlever de dessus terre, rejeter.

Drâġé, suffire à quelque chose, à l'exécuter.

Druvâmi et *dravâmi* ; *druva*, ferme, solide, fixe, permanent, perpétuel ; *druvam*, adv. certainement ; *druva*, l'étoile polaire personnifiée ; au fém. femme vertueuse.

XCVII.

धे	*Dræ, dráyámi*, je suis rassasié ;
ध्वज्	*Dwaj-á*, drapeau fièrement déployé.
ध्वण्, ध्वन्	*Dwan, dwan-ámi*, murmure, au loin résonne,
	Le tambour bat et l'abeille bourdonne.
ध्वंस्	*Dwans-ê, dwasyé*, déchoir, tomber, périr ;
ध्वृ	*Dwṛ, dwarámi, dwaryê*, courber, couvrir.
नक्क्	*Nakk-ayámi*, je tue ou je terrasse ;
नक्ष्	*Nax-é*, s'étend, obtient, occupe, embrasse.
नख्	*Nak-ámi*, va, marche ; un ongle, *naka* ;
नट्, नड्	*Nat-ámi*, danse ; un histrion, *nata*.

APPENDICE.

Dráyámi, être rassasié, satisfait ; partic. pass. *dráṇa*.

Dwaj et *dwáñjámi*, se mouvoir, être agité, flotter au vent ; *dwaja*, drapeau, bannière, étendard, marque, symbole ; orgueil : *dwajadruma*, palmier ; *dwajapraharaṇa*, le vent ; *dwajaval, dwajin*, porte-drapeau ; *dwajiní*, armée.

Dwana, dwani, dwaná, son, bruit, murmure ; style sonore et figuré ; *dwanamódin*, bourdon ; *dwanigraha*, l'oreille ; *dwaninálá*, fifre, trompette, luth ou vinâ; *dwanita, dwanirúpa*, sonore, poétique. *dwanati paṇavas hatas*, le tambour bat ; *dwanati madupas*, l'abeille bourdonne. Comp. *swan*.

Dwansê, dwansámi, causat. *dwansayámi*, faire tomber, trancher : *múrdánam*, la tête; interrompre: *vákyam*, un discours ; *dwansa, dwánsana*, chute, destruction ; *dwansin*, destructeur.

Dwarati tṛnam váyus, le vent fait plier le roseau. Comp. *dwṛ* avec *hwṛ*.

Nakkámi, détruire, tuer. *Naktam*, pendant la nuit ; lat. nox, noctu ; gr. νύξ, νυκτός ; lith. naktis.

Naxámi, naxé (probablement de *nah)*, aller vers, obtenir, occuper, embrasser: *nákam kṛtsnam*, le ciel tout entier ; *naxatra*, une étoile, *naxatranémi*, l'étoile polaire ; *naxatréça*, la lune.

Nak s'écrit aussi *nayk-ámi*, aller, se mouvoir. *Naka*, primitiv. épine ; par métaphore, ongle, clou ; puis, noix, noyau, tout corps dur ; gr. ὄνυξ; lat. unguis, ungula, nux, nucale; allem. nagel.

Natámi, se balancer, danser ; *natí*, danseuse ; *natana*, danse, pantomime. *Nadayámi* a le même sens que *natámi*, mais appliqué aux objets seulement, pour représenter l'action de se balancer : *nada*, roseau ; *nadyá*, réunion de roseaux.

13

XCVIII.

नज्‍   *Naj* ou *laj-é*, le rouge au front me monte،

     Nagna, tout nu, de sa misère a honte,

नद्‍   *Nad-âmi*, roule, émet un son bruyant ;

     Nadî, rivière, est sonore en fuyant.

नन्द्‍   *Nand-â*, *nandî*, l'allégresse, la joie,

     Le gai bonheur qu'au dehors on déploie.

नम्‍   *Nam-é*, courber, incliner et pencher ;

नम्ब्‍   *Namb-âmi* (*narb* et *pamb*), aller, marcher.

नभ्‍   *Nab-é*, je manque ; et *nabyâmi*, je tue ;

     Naba, *nabas*, l'air, la pluie et la nue.

APPENDICE.

Najé, partic. pass. *nagna*, d'où : *nagna*, *nagnaka*, *nagnâṭa*, nu, mendiant nu, gymnosophiste ; *nagnatwa*, nudité. Lith. nogas ; goth. nagwaths ; germ. nack ; angl. naked.

Nadâmi, retentir, bruire, résonner : *dundubayó nédus*, les timbales résonnèrent. *Nada*, fleuve ; *nadî*, rivière ; *nadikânta*, la mer ; *nadikûla*, rivage ; *nadija*, aquatique ; et beaucoup d'autres mots, tous empruntés à l'idée de sonorité.

Nandâmi, se réjouir ; *nandayâmi*, réjouir ; *nandana*, le paradis ou jardin d'Indra, le fils, au fém. la fille ; *nandijósa*, cri de joie, acclamation, éloge, proclamation ; et beaucoup d'autres mots.

Namâmi, *namé*, incliner et s'incliner ; *namata*, maître, seigneur, danseur, mime ; *namas*, action de s'incliner par respect, salut, adoration ; *namaskarómi*, *namasyâmi*, saluer en s'inclinant, rendre hommage, adorer ; *namasyâ*, révérence ; *namaswin*, vénérable, digne d'hommage ; *namra*, courbe, courbé, incliné. L'augmentatif de ce verbe est *namnammi*, *namnamyé*.

Nambâmi, comme *narb* et *pambâmi*, aller.

Nabé, manquer, être absent ; *nabnámi*, *nabyâmi*, blesser, tuer. De *naba*, *nabas*, nuage, atmosphère, gr. νέφος, νεφέλη ; lat. nebula, nubes ; anc. germ. nibul, dérivent beaucoup de mots.

XCIX.

नय्	*Nay-ê*, défendre, en protecteur agir ;
नर्द्	*Nard-ê*, pousser des hurlements, rugir.
नल्	*Nal-a*, parfum, qui du sein des fleurs monte ;
नव	*Nava*, nouveau ; *navam* fait neuf en compte.
नश्	*Naç*, tue ou meurt; nuit aux infortunés ;
नस्	*Nas*, courbe et faux, agit mal ; *nas*, le nez.
नह्	*Nah-yâmi*, noue, attache, ajuste, lie ;
नाथ्, नाध्	*Nât, nâd-âmi*, j'implore et je supplie.
निञ्	*Nix-âmi*, va de bon cœur déposer

Sur le visage ou les mains un baiser.

APPENDICE.

Nâyê, parfait *nêyê*, défendre, protéger, sauver. Ce verbe signifie aussi aller.

Nardâmi, *nardê*, rendre un son, retentir ; *nardita*, partic. mugissement, rugissement, cri de bête.

Nalâmi, répandre une odeur ; *nâlayâmi*, briller, parler ; *nalada*, miel, nectar des fleurs ; *nalina*, lotus; *nalini*, lieu plein de lotus, le Gange céleste ; *nalinêçaya*, Vishnu (qui dort sur le lotus). Ce verbe signifie aussi lier, tourmenter.

Nava (novem), le nombre neuf; *nava*, nouveau, en vient peut-être; car, chez beaucoup d'anciens, on comptait par huitaine, témoin la *nundina* (nona dies).

Naçyâmi, *naçyê*, en sanscrit, périr; véd. activ. nuire, faire périr ; lat. nocere, nocaro.

Nas, *nasâ*, *nasta*, *nâsa*, *nâsikâ*, nez ; lat. nasus, naris; lith. nosis ; angl. nose ; irl. neas ; *nasya*, nasal ; *nasyôta*, *nastita*, *nastôta*, qui a un anneau, avec une corde, passé dans le nez ; *nâsikâgra*, le bout du nez ; *nâsê*, causat. *nâsayâmi*, rendre un son ; et beaucoup d'autres mots.

Nahyâmi, *nahyê*, nouer, lier, attacher sur soi, se revêtir de ses armes ; lat. necto, neo; gr. νέω, νήθω ; irl. nasgaim. L'augmentatif de ce verbe est *nânahmi*, *nânahyê*.

Nâtâmi, *nâdâmi*, *nâdê*, prier, demander; aussi, être maître, quelquefois être malade, vexer, consumer ; *nâta*, maître, protecteur ; *nâtâval*, qui a un maître, un protecteur, un mari.

Nixâmi, parf. *ninixa*, baiser.

C.

निज्   *Nij*, *nênêjmi*, je lave, je nettoie ;

निद्   *Nid*, *nêdâmi*, de blâmer fait sa joie.

निव्   *Ninw-ê*, parent du latin *ningit*, peut

Prendre parfois le sens d' « il neige, il pleut » ;

Mais par ce verbe entendons, d'ordinaire,

J'arrose, humecte, et souvent : je vénère.

निल्   *Nil*, c'est au bois être un épais fourré ;

Ailleurs, c'est être obtus (au figuré).

निश्   *Niç*, *nêçâmi*, je médite, je pense ;

Car *niç* (la nuit) m'offre paix et silence.

APPENDICE.

Nênêjmi, *nênijê*, *niñjâmi*, *niñja-yâmi*, laver, nettoyer, purifier, nourrir ; gr. νίξω, νίπτω. Le désidératif de ce verbe est *ninixâmi*, *niniñjisê*.

Nêdâmi, *nêdê*, *nindâmi*, *nindê*, blâmer, reprendre, mépriser ; gr. ὄνειδος ; *nindana*, *nindâ*, blâme ; *nindâstuti*, éloge ironique.

Ninwâmi, arroser, honorer ; il neige ; lat. nivis (nix), ningit.

Nilâmi, être épais, fourré, inextricable ; figur. avoir l'intelligence dure, ne pas comprendre.

Nêçâmi, penser, méditer, réfléchir ; parf. *ninêça* ; *niç*, *niçâ*, la nuit ; gr. νύξ ; lat. nox ; *niçâkara*, la lune, un coq ; *niçapuśpa*, la gelée blanche (fleur de la nuit) ; *niçit'a*, minuit ; *niçit'ya*, nocturne ; et beaucoup d'autres mots.

CI.

निष्क् *Nisk-ayê*, pèse, avec soin pèse encor,
Compte, mesure ; et *niskas*, un poids d'or.

निंस् *Niṅs-ê, nisê* (*nixâmi*, tout de même),
En embrassant prouver combien l'on aime.

नी *Nî, nayâmi*, je mène, je conduis,
J'atteins au but ; *çâstrê nayê*, j'instruis.

नील् *Nîl-a*, couleur d'indigo (noire ou bleue) ;
Nîlakaṇṭa, paon, beau geai, hoche-queue.

नीव् *Niv-âmi*, c'est devenir gras et gros ;

नु *Nu-vâmi*, loue ; et *navê*, fend les flots.

APPENDICE.

Niśkayê, mesurer, peser. *Niśka*, or, poids d'or, ornement ; *niśkraya*, prix, valeur, gages, appointements.

Niṅsê, nisê, nixâmi (décade XCIX), baiser. Le parfait de ce verbe est *niniṅsê*.

Nayâmi, nayê, conduire. *hayam*, un cheval ; amener : *nagaram*, à la ville ; passer : *dinam*, un jour ; *niçâm*, une nuit ; découvrir : *tatwam*, la vérité. Au lieu de *nayâmi, nayê*, on dit aussi : *nṛnâmi*, de la racine *nṛ* et *nṛ̂*, parf. *nanâra. Nîta*, partic. de *nî*, qui se conduit bien ; *nîti*, conduite, morale, mœurs ; *nîliçâstra*, traité de morale et de politique ; *nît'a*, prière, hymne, guide.

Nîlâmi, être noir, noirâtre, violet, bleu ; teindre en quelqu'une de ces couleurs ; *nîlî*, tache bleue, meurtrissure ; *nîlaka*, acier bleu ; *nîlapadma*, lotus bleu ; *nîlâñjana*, sulfate de cuivre, éclair ; *nîlikâ*, indigotier ; *nîlôlpala*, lotus bleu ; et beaucoup d'autres mots.

Nîvâmi, être ou devenir gras.

Naomi, navîmi, nuvâmi, louer, célébrer par des chants ; *nu , nuti*, louange, éloge, honneur rendu. *Nuvâmi* s'écrit aussi avec l'*û* long., *nûvâmi*. Le désidératif de ce verbe est *nunûśâmi. Navê*, aller (en bateau, probablement) ; *nu*, bateau ; lat. *navis* ; franç. nauf, nef, naviguer, etc. Ce mot était connu dans la Perse ; Darius, fils d'Hystaspe, se vante d'avoir vaincu les Babyloniens à l'aide de navires (*navâbis*).

CII.

नुद् *Nud-ê*, je lance, imprime une secousse,
Un mouvement ; j'éloigne, je repousse.

नृ *Nṛ* fait *naras* (ἀνήρ) l'homme, le *vir* ;

नृत् *Nṛt-yâmi*, danse et cherche à nous ravir.

नेद् *Nêd-ayâmi*, j'approche quelque chose ;

नेष् *Nêṣ–ê*, se meut, à marcher se dispose.

पक्ष् *Pax-ayâmi*, prend part, est de concert,
Se fait l'ami d'une cause et la sert.

पच् *Paċ-âmi*, cuire : *annam*, la nourriture ;
Au figuré : je consume et torture.

APPENDICE.

Nudâmi, nudê, mettre en mouvement ; chasser : *sapatnán*, les ennemis ; *sañçayam*, le doute. L'augmentatif de ce verbe est *nônôdmi, nônudyê* ; le causatif, *nôdayâmi*.

Nṛti, nṛtta, nṛtya, la danse ; *nṛtu, nṛtû*, danseur, le soleil (qui se balance dans le ciel). Le parfait du verbe *nṛtyâmi* est *nanarta* ; l'aoriste i *anartiśam*.

Nêdâmi, *nêdayâmi*, approcher, mettre plus près ; *nêda* (inusité), compar. *nêdíyas*, plus voisin, plus proche ; superlat. *nêdiṣṭa*, très-proche.

Nêśê, aller, se mettre en mouvement ; *nêṣṭṛ*, guide, conducteur, prêtre officiant ; *nêṣṭra*, le vase sacré dont se sert le *nêṣṭṛ*. Le parfait de ce verbe est *ninêśê*.

Paxâmi, paxayâmi, prendre, prendre parti pour ; *paxa*, l'action de prendre, de prendre parti ; au fig. assertion, thèse ; aile, plumes d'une flèche, oiseau (lat. passer) ; figur. aile d'armée, armée ; et beaucoup d'autres significations ; *paxa, paxaka, paraċara*, partisan, associé ; *paxapâla*, esprit de parti ; et beaucoup d'autres mots, tels que ; *paxin*, oiseau, flèche ; *paxman*, cils, sourcil, moustache, filaments des fleurs, étamines.

Paċâmi, paċê, cuire ; au fig. consumer, tourmenter ; gr. πέσσω, πεπτός ; lat. coquo, coquina, popina. *Pakti*, maturation des fruits ; *paktra, paċi*, le feu destiné à cuire les mets ; *paktrima, pakwa*, cuit, mûr ; figur. d'un âge mûr ; *paċa*, cuisson ; *paċaka*, cuisinier ; et beaucoup d'autres mots. Angl. baker, etc.

CIII.

पञ्   *Pañ́-ámi*, rendre intelligible et clair;

पञ्च्, पट्   *Pañćan*, fait cinq. *Paṭ*, jaillit, saute en l'air.

पट्   *Paṭayámi*, vêt, couvre, entoure et voile,

D'où vient *paṭa*, morceau d'étoffe, toile.

पटि   *Paṭi*, lecture et récitation ;

पण्   *Paṇ-ê*, du jeu fait trop sa passion.

पण्, पन्   *Paṇ, pan-áyê, panáyámi*, j'honore,

Je vante, loue, approuve et corrobore.

पण्ड्   *Paṇḍ-ayámi*, ressembler, réunir ;

Paṇḍitáyê, vrai savant devenir.

APPENDICE.

Pañćámi, pañćé, expliquer, éclaircir ; *pañćayámi*, étaler, déployer.

Pañćan, en compos. *pañća*, est le πέντε des Grecs, le *pendj* des Persans (*pendj-áb*, les cinq eaux), le *penque* des Sabins, le *quinque* des Latins, lo *pemb* des Celtes, etc.

Paṭámi, páṭayámi, sauter, jaillir ; au causat. faire voler en éclats ; parler, briller ; *paṭu*, compar. *paṭiyas*, qui jaillit, qui pénètre (en parlant du son, de la lumière, etc.) ; *paṭṭića*, espèce de flèche.

Paṭakara, tisserand ; *paṭavápa*, tente, chaume, toit, parasol ; *paṭṭa*, bande d'étoffe, turban, vêtement en général ; et beaucoup d'autres mots.

Paṭámi, lire, réciter : *tal puráṇê paṭyaté*, on trouve ceci (ceci est lu) dans le Purâna.

Paṇê, jouer, mettre au jeu : *vastrasya*, son vêtement ; perdre ou gagner au jeu : *práṇêna*, sa vie ; acheter, vendre ; lat. veneo, vendo. *Paṇa*, jeu, action de jouer, prix, valeur, objet de commerce ; *paṇagranťi*, marché, foire ; *paṇitavya, paṇya*, vendable ; et beaucoup d'autres mots.

Paṇayámi, paṇasyami (dénominat.), louer, approuver, corroborer.

Paṇḍê, aller ; *paṇḍayámi*, amonceler ; *paṇḍá*, science ; *paṇḍita*, un savant, un pandit ; *paṇḍitamánin* ou *paṇḍitammanya*, un pédant qui se croit savant.

CIV.

<table>
<tr><td>यत्</td><td>Pat-âmi, tombe ou vole, et glisse, et passe ;
Toujours mouvant, toujours il fend l'espace.</td></tr>
<tr><td>पत्</td><td>Pat-yê, je suis maître et seigneur ; c'est moi
Qui du logis suis l'arbitre et la loi.</td></tr>
<tr><td>पथ्</td><td>Pat-âmi, va, part et se met en route,
Comme padyê, padayê (sans nul doute).</td></tr>
<tr><td>पद्</td><td>Pad-âmi, ferme et solide se tient ;
D'où le nom pad, pied (πούς et pes), nous vient.</td></tr>
<tr><td>पम्ब्, पय्</td><td>Pamb et pay-ê, comme un fleuve ou la nue,
Va, marche, suit sa pente continue.</td></tr>
</table>

APPENDICE.

Patâmi, *paté*, tomber ; *buvi*, par terre, à terre ; *naraké*, dans l'enfer ; *jalam*, dans l'eau ; déchoir, pécher ; voler : *kâm*, dans l'air ; gr. πίπτω, ἴπταμαι, πτερόν, etc. ; lat. peto, impetus, penna, etc. ; *pataga*, oiseau ; *patatra*, *pattra*, aile ; *patayâmi*, voler dans l'air ; *pati*, chute ; *patti*, mouvement, marche ; *patra*, véhicule, etc. Supposé que *patatra* fût un vieux mot conservé par les Gaulois, il signifierait simplement chute.

Patyê, être maître : *pŗ't'ivim*, de la terre ; *patayâmi*, rendre puissant ; *pati*, maître, mari ; gr. πότις, πόσις ; lat. potis, pater, potens ; lith. patis ; goth. fadi (en composition) ; *patni*, épouse, maîtresse de la maison ; gr. πότνιχ, δεσπότης, car *despotis* est littéralement le sanscrit *dasâpatis*, un maître d'esclaves.

Pat'a, *pat'at*, *pat'in*, route, chemin ; gr. πάτος ; *pat'ika*, *pat'ila*, voyageur.

Pad ; gr. πούς, ποδός ; lat. pes, pedis ; angl. foot ; forme une très-grande quantité de mots.

Pambâmi, aller, se mouvoir ; compar. la racine *gamb*. *Payâmi*, *payê*, même signification ; compar. *payas*, eau ; *payaswini*, rivière, *payôda*, nuage ; *payôdi*, la mer, etc.

CV.

वर्ण्　　*Parṇ-ayâmi*, devenir verdoyant ;

De *parṇa*, feuille ou feuillage ondoyant.

वर्द्　　*Pard-ê*, du corps un vent s'échappe et gronde,

Scandalisant l'odorat à la ronde.

वर्प्, वर्ब्　　*Parp, parb-âmi*, se traîner, s'agiter ;

वर्व्, पुर्व्　　*Parv* ou bien *purv, purvâmi*, compléter,

Remplir ; de même et *pûr* et *pṛ* ; maint terme

Où de remplir le sens réside en germe ;

Tels que *pûrṇa*, plein, complet ; *piparmi* ;

Latin, plenus ; grec, πλέως, πίμπλημι.

APPENDICE.

Parṇakanda, arbre ; *parṇaâdwal*, chute des feuilles ; *parṇaçâlâ, parṇasi, parnôṭaja*, cabane de feuillage, cabinet de verdure ; *parṇin*, feuillu. Le verbe *parṇayâmi* est le dénominatif de *parṇa*, feuille (en général), feuille de bétel. *Tâmraparṇa* (feuillage cuivré), surnom donné, d'après l'aspect du paysage, à l'île de Ceylan ; ce que les antiques navigateurs hellènes rendirent approximativement par *Taprobane*.

Pardê, péter ; gr. πέρδω ; lat. pedo ; lith. pirdis ; angl. fart ; *parda, pardana*, pet.

Parpa, sorte de siége à roue pour les impotents ; *parpika*, homme per-clus porté sur un *parpa*. Le verbe *parpâmi* s'écrit aussi *parbâmi*.

Parvâmi, remplir, pur et *pûrvâmi, pûrayâmi* ; *parva*, certaines époques du mois lunaire ; *parvata*, montagne ; *parvatajâ*, rivière ; *parvatâçaya*, nuage ; *pûra*, pièce d'eau, bassin, lac ; *pûraṇa*, pluie, chute de la pluie ; *pûrṇapâtra*, vase plein ; *pûrta*, comblé, rassasié ; *pûrṇamâ*, la pleine lune ; *piparmi, pṛṇâmi*, remplir : *jalêna*, d'eau ; *niswanæs*, de bruits divers ; rassasier : *havisâ*, de beurre sacré ; répandre, prodiguer : *râyas*, les biens ; protéger, défendre : *Tâ aṅhasas pipṛhi*, préserve-les du mal.

14

CVI.

वर्ष्　　*Parś* ou *varś-ê*, devient moite, s'humecte ;

वर्ष्　　*Parśê* (vêdique), aime, accueille, respecte.

पल्　　*Pol-a*, la paille ; et *palâmi*, s'étend ;

　　　Pallava, bois ; *palwala*, mare, étang.

पश्　　*Paç*, *paċ-âmi*, noue avec une corde ;

पंश्　　*Pañç-ayâmi*, perd sans miséricorde.

पश्　　*Paç-yâmi*, voir ; d'où *paçya*, voici, vois !

पा　　*Pá*, *pibâmi* (latin, bibo), je bois.

पा　　*Pâ-mi*, venir en aide à la faiblesse,

　　　Et la sauver de tout ce qui la blesse.

APPENDICE.

Parśê, *varśê*, devenir humide ; dans la langue vêdique, aimer, accueillir.

Palâmi, *pallâmi* (comme pad), aller ; lat. palari. *Pala*, paille ; lat. palea ; *palaxâra*, sang ; *palaykara*, bile ; *palâla*, lit de paille ; *palla*, liane ; *pallava*, bourgeon, branche, pousse ; *pallavayâmi*, orner, fleurir : *váċam*, son langage ; *pallavin*, un bois, un arbre ; *palli*, village ; *palwala*, marais ; lat. palus ; etc.

Paçâmi, pas et *paśâmi*, paçê, *páçayâmi*, lier ; gr. πήγνυμι ; lat. pango, fascia, fascis ; *paçu*, bête, animal faisant partie d'un troupeau ; *paçuraju*, corde pour tenir un· animal ; *páçava mánsa*, viande de boucherie ; *páçila*, lié, attaché, noué ; *páçin*, chasseur armé d'un nœud coulant, d'un lacet ; Yama, Varuna ; et beaucoup d'autres mots.

Pañç et *pañsayâmi*, détruire, perdre, renverser, anéantir.

Paçyâmi, n'a que le présent et l'imparfait ; les autres temps appartiennent à *dṛç* ; *paçya*, voici ; *paçyal*, clairvoyant ; *paçyalóhara*, homme qui vous vole sous vos yeux, marchand de mauvaise foi.

Pib et *pivâmi*, boire ; gr. πίνω, etc. ; lat. bibo, poto, etc ; *páyâmi*, se dessécher ; *páyayâmi*, donner à boire, abreuver.

Pâmi, causat. pal et *pâlayâmi*, conserver, garder, protéger, défendre, sauver ; gr. πάομαι ; *pâla*, protecteur, gardien ; *pâlana*, garde, protection ; et beaucoup d'autres mots, tels que : *pilṛ*, père ; gr. πατήρ ; lat. pater ; zend. patarĕ ; goth. fadar ; germ. vater ; angl. father ; etc.

CVII.

वि	*Pi-páya*, grâce à des travaux actifs,
	J'ai vu mes champs devenir productifs.
विञ्ज्	*Piñj-ê*, je peins, je joins, j'unis, j'honore ;
	Piñjayâmi, frappe, est puissant, sonore.
विक्	*Piċ-ċayâmi*, fendre ; ou figurément,
	Persécuter et causer du tourment.
विट्	*Piṭ, pêṭâmi*, j'entasse, j'amoncelle ;
	Piṭ, frappe, souffre ; ou pleurs ou sang ruisselle.
पिण्ड्	*Piṇḍ-a*, monceau, tas, somme, amas, total ;
	Vivres donnés ou vendus à l'étal.

APPENDICE.

Piyámi, parf. *pipáya*, augmenter, accroître, rendre fertile, engraisser : *ím*, la terre.

Pij et *piñjê*, lat. pingo ; gr. πήγνυμι ; lat. compages, peindre, joindre, unir ; honorer ; *piñjayâmi*, être fort, prendre, donner, frapper, résonner, briller, parler ; *piñja*, force, pouvoir ; au fém. coup, injure.

Picċayámi, diviser, fendre, découper ; au fig. tourmenter. On écrit aussi : *picċ* et *picč*.

Pêṭámi, amonceler. Compar. *piṇḍê*, *piṇḍayâmi. Piṭa*, huche de bambou à conserver le grain, maison, cabane ; *piṭaka*, corbeille, huche à grain ; *tripiṭaka*, les Trois Corbeilles (recueil des écritures buddhiques).

Pêṭámi, frapper, tuer, et aussi éprouver de la douleur.

Piṇḍê, *piṇḍayâmi*, rassembler : *axòhiṇím*, une armée ; amasser ; *piṇḍa*, mets, aliments, moyens de vivre, portique, auvent ; *piṇḍapâta*, aumône (mot-à-mot, jet de boulettes de riz) ; *piṇḍasa*, *piṇḍâra*, mendiant ; *piṇḍôdakakriyá*, l'offrande des gâteaux et de l'eau ; *piṇḍôli*, restes d'un repas, miettes. De *piṇḍa*, sommet, vient peut-être le nom du Pinde.

CVIII.

पिव्   *Pinw-ámi*, verse et répand quelque chose,

Gonfle, remplit, distribue, offre, arrose.

पिल्   *Pil* (comme *vil*), *pêlayâmi*, lancer ;

पिञ्   *Piç, piñçâmi*, rendre au vif, retracer,

Produire aux yeux, par sculpture ou peinture,

L'être idéal, sa forme et sa nature.

पिष्   *Piś* (au parfait *pipêśa*), *pinaśmi*,

Je pile, broie, écrase l'ennemi.

पिस्   *Pis, pêsâmi*, va d'une mine altière ;

पिंस्   *Piṅs-ámi*, parle ou répand la lumière.

APPENDICE.

Pinwámi, pivámi (voir *pá*), verser, répandre : *utsam*, la pluie ; distribuer : *iśam*, l'offrande ; arroser : *bûmim*, la terre ; remplir : *dênum*, la mamelle d'une vache ; au moy. être plein, gonflé : *payasá*, de lait.

Pêlayâmi, envoyer, lancer, projeter.

Piñçâmi, figurer : *ṛbavó gám apiñçata*, ô Ribhus, vous avez modelé une vache ; orner, décorer : *pipéça nâkam stṛbis*, il a paré le ciel d'étoiles. Compar. *piñj* ; lat. *fingo*.

Pinaśmi, piler, broyer : *ćandanam*, du sandal, mettre en pièces : *arin*, les ennemis ; tuer ; lat. *pinsere* ; *piśta*, poudre, farine ; *piśṭaka*, gâteau de farine ; *piśṭapúla*, autre espèce de gâteau de farine ; *piśṭavartti*, petit gâteau d'orge, de riz ou d'un légume pulvérisé ; *piśṭaswraba*, poudre de sandal ; *piśṭala*, poudre de senteur ; *piśṭapa*, monde, division d'un univers ; *pêśaṇa*, moulin, meule, mortier ; *pêśayâmi*, causat. de *piś*, écraser, broyer, tuer, etc. ; et beaucoup d'autres mots.

Pêsámi et *pisyámi*, s'avancer hardiment, aller au combat. Compar. *pêsayámi*, causat. de *pis*, broyer, tuer, être fort, dominer, prendre, occuper, etc.

Piṅsámi et *piṅsayámi*, briller, et, selon l'habitude sanscrite, parler.

CIX.

पीड़्   *Píḍ-ayâmi*, presser et comprimer ;
       Figurément, asservir, enfermer.

पील्   *Píl*, s'arrêter stupéfait, en présence
       De quelque objet d'insolite apparence.

पीव्   *Pív-âmi* (voir plus loin *pyæ*), tu seras
       (Ou tu le fus, ou tu l'es) gros et gras.

पुट्   *Puṭ-ayâmi*, noue, étreint, lie, enlace ;
       Et *puṭ-âmi*, s'attache à moi, m'embrasse.

पुट्   *Puṭ* (au présent *pôṭayâmi*), broyer,
       Etre petit, resserrer et ployer.

APPENDICE.

Piḍana, compression, oppression, vexation ; *piḍayantragṛha*, maison de travaux forcés, prison ; *piḍâ*, torture, affliction.

Pilâmi, empêcher, être arrêté, cesser ; être stupéfait ; *pilaka*, grande fourmi noire ; *pilu*, tout objet qui étonne : un éléphant, un reptile, un arbre exotique, etc.

Pivâmi, être ou devenir gras ; *pivan*, *pivara*, gros, gras ; gr. πιαρός ; *pivarastâni*, vache aux grosses mamelles.

Puṭâmi, embrasser ; *puṭayâmi*, enlacer.

Pôṭayâmi, parler, briller ; broyer, diminuer, être et rendre petit, plier ; *puṭa*, action de resserrer, de plier en double ; cheval qui se roule ; *puṭi*, tout objet formé d'une feuille pliée en forme de cavité ; sorte d'assiette et de plat ; sorte de vêtement ; *puṭaka*, feuille pliée en entonnoir et formant comme un vase ; lotus ; *puṭagriva*, pot, cruche ; *puṭabêda*, détour d'une rivière ; instrument de musique ; *puṭilaja*, parasol ; *puṭôdaka*, noix de coco ; *puṭṭayâmi*, être petit, de petite taille.

CX.

पुड्   *Puḍ-âmi*, lance, émet, lâche sa proie ;

पुण्   *Puṇ-âmi* (*pú*), suivre la bonne voie.

पुण्ड्   *Puṇḍ-ê*, je suis tout près d'être écrasé ;

      Puṇḍra, du sucre est le roseau brisé.

पुथ्   *Puth-yâmi*, casse, écrase, pulvérise,

      Met en morceaux, tue, extermine, brise.

पुन्थ्   *Punth* frappe, afflige, est lui-même attristé ;

      Punar (adverbe), en retour, répété.

पुर   *Pur-as*, devant ; *puradwâra*, portique ;

      Purâ, jadis ; *purâṇa*, chose antique.

APPENDICE.

Puḍâmi, lancer, laisser aller ; voir *muḍ* et *buḍ*, qui, plus réellement que *puḍ*, ont le second de ces deux sens.

Puṇâmi, être ou devenir pur ; être ou devenir bon ; vivre honnêtement ; *puṇya*, pur, juste, beau ; action vertueuse ; pureté, mérite moral ; *puṇyaka*, acte purificatoire ou méritoire ; *puṇyaganda*, qui répand un parfum pur ; *puṇyojana*, homme vertueux ; *puṇyavat*, vertueux, pur ; *puṇyabûmi*, la Terre-Sainte (entre l'Himâlaya et le Vindhya) ; *puṇyâha*, jour sacré, jour de fête.

Puṇḍâmi, *puṇḍê* ; voir *muṇḍ* et *muṭ*. De cette racine viennent différents noms de végétaux et d'insectes,

tels que : le lotus, la canne à sucre, le ver à soie, etc.

Puth'yâmi ; lat. (cut) quatio, incutio. Le parfait de ce verbe est *pupôth'a*.

Punth'âmi, frapper, affliger, être affligé. Compar. *yunth'*.

Punar, adv. de nouveau, de rechef ; en retour, en sens inverse.

Purâmi, précéder, marcher devant ; *pur*, *pura*, *purî*, gr. πόλις, πύργο; ; germ. burg, ville, étage supérieur d'une maison ; *purâtana*, ancien, primordial ; *puravṛtta*, histoire, légende, récit purànique ; *puróga*, guide, chef ; *puródadâmi*, mettre devant, préférer ; etc.

CXI.

पुल्   *Pul-âmi*, croît, gagne, est ou devient grand ;
       Pulâyita, galop qu'un cheval prend.

पुष्   *Puś-ńâmi*, donne aliments, jouissance,
       Prospérité, force, éclat et puissance.

पुष्प्   *Puśp-a*, la fleur avec son déploîment,
       Son doux parfum, son port souple et charmant.

पुस्त्   *Pust-a*, le fait ou de peindre ou d'enduire,
       Un livre écrit pour plaire ou pour instruire.

पुंस्   *Puṅs-ayâmi*, fouler aux pieds, broyer ;
पू   *Pû-nê*, pavê, *punâmi*, nettoyer.

APPENDICE.

Pulâmi, pôlâmi, pôlayâmi ; pula grand, vaste ; *pulâka*, rapidité ; *pulla*, fleur épanouie

Puśńâmi, pôśâmi, pôśayâmi, nourrir ; *puśyâmi*, être dans sa force, jouir de ; *puśâ*, espèce d'arbre ; *puśkara*, lac, étang ; *puśkala*, excellent, distingué, sublime, complet ; *puśṭi*, alimentation, prospérité.

Puśpyâmi (qui ne manque pas de rapport avec la racine précédente), fleurir ; figur. *puśpita vâć* , langage fleuri ; *puśpaćâpa*, Ananga (à l'arc fleuri) ; *puśpadrava*, le nectar des fleurs ; *puśpandaya*, l'abeille ; *puśpapura*, la cité des fleurs (Pâtaliputra) ; *puśpamâsa*, le printemps ; *puśpalâvî*, bouquetière ; *puśpavṛśṭi*, pluie de fleurs ; et beaucoup d'autres mots.

Pustayâmi, vénérer, lier ; *pusti, pustaka, pustakî*, livre, manuscrit, liasse ; *pustakarman*, action d'oindre, d'enduire, de peindre.

Puṅsayâmi, fouler aux pieds. Compar. *piś*.

Punâmi, nettoyer, purifier (au prop. et au fig.) ; pass. *pûyê*, être purifié : *adbis*, par les eaux sacrées ; *pâpânâm*, de ses péchés ; moy. *pavê*, se purifier, être pur ; *pûta*, nettoyé, purifié ; *pûti*, purification, puanteur ; *pûtika*, civette, putois ; *pûtyanda*, punaise ailée ; et beaucoup d'autres mots ; lat. purus, puto, putidus, putus, putor, etc.

CXII.

पूज्   *Púj-ayâmi*, je respecte, j'honore,

(Mis en contraste avec *yajê*, j'adore).

पूण्   *Púṇ-ayâmi*, trop avaricieux,

J'entasse et suis toujours plus soucieux.

पूय्   *Púy-ê*, pourrit, se décompose, pue ;

Et *púyana*, matière corrompue.

पृच्   *Pṛć, pṛnaćmi*, joindre, unir, attacher,

Mettre en contact, adapter ou toucher.

पृड्   *Pṛḍ-âmi* (*pṛ*), réjouir ceux qu'on aime,

Les rendre heureux, par là l'être soi-même.

APPENDICE.

Pújayâmi, j'honore les hommes ; *yajâmi, yujê*, j'honore la Divinité ; *pújana*, l'action d'honorer ; *pújâ*, honneur rendu ; *pújârha*, digne d'être honoré ; *pújila, pújya*, honorable ; le beau-père.

Púṇayâmi, amasser, entasser ; comme *púlámi, púlayâmi*.

Púyê, púyayâmi (causat.), se pourrir, puer ; gr. πύθω ; lat. puteo, putresco, etc.; *púya, púyana*, pus; gr. πῦον, lat. pus, fr. putois, punaise, etc.

Pṛṇaćmi, parćámi, parćayâmi, pṛćê, adapter : *ûanuśa çaram*, une flèche sur un arc ; mêler : *maḍuná payas*, l'eau et le miel. On écrit aussi *pṛj* et *pṛñj*. *Pṛkta*, richesse, avoir ; *pṛkti*, toucher, contact. Compar. *spṛç*.

Pṛḍámi, réjouir et se réjouir, être et rendre heureux ; *pṛṇámi, pṛṇómi*, même signification. *Piparmi* (de *pṛ*), occuper quelqu'un de quelque chose, se conjugue avec les préfixes *vi* et *á*, surtout au moyen : *vyápriyê*.

CXIII.

पृथ्   *Pṛt* (voyez *praṭ*), *partayâmi*, j'étends,

Je lance, accrois, propage avec le temps.

पृष्   *Pṛś*, *parśâmi*, je donne, humecte, arrose ;

वेण्   *Pêṇ-âmi*, va, court, écrase une chose.

वेल्   *Pêl-âmi*, tremble, oscille, est emporté,

Comme un cheval par le frein tourmenté.

वेव्   *Pêv-ê*, servir, révérer, rendre hommage ;

वेष्   *Pêṡ-ê*, s'efforce, essaye avec courage.

प्ये   *Pyæ*, *pyâyê*, croît en ses dimensions ;

प्रछ्   *Praĉ*, *pṛĉĉâmi*, je fais des questions.

APPENDICE.

Les racines *pṛṭ* et *praṭ* forment un grand nombre de mots, tels que : *pṛṭavi*, *pṛṭivi*, *pṛṭwi*, la terre ; *pṛṭu*, *pṛṭula*, large, vaste ; gr. πλατύς ; *pṛṭuçêkara*, montagne, etc., etc.

Parśâmi, répandre, verser ; *pṛśat*, *pṛśata*, goutte de pluie, goutte en général.

Pêṇâmi, aller, envoyer, écraser. On écrit aussi *pæṇâmi* et *læṇâmi*.

Pêlâmi, aller, vaciller ; *pêlin*, cheval ; *pêlava*, mince, léger, subtil, délicat, tendre.

Pêvê, honorer, servir. Compar. les racines *mêv* et *sêv*. On écrit aussi *plêvê*. — Nulle langue au monde ne possède autant de mots que le sans-crit pour signifier *hommage*, *vénéra-tion*, *honneur rendu*. C'est un signe caractéristique. L'Inde ancienne est une grande « école de respect. »

Pêṡê, s'efforcer. Compar. les racines *yal*, *yas*, *yês*.

Pyâyê, devenir grand, gros, gras. Comp. *pi*. Cette racine s'écrit aussi *pyây*. Le participe est *pyâna* et *pina*.

Praĉ, *pṛĉĉâmi*, et *praĉĉ*, *praĉĉayâmi*, interroger, questionner, demander, prier quelqu'un d'accorder quelque chose, avec deux accusatifs ; *praĉĉanâ*, question, interrogation ; *praśṭṛ*, interrogateur. Precari, preces viennent peut-être de là.

CXIV.

प्रति	*Prati*, c'est πρὸς ou le ποτὶ dorique;
प्रथ्	*Prat-ê*, devient chose large, publique.
प्रस्	*Pras-ê*, produire, étendre, déployer;
प्राह्	*Prâha*, professe, au théâtre, au foyer.
प्री	*Prî-ṇâmi*, j'aime et suis dans l'allégresse;
	Prî-ti, *prêman*, affection, tendresse.
प्रु	*Pru*, *pravé*, marche, arrive à la maison;
प्रुष्	*Pruś-ṭa*, brûlé; *pruśwa*, chaude saison.
प्रुष्	*Pruś-ṇâmi*, verse, humecte, arrose, épanche;
प्रोथ्	*Prôt-ê*, hennit; *prôta*, le flanc, la hanche.

APPENDICE.

Prati rappelle ce passage de Théocrite : ἁ ποτὶ ταῖς παγαῖσι μελιόδεται.

Pratê, s'étendre, s'accroître : *pratatê tê yaças*, ta gloire se répand ; se développer, se divulguer, être célèbre ; *pratiti*, *pratâ*, renom, célébrité ; *pratiman*, amplitude, extension, grandeur ; *pratimin*, large, ample, grand ; *pratama*, premier ; gr. πρῶτος; ; lat. primus.

Prasê, procréer, produire. *Prasû*, mère ; *prasûyê*, engendrer ; *prasûti*, production, enfant. *Sâ prasûyatê putram*, elle met au monde un fils.

Prâh, professer, principalement les arts du théâtre, la déclamation, la musique, la danse. Le verbe *prahâmi* n'est plus en usage qu'au parfait.

Prîṇâmi, *prîṇê*, *prayâmi*, *prayê*, *priyê*, forment un grand nombre de mots, tels que : *priya*, cher, aimé, le mari, l'amant, au fém. l'épouse, la bien-aimée ; *priyakâma*, affectueux, bienveillant ; *priyatâ*, amour ; *prîṇa*, joyeux, content ; *prîṇayâmi*, réjouir, égayer ; *prêmapâlana*, pleurs de joie ou de tendresse ; etc.

Pravê, parf. *pupruvê*, aller vers, aborder, atteindre.

Prôśâmi, parf. *puprôśa*, brûler, flamber. Ce mot védique est probablement formé de *pra uś*. Au lieu de *prôśâmi*, on dit aussi *plôśâmi*, *pluśyâmi*, *plusyâmi*.

Pruśṇâmi, être ou devenir humide, lâcher, arroser, répandre ; causat. *pruśayâmi*.

Prôtâmi, *prôtê*, hennir, souffler l'air par les naseaux, être assez fort pour, résister à ; *prôta*, les naseaux, le flanc, les reins.

CXV.

प्लक्ष्   *Plax-ê* (voir *bax*), et *plaxâmi*, manger ;

प्लिह्   *Plih* (fait *plêhê*), se remuer, bouger.

प्लु   *Plu, plavâmi*, l'air ou l'eau me ballotte ;

Oiseau, je vole ; et nacelle, je flotte ;

Plava, pluta, talus, terrain glissant,

Saut ou plongeon, animal bondissant.

प्सा   *Psâ-mi*, je mange ; et *psâna*, nourriture,

Vivre, aliment, tout mets, toute pâture.

फक्क्   '*Pakk-âmi*, rampe, avance avec lenteur,

Agit en fourbe, en fripon, en menteur.

APPENDICE.

Plaxâmi, plaxê, dévorer, manger ; *plaxa*, sorte d'arbre ; *plâxa*, son fruit.

Plêhê, se mouvoir ; *plihan, plihâ*. *plihan*, la rate, le spleen ; gr. σπλήν, σπλάγχνον ; lat. lien, lienis ; angl. spleen. On dit aussi *plinâmi* et *plinâmi*. *Plihâǵna*, Andersonia rohitaka (botan.), qui détruit le spleen.

Plavâmi, mieux *plavê*, désidér. *plusnâmi*, naviguer : *sâgaram, gaṅgáyâm*, sur la mer, sur le Gange ; flotter, être agité, passer d'un lieu à un autre, sauter : *ké plavaté vâyus*, le vent bondit dans l'air ; franchir (à la nage ou sur un bateau) : *arṇavam*, la mer ; traverser (en volant) : *âkâçam*, le ciel ; gr. πλέω, πλεύσομαι, πλύνω, φλύω ; lat. fluo, pluit, pluma ; lith. plûd, nager ; *plava*, gr. πλόος, πλοῖον saut, bond, action de plonger, de nager, de flotter, et beaucoup d'autres significations ; *plavâkâ*, bateau, radeau ; *plavayâmi*, inonder, etc. ; *Plusnâmi*, sorte de désidératif de *plavê*, signifie être ou devenir humide, être glissant, lâcher, répandre, emplir.

Psâ, subst. fém. l'action de manger ; *psâmi*, gr. ὀψῶμαι ; germ. speise ; *psâna*, gr. ὄψον ; lat. obsonium ; gr. vulg. τὸ ψωμί, pour τὸ ψωμίον, le pain. On trouve dans le grec moderne, où beaucoup de mots populaires sont antérieurs au grec ancien, plusieurs expressions qui semblent venir de la racine *psâ*, comme le νέρον (eau, Nérée, les Néréides) dérive du sanscrit *nâra*.

'*Pakkikâ*, argument, assertion, thèse, exposé logique.

CXVI.

फण् .   ‘*Paṇ-âmi*, va, serpente, et puis se dresse,
        Gonflant les plis de sa gorge traîtresse.

फल् .   ‘*Pal*, s'entr'ouvrir ; *p'alya*, fleur ; *p'ala*, fruit ;
        ‘*Palagrâhin*, un arbre de produit.

फुल्ल .   ‘*Pull-âmi*, (voir *p'alâmi*), naître, éclore ;

फेन् .   ‘*Pên-a*, l'écume autour du flot sonore.

बट् .   *Bad-âmi*, ferme et solide se tient,
        D'où plus d'un nom de végétal provient.

बन्ध् .   *Band-a*, lien, ligature, bandage ;
        Figurément, obligation, gage.

APPENDICE.

‘*Paṇa* et *paṇá*, développement de la peau du cou du serpent à lunettes ou nâga ; *paṇin*, *paṇa* et *paṇá-kara*, *dara*, *ḅṛt*, *vat*, le nâga, *paṇitalpaga*, Vishnu, qui a pour lit le serpent Ananta ; *paṇiçwara*, Ananta, roi des Nàgas ; *paṇipriya*, le vent (cher aux nâgas). Le causatif *paṇayâmi* veut dire envoyer, faire aller.

‘*Palâmi*, se fendre, s'entr'ouvrir : *çaladâ asya palén mûrdá*, sa tête se briserait en cent morceaux ; *hṛdayam mê palati*, mon cœur se brise ; porter ses fruits : *adarmas palati*, l'iniquité porte ses fruits ; *pala*, fruit, au fig. résultat, récompense, gain, don, pointe d'épée, de flèche, de couteau, soc de charrue ; et beaucoup d'autres mots.

‘*Pullâmi* (voir *pal*), s'épanouir, fleurir ; *pulla*, épanoui, entr'ouvert ; gr. φύλλον ; lat. folium, flos ; germ. blume ; *pulli*, épanouissement.

‘*Pêna*, écume ; slav. pjena. ‘*Pênala*, *pênaval*, écumeux ; *pênâgra*, bul. les d'écume ; *pênayâmi*, écumer.

Badâmi, être ferme, demeurer solide. Compar. *bal*.

Badnâmi, *badnê*, *bandayâmi*, lier, attacher, fixer, punir, prendre, saisir, frapper, blesser ; *bandu*, allié, parent, ami ; *bandayâmi*, faire lier, faire attacher ; et beaucoup d'autres mots. Goth. bond ; lith. banda ; germ. binden. *Pápêna na badyatê*, il n'est pas lié par le péché.

CXVII.

बर्ह्	*Barh-ê*, je prends la parole, et je dis ;
	J'ai de l'éclat ; je brille et resplendis.
बल्	*Bal-ê*, je vaux, ma tige est vigoureuse ;
बह्र	*Bahu* (de *banh*), maint, en foule nombreuse.
बाड्	*Bâḍ-ê*, de l'eau, des bains est amateur ;
बाल्, बाह्	*Bâla*, l'enfant ; *Bâhu*, bras, serviteur.
बिन्द्, बिस्	*Bind-âmi*, fend ; *bis-yâmi*, lance, envoie ;
बुक्क्	*Bukk-ayâmi*, brait, rugit, hurle, aboie.
बुट्	*But, bôṭami, bôṭayâmi*, frapper ;
बुड्	*Buḍ-âmi*, couvre, ou bien laisse échapper.

APPENDICE.

Barhâmi, barhayâmi, barhé. On écrit aussi : *vṛh, balh* et *varh*.

Balayâmi, balayê, balé, vivre, rentrer son grain et le mettre dans des coffres ; *balâmi*, nuire à la prospérité d'autrui ; *bala*, force, vigueur ; lat. *valeo, validus. Balabadra*, homme robuste ; *balavat*, fort, puissant, adv. fortement, beaucoup ; *balât*, avec force, par force ; *balâtkâra*, acte de violence ; et bien d'autres mots.

Bâḍé ou *bâḍé*, se baigner, sortir de l'eau ; gr. βαλανεῖον ; lat. balneum ; germ. bad ; angl. bath.

Bala, subst. enfant ; adj. enfantin ; *balâ*, petite fille.

Bâh et *vâh* ; *bâha* et *bâhâ, bâhu* et *vâhu*, le bras ; gr. βραχίων ; lat. brachium. *Bâhuka, vâhuka*, serviteur, servile ; *bâhukunṭa*, aile ; *bâhutraṇa*, brassard ; *bâhûbâhavi*, adv. corps à corps ; et beaucoup d'autres mots.

Bindâmi, ou *bidâmi* et *viḍâmi, bilâmi, bisyâmi*, fendre, partager, quelquefois lancer. Lat. findo, fidi, fissus.

Bukkâmi, bukkayâmi, pousser des cris de toutes sortes, parler ; *bukkâ, bukkî, bukkâgramânśa*, le cœur ; *bukkana, bukkâra*, cri, rugissement du lion ; *bukka*, bouc, cet animal dont le nom (germ. bock, basse latin. buccus) a fort occupé les étymologistes.

Bôṭâmi, frapper, blesser, tuer.

Buḍâmi, comme *muṇḍ*, couvrir ; et comme *puḍ*, laisser aller, lâcher.

CXVIII.

बुध्   *Budĭ*, s'éveiller, comprendre, voir, connaître ;

Budĭa, savant ; un sage, un saint, un maître.

बुन्ध्   *Bunĭ-ayâmi*, tenir ferme, lier ;

बुल्   *Bul* (au présent *bôlayâmi*), noyer.

बुष्, बुस्   *Buś*, *bus-yâmi*, répandre avec largesse ;

Busa, fumier, bouse (en français), richesse.

बुस्त्   *Bust-ayâmi*, j'ai respect ou mépris

Pour quelque objet dont je connais le prix.

ब्रू   *Brûmi*, *bruvê*, *bravîmi*, je pérore ;

भत्   *B'aẋ-ayâmi*, je mange, je dévore.

APPENDICE.

Bôdámi, *bódê*, *budyê*, *bundámi*, *budámi*, *bundámi*, *bundê*, *budámi*, *budê*, *bódámi*, *bódê*, vêdiq. *budnámi*, partic. *budĭa* ; remarquer, observer, percevoir, apprendre, découvrir, connaître, savoir, penser, réfléchir, d'où le *Budĭa*, l'intelligence par excellence, le λόγος de Dieu. *Budĭi*, intelligence, raison, réflexion, science ; *budĭaguru*, un buddha enseignant, un guru buddhiste ; et beaucoup d'autres mots. Gr. πυθ (ἐπυθόμην) ; zend, budh ; lit. bundu. *Bóda naẋ stómam*, fais attention à notre hymne.

Budnámi et *bundayámi*, attacher, garrotter. Compar. *banĭ*.

Bôlayámi, plonger, submerger.

Buś et *busyámi*, distribuer, répandre : *jalam*, de l'eau. *Buś* et *busa*, eau, paille, bouse de vache sèche, lait caillé, richesse. Comparez *vyuś*.

Bustayámi, apprécier ; honorer ; dédaigner, mépriser.

Brûmi, *bruvê*, *bravîmi*, parler, dire ; gr. φράζω. Ce verbe n'est usité qu'au présent et à l'imparfait.

'*Baxámi*, *ĭaxê*, *ĭaxayámi*, manger, dévorer ; gr. ἔφαγον. '*Baxa*, qui mange (en composition) ; *ĭaxaka*, mangeur, vorace ; *ĭaxakára*, pâtissier ; *ĭaxaṇa*, action de manger ; *ĭaxita*, aliment ; *ĭaxya*, mangeable, comestible, aliment préparé ; *ĭaxyakára*, boulanger. '*Baxâmi* est une sorte de désidératif de *ĭaj*, *ĭuj*.

CXIX.

भज्‌   *B'aj*, fait les parts ; *b'ajana*, droit sacré ;

B'aga, divin ; *b'agavat*, vénéré.

भञ्ज्‌   *B'añj*, *b'anajmi*, brise d'une main forte ;

B'añjayâmi, brille, éclate, s'emporte.

भट्‌   *B'at-âmi*, loue, embauche, engage, prend

A son service un être qui se vend.

भण्‌   *B'an-âmi*, nomme, appelle une personne ;

D'où *b'anita*, ce qu'on dit, ce qui sonne.

बण्ट्‌   *B'ant-ayâmi*, cherche à nous abuser ;

भण्ड्‌   *B'and-a*, railleur, de nous veut s'amuser.

APPENDICE.

'Bajâmi, *b'ajê*, diviser, partager, donner : *b'agam b'axi nas*, donne-nous une part de bonheur ; honorer, respecter : *dévân*, les dieux ; *kulam*, la famille ; obtenir en partage : *prajâm*, des enfants ; posséder : *swatantratâm*, l'indépendance ; *b'ajamâna*, qui échoit en partage, destiné à ; *b'ajana*, adoration, honneur rendu. *'Baga*, en perdant seulement son esprit rude, est devenu dans la langue perse un substantif signifiant *Dieu*. Nous lisons, dans une des inscriptions de Xercès : *Auramazdâ hya mathista bagânâm*, c'est-à-dire Ὀρομασδης ὁ μέγιστος τῶν θεῶν.

'Banajmi, briser : *d'anur madyê*, un arc par le milieu ; lat. frango ; gr. ῥήγνυμι. *'Bañjayâmi*, causat. faire briser. *'Bagi*, fracture ; *b'agin*, *b'ag-*

gura, fragile ; *b'akti*, division, partage.

'Batâmi, embaucher, engager, louer, nourrir. Comme plus haut *b'añjayâmi*, et plus bas *b'anâmi*, le verbe *b'atayâmi* veut dire aussi parler, briller. *'Bata*, soldat, mercenaire, homme non-âryen ou de caste vile, esprit ou démon malfaisant.

'Banâmi, nommer, appeler, rendre un son ; *b'anita*, qui résonne, qui parle, chose dite, prononcée, nommée ; *b'aniti*, parole, ce que l'on dit.

'Bantayâmi, tromper.

'Bandê, récriminer, faire des reproches, railler, plaisanter ; *b'anda*, railleur, bouffon, mime ; *b'andana*, reproche, querelle, guerre, malice, méchanceté.

CXX.

भद्   *B'aḍ, ꞗaṇḍ, ꞗand-ê;* j'augure, je présage ;

     D'où *ꞗaṇdila,* porteur d'un bon message.

भर्भ्, भर्व्   *B'arꞗ, ꞗarv-âmi,* se bat, se repaît, mord ;

भल्   *B'al-ê* (βάλλω), frapper, donner la mort.

भष्   *B'aš-âmi,* crie, ou (plus mot-à-mot) jappe ;

भस्   *B'as, baꞗasmi,* de ses rayons nous frappe.

भा   *B'â-mi,* paraît, plaît à l'œil enchanté ;

     B'â, (voyez *ꞗâs*), lumière, éclat, beauté.

भाष्   *B'âš-ê,* converse ou raconte une histoire,

     Parle, décrit, fait un réquisitoire.

APPENDICE.

'*Baḍ* ou *ꞗaṇdayâmi, ꞗandê,* présager, augurer, être ou rendre heureux ; *ꞗaṇdila, ꞗadáka,* heureux, de bon augure ; messager, courrier ; *ꞗaḍanta,* brillant, respectable, vénérable ; *ꞗadra,* heureux, prospère, vertueux, pur, excellent ; *ꞗádram tê,* salut à toi, porte-toi bien, sois heureux. Le mot *ꞗadra* est d'un grand usage et forme beaucoup de composés. '*Bandê,* être heureux, bon, supérieur aux autres ; *ꞗandayâmi,* causat. rendre heureux ; *ꞗandila,* prospérité, bonheur ; et beaucoup d'autres mots.

'*Barꞗ* et *ꞗarvâmi,* vêd. combattre ; manger.

'*Bal* ou *ꞗallê, balê, ꞗálayê,* gr. βάλλω, tuer ; raconter, décrire.

'*Baśâmi,* aboyer, crier, criailler ; *ꞗaśa, ꞗaśaka,* chien ; *ꞗaśi,* chienne ; *ꞗaśaṇa,* aboiement.

Baꞗasmi, brûler, briller ; effrayer, menacer ; manger, dévorer ; *ꞗasad,* le soleil, le temps ; *ꞗasila,* cendre ; *ꞗasúćaka* (*ꞗa,* étoile), astronome, astrologue ; et beaucoup d'autres mots. '*Bas* (vêd.) est pour *ꞗras* ; voyez *ꞗás.*

'*Bâmi, báyê,* briller (au prop. et au fig.), apparaître, paraître, être en vue ; gr. φάω, φαίνω ; *ꞗá, ꞗála,* lumière, éclat, beauté ; *ꞗákôsa,* le soleil.

'*Bâśâmi, ꞗáśê,* dire, interpeller ; *ꞗáśana,* manière de parler, *ꞗáśá,* langage, style, dialecte vulgaire, plaidoyer, réquisitoire ; *ꞗáśin,* qui parle, qui raconte ; *ꞗáśya,* commentaire ; *ꞗáśyakára,* glossateur ; et beaucoup d'autres mots. '*Báśanti parasparam,* ils conversent ensemble.

CXXI.

भास् B'*âs-âmi*, brille, apparaît ; *b'âs*, rayon ;

भित्त् B'*ix-ê*, mendie, est couvert d'un haillon.

भिद् B'*id*, *b'inadmi*, *b'indê*, je fends, je brise ;
(Latin findo), je déchire et divise.

भी B'*i—ti*, *b'îta*, *b'î*, crainte, effroi, terreur ;
B'*îma*, *b'îsma*, terrible, plein d'horreur.

भुज् B'*uj-a*, la main ; de l'éléphant la trompe ;
B'*ujâmi*, courbe un corps sans qu'il se rompe.

भुज् B'*uj* (à la fin des composés), mangeur ;
B'*uji*, le feu, dévorant et rongeur.

APPENDICE.

'*Bâsâmi*, *b'âsê*, briller ; *b'âs*, *b'âsas*, lumière, rayon, désir ; gr. φῶς ; *b'âsanta*, brillant, lumineux, beau, le soleil, la lune, une étoile ; *b'âsayâmi*, causât. éclairer, illuminer, faire briller, montrer ; etc.

'*Bixê*, mendier, demander ; *b'ixa*, etc., mendicité ; *b'ixaka*, etc., mendiant ; *b'ixuni*, religieuse mendiante ; *b'ixusaṅga*, assemblée de religieux ; *b'ixusaṅgâtî*, haillon que portent les moines mendiants; *b'ixyâmi*, mendier.

'*Bid*, etc., brisure, fente, fêlure, portion, morceau, fragment ; *b'idaka*, *b'idi*, etc., la foudre ; *b'inna*, brisé, fendu, percé. '*Binadmi*, je perce : *parêna*, d'une flèche ; je désunis : *mitrân*, des amis ; je transgresse : *samayam*, un ordre.

'*Bib'êmi*, je crains ; gr. φόβος ; *b'iru*, timide, peureux ; *b'îśayê*, effrayer épouvanter ; *b'îśana*, effrayant, épouvantable, etc.

'*Bujâmi*, courber, fléchir ; *b'ugna*, courbé, fléchi ; *b'uja*, adj. courbe ; subst. le bras, la main, la trompe de l'éléphant ; lat. pugnus ; *b'ujaga*, serpent (qui va par courbes).

'*Buj*, vêd. pour *b'ruj*, *b'unajmi*, *b'uñjê*, manger, percevoir le fruit de, jouir de : *kâmân*, l'objet de ses désirs ; *râjyam*, la royauté ; *mâhim*, la terre ; lat. fructus, fruor (¹), fruges ; *b'ujyu*, nourriture ; *b'uñjâna*, possesseur, usufruitier ; et beaucoup d'autres mots ayant le sens ou de serpent, ou de destructeur de serpents, etc.

(1) Le *fungi*, *fungor* latin a le sens du sanscrit '*buj*. S'acquitter n'est que postérieur ; consumer, dévorer, etc., était la signification antique. Ainsi, le droit romain distingue les choses *en fongibles* et *non fongibles*. Les *non fongibles*, c'est par exemple une maison, un champ ; et celles-là, on peut les *commodare* (prêter). Les *fongibles*, sont celles dont on ne peut user sans les consommer, telles que du *blé*, du *vin*, de *l argent* ; or, de telles choses, on ne saurait les *commodare*, on ne peut que les *mutuas dare* (les donner à charge de revanche). Toute la jurisprudence romaine *distingue* entre ces deux sortes de *prêts*, que nous autres modernes nous confondons. Le *fungi* latin est donc le '*buj* sanscrit, qui veut dire *consommer*.

CXXII.

मू   *B'û*, φὺ des Grecs; latin, fuit ; c'est naître,

        Germer, pousser, devenir, le verbe être (¹).

मूष्   *B'ûŝ-ayâmi*, *b'ûŝâmi*, décorer;.

        B'ûŝ-ê, de même, embellir et parer.

मृ   *B'ṛ*, *barâmi* (fero), j'aide et je porte;

        D'où *b'ratṛ*, frère, aux siens prêtant main forte.

मृज्   *B'ṛj*, d'où *b'arjê*, fait frire ou fait rôtir,

मृश्   *B'ṛç-yâmi*, court, tombe et doit en pâtir.

मॄ   *B'ṝ-ṇâmi*, blâme, et censure, et gourmande,

        Reproche un tort, fait une réprimande.

(¹) C'est une erreur de croire que φὺ n'existe pas seul en grec. L'aoriste second, qui renferme toujours la racine pure des verbes à la troisième personne, est ἔφυν, ἔφυς, ἔφυ, Soit φὺ (sanscrit *b'u*), si l'on supprime l'augment, comme cela se rencontre dans le style homérique.

APPENDICE.

'*Bú*, la terre ; *b'ûta*, ce qui est ; un fils, un être vivant, un fait, un élément ; *b'ûti*, l'existence ; *b'ûmi*, un lieu, une place ; *b'áva*, l'essence, la substance ; *b'âvayâmi*, faire exister, produire, conserver ; gr. φύω, βῶμος, φυσίς, φυτὸν, φυτεύω ; lat. fui, futurus, fore ; angl. be ; allem. bin et bist ; pers. bud. Cette racine engendre un nombre considérable de dérivés.

'*Bûŝaṇa*, *b'ûŝá*, ornement, décor.

'*Barâmi*, *b'arê*, *bib'armi*, porter : *d'anus*, un arc ; soutenir, supporter : *lôkatrayam*, les trois mondes ; sustenter, nourrir : *daridrán*, les pauvres ; avoir, posséder : *çriyam*, le bonheur ; remplir : *jat'aram*, son ventre ; gr. φέρω ; lat. fero, porto ; *b'ṛt*, à la fin des composés, veut dire qui porte, qui soutient, qui nourrit ; *b'ṛti*, action de soutenir, de nourrir, gages, salaires, rentes.

'*Barjê*, parf. *bab'ṛjê*, partic. *b'ṛkta* ; *b'ṛjana*, poêle à frire.

'*B'ṛçyâmi*, tomber.; *b'ṛça*, excessif ; *b'ṛçam*, adv. excessivement ; *b'ṛçatá*, excès, véhémence ; *b'ṛçâyê*, dénominat. se multiplier.

'*B'ṝnâmi* veut dire, en outre, soutenir, porter, comme *b'ṛ*; frire, comme *b'ṛj* ; courber, comme *b'uj*.

CXXIII.

भ्रस्ज्   *B'rajj-ayâmi, b'rjjê*; latin, frigo;

Français, fricot (de frire); en grec, φρύγω.

भ्रण्   *B'ran*, comme *dran* et *swan-âmi*, résonne;

भ्रम्   *B'ram-âmi*, rôde, est errant, tourbillonne.

भ्रंश्   *B'ranç* et *b'rans-ê*, *b'raçyê*, tomber, déchoir;

भ्राज्   *B'râj-ê*, splendide et brillant se fait voir.

भ्री   *B'rî-nâmi*, craint, s'irrite, s'exaspère;

भ्रू, भ्रूण्   *B'rû*, le sourcil; *b'rûn*, se figure, espère.

भ्रेज्   *B'rêj-ayâmi*, je suis resplendissant;

भ्रेष्   *B'rêš-âmi*, bronche et va s'affaiblissant.

APPENDICE.

'*Brjjâmi, b'rjjê, b'rajjayâmi,* partic. *b'ršta*, faire cuire. Compar. *b'rj, b'arjê,* partic. *b'rkta.*

'*Branâmi*; comp. *dran* et *swanâmi.*

'*Bramâmi, b'ramyâmi, b'râmyâmi,* errer, aller çà et là; au fig. divaguer; parcourir au hasard: *dêçam,* un pays; commettre une erreur; *b'rama,* action d'errer, mouvement en rond, tourbillon; *b'rami,* rotation, tour de tourneur, roue de potier; *b'ramin,* qui va çà et là, qui erre, qui tourne, etc.

'*Bran*çê*, b'raçyâmi, b'raçyê, b'ransê,* tomber, déchoir: *râjyât,* de la royauté; *b'rança,* chute, privation, perte, dommage; *b'rançayâmi,* faire tomber, priver de.

'*B'râjâmi, b'râjê,* briller, resplen-

dir: *agnir iva, ravir iva,* comme le feu, comme le soleil; gr. φλέγω; lat. fulgeo, flagro; français, braise. On écrit aussi *b'râçê, b'râçyê.*

'*Brinâmi* et *b'rinâmi.*

'*B'rû,* angl. brow, gr. οφρύς (pour φρύς), franç., front et froncer. On sait que le grec ajoute souvent un *o* initial surabondant: ὄνομα pour νόμα, ὀδόντος pour δόντος, ὀδύνη pour δύνη, etc.

'*B'rûnayê,* se figurer, soupçonner, s'imaginer, souhaiter.

'*B'rêjayâmi, b'rêjê,* briller.

'*B'rêšâmi, b'rêšê,* vaciller, broncher; *b'rêša, b'rêšana,* action d'aller, mouvement; le fait de vaciller, de chanceler; au fig. écart moral, chute, faiblesse.

CXXIV.

न   *Ma*, tout ce qui, soit incertain, soit ferme,
Rapide ou lent, marche droit vers son terme :
Le jour, la nuit, la lune, la saison,
Le bien, le mal, l'eau, la mort, le poison.

मक्क्   *Makk-ê*, se meut selon sa fantaisie ;

मक्ष्   *Maks̀–âmi*, cache avec hypocrisie.

मक्ष्   *Maẋ-á*, bientôt (mox, latin). *Maẏk*, parer ;

मङ्क्   D'où *maẏkura*, miroir pour s'admirer.

मच्   *Maċ*, est méchant, vaniteux. *Majj*, se noie ;

मञ्च्   *Mañċ-ê*, s'élève, est dressé ; suit sa voie.

APPENDICE.

Ma représente aussi Brahmâ, Vishnu, Çiva, Yama, Laxmî.

Makkê, ou *maśkê*, *maskê*, *makámi*, *maẏkê* *maẏḱê*, *maẏkámi*, *maẏgámi*, *maẏgámi*, *mañćê*, tout cela, c'est aller. Et rien ne prouve que telle ne soit pas, tout simplement, l'origine du verbe MARCHER, dont on se tourmente tant pour chercher l'étymologie.

Maxa, hypocrisie qui cache ses défauts ; *maxiká*, *maxîká*, mouche ; lat. musca.

Maẏkê, *maẏgámi*, *maẏgê*, orner, parer ; *maẏktr̥*, qui pare ou baigne une personne.

Maćê, *mañćê*, être vain, orgueilleux, méchant ; tromper, broyer.

Majjâmi, *majjê*, être submergé, s'abîmer, se noyer : *amƀasi*, dans l'eau ; être plongé : *çôkaságarê*, dans une mer de douleur ; perdre courage : Lat. mergo. *Majjayâmi*, causat. submerger, plonger, noyer, enfoncer. *Majjana*, plongeon, bain, ablution ; *majjan* et *majjá*, la moelle.

Mañćê, s'élever, se dresser, tenir ; *mañća*, *mañćaka*, lit, estrade, échafaud, plate-forme ; *mañćamaṇḍapa*, sorte d'estrade ou de pavillon dressé pour certaines cérémonies. Un autre *mañć* (*mañćámi*) signifie aller droit devant soi.

CXXV.

मञ्   *Mañj-ayâmi*, bruyamment essuyer,
Purifier, orner ou nettoyer.

मट्   *Maṭ-a*, couvent, temple, chapelle, asile,
Dont maint brâhmane a fait son domicile.

मण्   *Maṇ*, retentit ; l'air en est ébranlé ;

मण्   *Maṇ-i*, bijou, perle ; d'où « monile. »

मण्ट्   *Maṇṭ-ê*, j'ai l'âme aux regrets condamnée ;

मण्ड्   *Maṇḍ-a* (mundus), parure, tête ornée.

मत्स्   *Mats-a*, poisson, fend les flots écumants ;

मथ्   *Mat*, trouble, agite, ou cause des tourments.

APPENDICE.

Mañjara, bourgeon, bouton, pédoncule, pétiole, perle ; gr. μάργαρον ; lat. margarita ; *mañjira*, ornement pour les pieds ; *mañjila*, village habité par des blanchisseurs ; *mañju*, *mañjula*, beau, agréable ; et beaucoup d'autres mots. Voir *mârjayâmi*.

Maṭâmi, habiter ; *maṭa*, sanctuaire, collége ou couvent de brâhmanes.

Maṇami, résonner, signifie aussi briller.

Maṇi, pierre précieuse, bijou, perle ; *maṇikâra*, bijoutier ; *maṇigaṇa*, rangée de perles ; *maṇidwipa*, l'aigrette du serpent Ananta ; *maṇitanus*, l'arc-en-ciel ; *maṇipûra*, corset de femme richement orné ; *maṇimat*, paré de bijoux, le soleil ; *maṇinâlâ*, collier ; et beaucoup d'autres mots. De *maṇi*, le grec μάννος, et le latin monile.

Maṇṭê, je regrette.

Maṇḍâmi, être orné, paré ; moy. se parer ; act. vêtir, décorer ; *maṇḍayâmi*, orner, parer, réjouir, égayer ; *maṇḍa*, *maṇḍana*, *maṇḍayanta*, ornement, parure. Lat. mundus (le coffret des parures). Cette racine forme un très-grand nombre de dérivés et de composés.

Mat (*manṭ* ou *mânṭ*) *âmi*, agiter ; *samudram*, la mer ; *hṛdayam*, le cœur ; *maṭana*, agitation ; *maṭita*, lait de beurre ; *maṭin*, bâton de baratte.

CXXVI.

मद्   *Mad-a*, l'ivresse, ou la force égarée ;

मधु   *Madu*, μέθυ, doux, de saveur sucrée.

मन्   *Man-yê*, penser ; d'où *manas*, la raison,

L'esprit ; *Manu*, l'homme, en a pris son nom.

मभ्र् मय्   *Mabr-âmi*, va ; (*mayâ*), trotte ou galope ;

Maya, chameau, cheval, mule, antilope.

मल्   *Mal* et *mallê*, ma main possède et tient ;

Mala, sordide et souillé (*mal* en vient).

मश्   *Maç*, fait du bruit ; parfois s'irrite et gronde ;

मष्   *Maś-âmi*, frappe et massacre à la ronde.

APPENDICE.

Mâdyâmi, madâmi, mandâmi, man-dê, être ivre, s'enivrer, dormir, être languissant, apathique ; *mamadmi*, enivrer ; *madayâmi*, réjouir, se réjouir, s'enivrer ; *madana*, liqueur enivrante, le printemps, Kâma ; *madyapa*, buveur de vin ; *madra*, joie, le pays de Madra ; *madrâyâmi*, se réjouir ; *manda*, endormi, lent, tardif, paresseux, fou ; *mandayâmi*, enivrer, égayer ; angl. mad, fou enragé ; ital. matto, délirant ; grec μέθυ, le mustum ou vin doux. De Mada vient peut-être le nom de l'antique Médée (la furieuse).

Manyê, manyâmi, manâmi, lat. memini ; *manana*, l'action de penser ; *manas*, gr. μένος, lat. mens, l'intelligence ; *manu*, l'homme (l'être pensant) ; *mantu*, la pensée ; *mantr*, un penseur ; et beaucoup de mots composés.

Mabrâmi, marbâmi, marvâmi. Maya, chameau ou mulet.

Mala, adject. sale, sordide, avare ; subst. boue, ordure, rouille ; lat. malus, malum ; et peut-être macula. Le nom français Amélie pourrait se traduire en sanscrit *amalâ*, sans tache. *Malina*, fangeux, noir, souillé par le péché ; gr. μέλας, μέλανος, etc.

Maçaka, moucheron, moustique ; *maçahari*, moustiquaire ; *maçuna*, chien.

Maśâmi, frapper, blesser, tuer.

CXXVII.

मस्	*Mas;* mesurer, ou bien (autre valeur),
	Changer d'aspect, de forme et de couleur.
मस्क्, मस्त्	*Mask-ê,* marcher. *Masta,* c'est crâne ou tête ;
मह्	*Mah-ê* (mactat), immole au dieu qu'il fête.
मंह्	*Maṅh-ê,* donner ; parler, briller, grandir ;
मा	*Mâ,* le μὴ grec ; *Mâ* (mimê), retentir.
मा	*Mâ,* mesurer, faire un juste partage ;
	D'où *mâtṛ,* MÈRE, arbitre aimable et sage.
माङ्	*Mâγẋ* (comme *kaγẋ*), désirer, regretter ;
मान्थ्, मनथ्	*Mânt* (*mant* aussi), tous les sens d'agiter.

APPENDICE.

Mas, comme *mâ,* mesurer; d'où, *masti,* mesurage, pesage ; et plusieurs autres mots.

Dans le sens neutre, *masyâmi* veut dire : changer soi-même, dépérir, vieillir.

Musi, encre ; *musillâna,* encrier ; *masurî,* petite vérole.

Maskarin, la lune ; brâhmane mendiant qui marche à l'aide d'une canne de bambou.

Masta, tête : mot d'une origine incertaine.

Mahâmi, lat. mactare ; *maha,* sacrifice ; *mahaka,* homme éminent ; *mahat,* grand ; gr. μέγας, lat. magnus, lith. macnus. *Mahana,* honorable ; et beaucoup d'autres mots dérivés ou composés.

Maṅhê se confond avec *mahâmi,* dans le sens de croître, augmenter.

Mâ est le grec μὴ, négatif et prohibitif.

Mimâmi, mimê : vidyun mimâli, la foudre retentit.

Mâmi, mimê, mâyê, mesurer, délimiter, distribuer, assigner, disposer, façonner, produire ; *mâtṛ,* la mère ; gr. μητήρ, lat. mater (celle qui distribue les parts dans la maison); lith. motĕ, germ. mutter, ang. mother, etc.; *mâtra,* mesure, matièré ; gr. μέτρον ; lat. materies ; *mâpayâmi,* faire mesurer ; *mâpana,* une balance, etc.

On voit que *mâγẋâmi* et *mântâmi* ont la même signification que *kâγẋâmi* et *mantâmi.*

CXXVIII.

माह्   *Mâh-ê,* (voir *mah*), célèbre des mystères ;
Ou, comme *mâ,* toise, arpente des terres.

मि्   *Mi-nwê,* je lance, ou renverse et détruis ;

मिछ्   *Miĉ (piĉ)-âmi,* je tourmente, je nuis.

मिथ्   *Mit̄, mêt̄âmi,* blesse et veut tuer même ;
Sait et comprend. *Mid,* est propice, il aime.

मिन्व्   *Minw-âmi,* verse et répand sur l'autel ;

मिल्   *Mil-ê,* se joint, s'unit à tel ou tel.

मिश्   *Miç, mêçâmi,* gronde et fait que tout tremble ;

मिश्र्   *Miçr-ayâmi,* mêle, confond ensemble.

APPENDICE.

Mâhâmi, mâhê, honorer, mesurer. Compar. *mah* et *mâ.*

Minómi, minwê, jeter, lancer, renverser, détruire.

Miĉâmi, comparez *piĉĉayâmi,* diviser, fendre, tourmenter.

Mêt̄âmi, mêt̄ê, rac. *mit̄* ou *mid̄* et *mêt̄.* Ce verbe signifie aussi connaître, savoir.

Médyâmi, médayâmi, médê, être ou devenir gras, luisant, onctueux ; être propice ; aimer. Dans ce dernier sens, on dit aussi *mindayâmi.* Partic. *minna,* aimé.

Minwâmi, ou *ninwâmi, mivâmi,* arroser, honorer.

Milâmi, milê, aller à la rencontre, s'assembler, faire alliance ou société.

Mêçâmi, retentir, s'irriter. Compar. *maç.*

Miçrayâmi, lat. misceo, gr. μίσγω, est le dénominat. de *miçra,* mêlé, mixte , subst. mélange. Misceo et μίσγω ont perdu leur *r,* mais cette consonne était radicale. Adoucie en *l,* elle s'est conservée dans les langues néo-latines : italien, mescolare ; espagnol, mezelar ; français, mesler, mêler.

CXXIX.

मिष्	*Miś*, d'où *miṣṭa* (participe passé),
	Doux, mais surtout répandu, renversé.
मिष्	*Miś-a*, l'envie et l'abjecte imposture ;
मिस्	*Mis-yâmi*, passe et plus loin s'aventure.
मिह्	*Mih*, voyez *minw* (*miha*, pluie), uriner ;
मी	*Mî-nâmi*, perdre, à jamais ruiner.
मीम्, मील्	*Mîm* est bruyant ; *mîl*, ferme sa paupière
	Muÿa, visage, ou bouche, ou voix première.
मुच्	*Muć*, *muñćâmi*, délier, dégager ;
मुक्ष्	*Muċ̈*, comme *puċ̈* et *yuċ̈*, c'est négliger.

APPENDICE.

Mêśâmi, répandre : *udakam*, de l'eau ; *miṣṭânna*, chose suave, confiture, mets sucré, assaisonnement doux.

Miśâmi, résister, rivaliser, disputer ; ouvrir ou fermer les yeux ; *miśa*, envie, tromperie, fraude.

Misyâmi, *mayâmi*, *mâyayâmi*, vêd. *mimâmi*, aller, passer, traverser ; au fig. comprendre.

Mêhâmi, arroser, uriner. Voir *minw*, lequel répond au lat. mingo et meio, au gr. ὀμιχέω. *Mihikâ*, gelée, gelée blanche, gr. ὀμίχλη ; *mihira*, nuage, vent, le soleil, la lune ; *milhuś*, forme vêdique de *miḍwas* (*mih*), pluvieux,

Mînâmi, détruire : *rûpam jarimâ mînâti*, la vieillesse détruit la beauté ; *mîma*, mer ; *mîvara*, méchant.

Mimâmi, *mimayâmi*, aller, résonner.

Mîlâmi, fermer les yeux, cligner, se fermer ; causat. *mîlayâmi*; *mîlita*, entr'ouvert (en parlant des fleurs) ; *mîlana*, clignement, clin.

Muÿa (comme l'os des Latins) signifie à la fois bouche et visage ; quelquefois aussi le son de la voix. Il marque en outre la priorité, la principauté, l'initiative ; *muÿa*, c'est l'entrée en matière, aussi bien que l'entrée d'une maison. Est-ce de *muÿa* que vient le français moquer et faire la moue, mots sur lesquels on a beaucoup disputé ?

Muñćâmi, *muñćê*, *munćê*, délier, délivrer : *narakât*, de l'enfer : répandre : *varśam*, la pluie ; lancer : *vajram*, la foudre ; omettre : *darmyâṃ kriyâm*, un acte obligatoire ; ôter : *prâṇân*, la vie ; émettre : *çabdam*, un son. *Mućira*, généreux, libéral.

Muććâmi, être négligent, paresseux.

CXXX.

मुज्   *Muj*, *môjâmi*, mugir dans la campagne ;

मुउच्   *Muñć-âmi*, va, suit quelqu'un, l'accompagne.

मुट्   *Mut-âmi*, broie et veut anéantir ;

मुड्   *Mud-âmi*, jette, émet, laisse partir.

मुण्   *Mun-âmi*, donne assurance et promesse ;

मुण्ट्   *Munt-ê*, de fuir, de s'esquiver s'empresse.

मुण्ड्   *Mund-a*, barbier, tête rasée à fond ;

Car *mundâmi* nettoie, ébranche et tond.

मुद्   *Mud* et *mudâ* (voir *mada*), l'ivre joie,

La gaîté folle où l'excès se déploie.

APPENDICE.

Môjâmi, retentir, et par onomatopée, *mugir* ; lat. mugire. Ce verbe veut dire, en outre, purifier, essuyer, comme *mṛj*. Au lieu de *môjâmi*, on écrit aussi *muñjâmi*, *muñjayâmi*.

Muñćâmi s'écrit aussi *mróćâmi* et *mróñćâmi*, de *mrućʹ* ou *mruñćʹ*.

Mutâmi, *muntâmi*, *môtâmi*, *môtayâmi*, broyer, écraser ; figur. mépriser ; au moy. synonyme, *mundê*, être écrasé, ravalé, méprisé.

Mudâmi, émettre, laisser, renvoyer.

Munâmi, parf. *mumôna*, promettre.

Muntê, fuir.

Mundâmi, raser, tondre ; au moy. être nettoyé ; lat. mundare, mundus ; franç. monde, immonde ;

orge mondé. *Munda*, chauve, tête chauve ou rasée, tête, front, barbier; tondeur, tronc d'arbre ébranché ; *mundana*, action de raser, tonsure ; *mundayâmi*, dénom. raser la tête ; *mundin* et *mundaka*, comme *munda*, barbier.

Môdê, *môdâmi*, *mudyê*, se réjouir. *Mudântika*, joyeux ; *mudira*, libertin, nuage (qui donne la joie) ; *mudî*, clair de lune. Entre cette racine et son analogue *mad*, il y a nuance ; car *mad* se prend toujours en mauvaise part, tandis que *mud* comporte quelquefois (dans les Vêdas au moins) l'idée d'une gaîté gracieuse et qui peut plaire.

CXXXI.

मुद्   *Mud* (au présent *môdayâmi*) mêler ;

मुर   *Mur-a*, clôture ; et *murâmi*, voiler.

मुर्छ्   *Murč-âmi*, tombe en faiblesse, en syncope ;

Ou devient fort, grandit, se développe.

मुर्व्   *Murv-âmi*, noue, attache fortement ;

मुष्   *Muś*, s'enrichit à notre détriment.

मुस्   *Mus-yâmi*, fend, sa main détruit et casse ;

मुस्त्   *Must-ayâmi*, j'amoncelle, j'entasse.

मुह्   *Muh-yê*, troublé, j'erre en quelque façon ;

मूक्   *Mûk-a* (mutus), muet comme un poisson.

APPENDICE.

Môdayâmi, mêler : *saktúṇ ǵṛtêna* du riz et du beurre fondu.

Murâmi, murer, entourer, envelopper, revêtir, voiler, couvrir ; *mura*, mur, entourage, clôture, lat. murus; germ. mauer. Au fémin. sorte de parfum, gr. μύρον.

Mur, défaillance, syncope ; *murč-čâmi*, défaillir, avoir l'âme troublée, être stupéfait, être ou devenir grand et fort, atteindre en se développant : *digantân*, les bouts de l'horizon. On écrit aussi *mûrč*, d'où *mûrčana*, *mûrča*, syncope, défaillance, stupeur.

Mûrvâmi, lier, nouer, attacher ; partic. pas. *mûrṇa*.

Muś (à la fin des comp.), qui vole, qui dérobe, qui ravit, qui dépouille ; *muśṇâmi*, voler, dérober, etc. : *Amuś-ṇîtam pániṃ ǵâs*, vous avez ôté ses vaches à Pâni. *Muśka*, voleur ; *muś-kaçunya*, eunuque ; *muśṭa*, vol, larcin ; et beaucoup d'autres mots, ayant tous le sens de dépouiller quelqu'un de quelque chose. On écrit aussi : *mûśâmi* et *môśâmi*.

Musyâmi, fendre ; *musala*, *musra*, pilon, mortier, massue ; *musalya*, qui doit être broyé.

Mustayâmi, amonceler.

Muhyâmi, *muhyê*, n'est pas maître de sa raison, etc.; *muhira*, amour, désir, Kâma, homme insensé, aveuglé ; *mûḍa*, partic. de *muh*, troublé, aveuglé, sot, idiot, paresseux ; *mûḍa-grâha*, qui a l'imagination égarée ; et plusieurs autres mots.

Mûka signifie muet, et veut dire aussi poisson.

CXXXII.

मूल्   *Mûl*, tient au sol, s'y plante avec durée.

      Mûla, racine (ou vraie ou figurée).

मूष्   *Mûṡ*, comme *muṡ*, vole, est fier d'avoir pris ;

      Mûṡâ, c'est *mus*, le rat ou la souris.

मृ   *Mṛ*, c'est mourir, destin qu'on n'aime guère ;

मृग्   *Mṛg-ayê*, cherche, au gibier fait la guerre.

मृज्   *Mṛj*, *mârjâmi*, caresser, essuyer,

      Soigneusement effacer, nettoyer.

मृद्   *Mṛd-âmi*, naît sous un heureux auspice ;

      De soi content, aux autres est propice.

APPENDICE.

Mûlâmi, *mûlê*, être solidement debout, être enraciné ; *mûlayâmi*, s'enraciner, croître, planter ; *mûla*, racine, et au figuré, commencement, principe ; *mûlaka*, rave, radis, sorte d'igname ; *mûlaja*, plante qui naît d'une simple racine ; *mûlika*, radical, élémentaire, primordial ; *mûlin*, un arbre ; et beaucoup d'autres mots.

Muṡ, dérober, voler, filouter.

Mûṡa (fémin. *â*), rat, souris, gr. μύς, lat. mus ; *mûṡakârâti*, chat.

Mriyê, *marâmi*, mourir, lat. morior ; *mṛta*, *mṛti*, *mṛtyu*, la mort, lat. mors ; *mṛtaka*, cadavre ; *amṛta*, l'ambroisie (nourriture d'immortalité) ; et beaucoup d'autres mots, dérivés ou composés, avec ou sans affixes.

Mṛgyâmi, *mṛgayê*, chercher ; *mṛga*, recherche, investigation, chasse ; d'où par suite, animal, gibier ; *mṛgajivana*, chasseur ; *mṛgadañçaka*, chien de chasse ; etc.

Mârjâmi, *mârjmi*, lat. mulgeo, gr. ἀμέλγω, ὀμόργνυμι, caresser : *pâṇinâ*, avec la main ; essuyer : *açrûṇi*, les larmes ; effaçer : *kilviṡam*, un péché ; nettoyer : *kaḍgam*, un sabre.

Mṛḍâmi, *mṛḍnâmi*, réjouir et se réjouir, être content et être favorable, rétablir, restaurer, corriger.

CXXXIII.

मृद्   *Mṛd*, c'est parfois effleurer et raser,
Ou plus encor : froisser, — même écraser.

मृध्   *Mṛd, mardâmi*, j'humecte, arrose, mouille ;
Ou je trahis, tue, et de sang me souille.

मृल्, मक्ष्   *Mṛl* ou bien *mṛḷ*, se voit dans le Véda,
Pour *mṛḍâmi*, secourt, vient en aide à.

मृश्   *Mṛç-âmi*, touche, avec la main caresse ;

मृण्   *Mṛṇ-âmi*, fait de tuer la prouesse.

मृष्   *Mṛṣ*, ou tolère, oublie, est indulgent ;
Ou bien arrose et va tout immergeant.

APPENDICE.

Mṛd et *mṛt, mṛda, mṛdinî*, la terre, le sol, l'argile ; et beaucoup d'autres mots.

Mardâmi, mardê, humecter, être humide ; — tuer.

Mṛḍa, bataille ; trahir : *mâ nê mardis*, ne nous trahis (abandonne) pas.

Mṛḷâmi : *Nô mṛḷa*, sois-nous propice ; *nô. Marutô mṛḷantu*, que les Maruts nous favorisent.

Mṛçâmi, lat. mulcere, veut dire aussi percevoir, concevoir, considérer, méditer.

La racine du verbe *mṛṇâmi*, tuer, parf. *mamâra*, est *mṛ, mṛṇ*, et *mṛ̂*.

Mṛṣyâmi, mṛṣyê, marṣâmi, marṣê, marṣayâmi, supporter, tolérer : '*Bismavaćô na mṛṣyâmi*, je ne puis supporter les paroles de Bhishma. *Marṣâmi* veut dire aussi répandre, verser ; arroser, couvrir d'un liquide.

CXXXIV.

मे   *Mé,* — fait *mayé* (passé, *mamî*), — je change ;

मेद्, मेड्   *Mét, méd-âmi,* mène une vie étrange.

मेथ्   *Mét,* si ce n'est comprendre, c'est heurter ;

     Mét-é (moyen), se rencontrer, lutter.

मेध्   *Méd-âmi,* sait, perçoit, surtout médite ;

मेप्   *Mép-âmi,* sert, va, se meut, marche vite.

मोक्ष्   *Môx-ayâmi,* je mets en liberté,

     Je lance un trait dans les airs emporté.

म्रा   *Mnâ, manâmi,* graver dans sa mémoire,

     Réciter, lire ou conter une histoire.

APPENDICE.

Mé, mayé, parf. *mamé,* fut. *mâtâhé;* changer, échanger.

Métâmi (voir *mod*), *médâmi, mrétâmi, mrédâmi, mlétâmi, mlédâmi,* être insensé, délirer.

Mitâmi, métâmi, médâmi, médâmi: rencontrer ; moy., se rencontrer, lutter. *Na métété naktósasá,* la nuit et l'aurore ne se heurtent pas. Angl. met?

Médâmi, méditer, savoir, lat. meditor, gr. μήδομαι, μανθάνω, dont le radic. est μαθ (témoin ἔμαθον). *Médas* (en composit. *méda*), gr. μῆδος, intelligence, sagacité ; *médayâmi* (dénomin.), concevoir promptement ; *médâvin, médira,* intelligent, sagace, un pandit ; et plusieurs autres mots.

Mépâmi, mépê (comp. ·*vép* et *sév*), *mébê, mévé,* aller, servir.

Móxâmi, móxayâmi (sorte de désidér. de *muć*), délier, lâcher, lancer : *isum,* une flèche ; sauver : *çápát,* d'une malédiction ; *môxa, móća, móćana,* délivrance, la délivrance finale ; espèce de plante ; *môxópâya,* dévot qui ne pense qu'à la délivrance finale (exemption des liens du corps et des misères de la vie) ; *móćaka,* libérateur ; et plusieurs autres mots.

Manâmi, manê (forme abrégée de *man,* suff. *á*) : *Kasya manâmahé dévasya náma,* de quel dieu redirons-nous le nom ? Gr. μνάομαι, μνημοσύνη, lat. memini, franç. mentionner.

CXXXV.

म्यक्ष्   *Myax̂-âmi*, va, s'efforce de marcher ;

म्रक्ष्   *Mrax̂-ayâmi*, mettre en tas, se fâcher.

म्रद्   *Mrad-ê*, je mords, je terrasse ou je broie

L'homme ou l'objet placé devant ma voie.

म्लेह्छ्   *Mléč-ćâ*, barbare, homme qui ne sait pas

Ou parle mal la langue des Aryas.

म्ल   *Mlæ, mlayâmi* (quelle qu'en soit la cause :

La passion, l'âge, ou toute autre chose),

N'a plus d'éclat, se fane, se flétrit,

Tombe en MARASME, est pâle et s'amaigrit.

APPENDICE.

Myać ou *myaxâmi* est un mot védique.

Mraxâmi, mraxayâmi, mlaxâmi (comp. *mléč*), amasser, amonceler, se fâcher, oindre, fendre. C'est aussi (comme *mléččâmi*) se servir d'une langue barbare ; *mraxa*, hypocrisie, fourberie ; *mraxana*, l'action de frotter le corps avec des parfums, huile.

Mradê, mradayâmî, lat. mordeo, mordre, broyer, écraser.

Mléčća, un Barbare, langage barbare ; *mléččajâti*, homme de nation barbare, appartenant à quelque tribu, soit de Coromandel (*Drâvidas*), soit de l'Archipel grec (*Yavanas*), de l'Arachosie, de la Scythie, de Balk, des Perses (*Pahlavas*), de la Chine (*Ćinas*), des montagnes de l'Himâlaya, etc. etc. *Mléččayâmi*, se servir d'une langue barbare, faire des barbarismes, parler incorrectement ou confusément.

Mlayâmi, se faner, se flétrir, devenir pâle et maigre. Gr. μαραίνω, μαρασμος. Lat. maresco, marcidus, macer ; etc.

CXXXVI.

यज्   *Yaj*, je vénère, et *yajña*, sacrifice ;
     (*Yajñadatta*, présent d'un Ciel propice).

यत्   *Yat-ê*, s'efforce, au but veut parvenir ;

यम्   *Yam, yać-čâmi*, comprimer, contenir.

या   *Yâ-mi*, je pars (j'arriverai sans doute) ;
     Yayu, cheval, et *yatrâ*, chemin, route.

याच्   *Yâć-ayâmi, yâćê*, solliciter,
     Ou bien offrir en priant d'accepter.

यु   *Yu-yâmi*, vient, quand le danger s'apprête,
     En préserver, en sauver notre tête.

APPENDICE.

Yajâmi, yajê, sacrifier, gr. ἄζομαι, ἁγίζω, ἅγιος ; *yaj* (à la fin des composés), qui sacrifie ; *yajata*, prêtre officiant ; *yaxayê*, adorer ; *yajus*, prière, hymne ; *yajña*, sacré, pur, gr. ἁγνός ; *yaśtr*, sacrificateur, ou celui qni défraie un sacrifice ; *yâja*, offrande sacrée ; et beaucoup d'autres mots. *Yajñâ-datta*, «donné par un sacrifice», nom d'un enfant obtenu du Ciel par la vertu des sacrifices.

Yatê, yatâmi, chercher à, tendre vers, gr. ζητέω, peut-être ὄθομαι ; *yatna*, effort ; *yatnatas*, avec zèle, avec énergie ou persévérance ; *yatnavat*, qui s'efforce, zélé. On écrit aussi *yasâmi* (*yas* pour *yat*).

Yaććâmi, yâččê, contenir, diriger, comprimer, maintenir, conserver ;

yati, ascète, pénitent, action de dompter, de réfréner ; *yantr*, celui qui contient, cocher, cornac ; *yama*, répression, coercition, le dieu *Lama* ; et bien d'autres mots.

Yâmi, partir ; *yâyi*, nuée ; *yâta*, allé, parti ; *yâtu*, voyageur ; *yâna*, marche, assaut ; *yânapâtra*, vaisseau, navire, barque ; *yâpayâmi*, faire partir ; *yâman*, véhicule ; et beaucoup d'autres mots.

Yâćâmi, yâćê, demander, offrir ; *yâćaka*, qui demande, qui sollicite, qui mendie ; *yâćanâ, yâćñâ*, demande, sollicitation.

Yuyômi, yâvayâmi, yâvayê, écarter, détourner : *çarum*, une flèche. Repousser et mépriser (un suppliant).

CXXXVII.

युङ्ग्   *Yuŋg-âmi*, part, nous quitte, va bien loin ;

युछ्   *Yuč-čâmi*, vivre indolent et sans soin.

युज्   *Yuj-yâmi*, joint, unit, attache, attelle,

Fabrique un joug, prépare un nœud fidèle ;

Yujyê, yôjê, yôjâmi, yunajmi,

Comme, en latin, jungo ; grec, ζεύγνυμι.

युध्   *Yud-yê*, combat, veut triompher, assaille ;

Yud, un guerrier ; *yudma*, conflit, bataille.

युत्   *Yut, yôtâmi* (voir *jut*), *yôtê*, briller ;

युप्   *Yup-yâmi*, cherche à troubler, à brouiller.

APPENDICE.

Yuŋgâmi, parf. *yuyuŋga*, quitter, abandonner.

Yuččâmi, être négligent, paresseux.

Yôjâmi, joindre. On dit aussi *yœmi, yunâmi, yunê*, de *yu. Yukta*, joint, uni, homme pieux ; lat. junctus, juxta, peut-être justus ; gr. ζευκτός ; *yukti*, jointure, union ; gr. ζεῦξις ; *yuga*, joug, attelage, mesure, gr. ζυγός, lat. jugum ; *yugma*, jonction, lien, couple, paire, gr. ζεῦγμα ; *yuj* (à la fin des compos.), uni, joint, pair ; *yôga*, l'union par excellence, l'union mystique de l'âme avec Dieu ; *yuyxâmi* (désid.), vouloir s'unir à Dieu par le *yôga* ; et beaucoup d'autres mots, dérivés ou composés.

Yudyê, yudyâmi, combattre, vaincre ; *yuddajit*, victorieux ; *yuddadarma*, la loi de la guerre ; *yuddaraŋga*, le dieu de la guerre *(Kârttikêya)* ; *yuddasâra*, cheval de guerre ; *yudma*, guerre, bataille, arc, flèche, gr. υσμίνη ; *yuyutsê* (désidér.), provoquer au combat ; *yuyutsayâmi* (causat du désidér.), exciter au combat, rendre désireux de combattre, etc.

Yôtâmi, yôtê, briller. Compar. *jut* et *jyut*.

Yupyâmi, troubler, déranger, violer : *darmâs*, les lois ; se cacher.

18

CXXXVIII.

युवन्, यूष् *Yuvan*, jeune homme, et *yûś*, je frappe et blesse;

येष् *Yêś-ê*, s'efforce et tâche sans faiblesse.

यौट्, यौड् *Yœṭ, yœḍ-âmi*, joindre, coller, unir ;

रक् *Rak-ayâmi*, goûter, prendre, obtenir.

रत्त् *Ra-x̀ê*, je garde ; et *raxaṇa*, tutelle ;

Rax̀ivarga, surveillant, sentinelle.

रख् *Rak̀-âmi*, va vers l'objet de ses vœux.

रग् *Rag-âmi*, doute, hésite, est soupçonneux.

रच् *Raḉ-ayâmi*, range, ordonne, dispose,

Et met en place avec soin chaque chose.

APPENDICE.

Yuvan (rapporté par quelques-uns, mais sans preuves suffisantes, à la racine *div*), a tous les sens du juvenis latin ou du djouvân persan : fort, vigoureux , etc. ; son féminin est *yûni* ou *yuvati*. Lithuan. yaunas, angl. young, germ. jung, ital. giovane, esp. joven.

Yúśâmi , frapper , blesser , tuer. Compar. *jûś*.

Yêśê, s'efforcer. Comp. *yat, yas* et *pêś*.

Yœṭ ou *yœḍâmi*, joindre, coller : *kâśṭum*, un morceau de bois.

Râkayâmi, ou *râgayâmi* et *râǵayâmi* ; *lâkayâmi* et *lâǵayâmi* ont le même sens.

Raxâmi, raxê, protéger, défendre, conserver, sauver, garder, gouverner ; *raxa*, protection, garde, conservation ; *raxaka*, gardien ; *Raxas* ou *Râxasa*, nom de certains esprits au service de Kuvêra ; *raxitṛ*, défenseur, protecteur, tuteur, administrateur ; et beaucoup d'autres mots.

Rak̀âmi, raỳk̀âmi, raỳgâmi, raỳǵê, aller, courir ; *raỳgas*, hâte, rapidité ; *raỳga*, tout lieu où s'exécutent des mouvements : arènes, amphithéâtre, salle de danse, champ de bataille, etc.

Ragâmi, soupçonner.

Raḉayâmi, arranger, préparer, faire, exécuter ; *raḉana*, qui arrange, qui prépare, etc. ; *raḉanâ*, arrangement, disposition : de la chevelure, des fleurs d'un bouquet, des soldats dans un corps d'armée, des mots dans une phrase, des vers dans une strophe, etc.

CXXXIX.

रञ्ज्   *Rañj-ê*, je peins ou teins ; parfois aussi,
Suivant mes goûts, j'ai plu, j'ai réussi.

रट्, रठ्   *Rat, rat-âmi*, hurle, en parlant s'exclame ;
Ratita, bruit que fait l'ardente flamme.

रण्   *Ran*, c'est crier, faire entendre un son fort,
Ou bien, courir, comme un RENNE du Nord.

रथ्   *Rat-a*, le char ; *ratya* (neutre), la roue.

रद्   *Rad*, ouvre et fend ; (vêda) pourvoit et doue.

रध्   *Rad-yâmi*, tombe, est vaincu, doit périr ;
Ou l'opposé : je frappe et fais mourir.

APPENDICE.

Rañjâmi, rajyâmi, gr. ῥεγεύς, ῥέγμα. Ce verbe veut dire aussi plaire, être gracieux, avoir du penchant pour ; en outre (dans les Vêdas), diriger, gouverner. A la 10ᵉ classe, *rañjayâmi* veut aussi dire : honorer. La racine *rañj* ou *raj* produit un très-grand nombre de mots : *rakta*, teint, coloré, rouge ; *rakti*, attachement, affection ; *raÿga*, couleur, teinture : *raÿgin*, qui teint, qui colore ; *raja*, poussière, pollen des fleurs ; *rajaka*, blanchisseur, teinturier ; *rajana*, l'action de teindre ou de peindre ; *rajani*, cochenille, indigo ; *rañjaka*, coloriste, peintre ; *rañjana*, sandal rouge, garance ; etc., etc.

Ratâmi, ratâmi, ratayâmi, parler, vociférer, hurler, mugir. On écrit aussi *rasâmi*.

Ratita, le bruit crépitant d'un incendie.

Ranâmi, ranayâmi, ranwâmi, veulent dire aussi aller ; *rantu*, route, rivière ; *rana*, son, bruit, archet de luth ; *ranaturya*, tambour ; *ranamatta*, éléphant ; *ranarana*, bruit répété, sanglots, moustique, cousin (culex). De ce verbe vient peut-être le renne (germ. Renn-Thier), cet unique marcheur ou coureur des Lapons et des Samoyèdes.

Radačada, la lèvre ; *radana*, la dent ; *radin*, un éléphant.

Rata, le char, le véhicule ; *ratya*, la roue. Lat. rota ; germ. rod ; celt. ret. ou rit. (*Petor-rita* était chez les Gaulois la voiture à quatre roues.)

Radyâmi, dans le Vêda, signifie faire cuire ; d'où *radra*, cuisson. *Randayâmi*, causat. de *rad*, frapper, accabler : çókæs, de chagrins ; *randana*, action de frapper, d'accabler, de subjuguer ; *randanyâmi* (dénomin.), réduire sous sa puissance.

CXL.

Rap-âmi, parle ; et dans le Véda, chante ;
Rap'-âmi, va, d'une allure méchante.
Rab-as, transport, rage, ressentiment ;
Ram-a, qui plaît, agréable, charmant.
Ramb-ê (ῥόμβος), au loin résonne et gronde ;
Ray, court ; *raya*, torrent, fait fuir son onde.
Ras-ayâmi, goûter ; *rasa*, saveur,
Suc végétal, extrait, jus ou liqueur.
Rah-ayâmi, va vivre en solitaire ;
Rahas, secret, confidence, mystère.

APPENDICE.

Rapâmi, parler, dire, véd. louer, célébrer dans un hymne. On écrit aussi *rasâmi*. Le rôle des rhapsodes vient-il de là ? Peut-être tient-il plutôt à la racine ῥάπτω.

Rapâmi, *rampâmi*, *rambâmi*, *rarpâmi*, ramper, faire périr. Comp. *sṛp*.

Rabê, prendre en main (inusité au simple) ; *rabas*, *rabasa*, mouvement violent, promptitude, regret amer ; *rambayâmi* (causat.), agir au hasard, par un mouvement impétueux ; lat. *rabies*.

Ramâmi, *ramê*, se réjouir, être heureux, se complaire, jouer, réjouir. *Ramaṇa*, mari, amant, au fém. épouse, maîtresse ; *ramya*, gracieux ; *ramra*, beauté ; *ramramyê* (augment.), se réjouir fort ; et beaucoup d'autres mots.

Rambê, *rambê*, rendre un son, retentir ; *ramba*, *rambita*, mugissement, beuglement. Gr. ῥόμβος, toupie bruyante.

Rayê, aller ; *raya*, mouvement, marche, rapidité, courant, torrent ; *rayiṣṭa*, très-rapide.

Rasayâmi, goûter, aimer ; *rasa*, le goût (au simple et au figuré), le goût littéraire, le sentiment ; *rasa* signifie aussi le raisin, et l'on pourrait s'imaginer que ce dernier terme en dérive, mais il provient de racemus (grappe), mot d'où vient aussi régime (de dattier) ; *rasana*, le sens du goût ; *rasanâ* et *raçanâ*, la langue, organe du goût ; *rasavat*, savoureux, au fig. de bon goût ; *rasâla*, canne à sucre ; et beaucoup d'autres mots ayant des significations diverses.

Rahâmi, *rahayâmi*, abandonner, quitter ; *raha*, abandon, solitude ; *rahasya*, secret, caché, mystérieux ; *rahâṭa*, secrétaire, conseiller, ministre ; *rahayê* (dénomin.), devenir secret, caché ; *rahita* (part. pas.), abandonné, isolé ; et beaucoup d'autres mots.

CXLI.

रंह् **Raṅh**, brille et parlé, ou court, veut se hâter ;
Raṅhayâmi (causatif), exciter.

रा **Râ-mi**, ma main à donner se tient prête ;

राख् **Râk-âmi**, j'orne, ou j'empêche et j'arrête.

राघ् **Râý**, se sent fort et compte en plein sur soi ;

राज् **Râj-ê**, briller, régner ; *râjan*, le roi.

रात्रि, राध् **Râtri**, la nuit. **Râdnomi**, fait sans trêve
Quelque labeur, l'accomplit et l'achève.

राश्, रास् **Râç** ou *râs-ê*, retentir, résonner ;

रास् **Râs** (comme *dâs*), — mot védique — donner.

APPENDICE.

Raṅhayâmi, faire marcher vite : *Adrim Marutô raṅhayanti*, les Maruts poussent le nuage. *Raṅhas*, comme *raûas*, mouvement rapide, promptitude. Ce verbe veut dire aussi briller, parler.

Râmi, *rê*, donner, comme *dâ* ; *râti*, don, présent. *Râswa nô ûôjanam*, donne-nous des aliments.

Râkâmi, écarter, empêcher, veut dire aussi se dessécher, suffire, orner.

Râýê, se bien porter, avoir la force de, suffire à.

Râjâmi, *râjê*, briller, régner ; *râj*, *râja*, *râjan*, roi, riche ; *râjya*, royauté ; lat. rego, rex, regina, regnum ; esp. rico ; germ. reich. *Râjaka*, brillant, splendide, royal, souverain ; *râjavat*, possédé ou gouverné par un bon roi ; *râjayê*, faire le roi, agir à la façon d'un roi ; etc.

Râtri, la nuit. *Râtryâgama*, le cré-puscule (la venue de la nuit) ; *râtri-ćaru*, *râtrimaţa*, *râtryaţa*, rôdeur de nuit, c'est-à-dire ou voleur ou fantôme. Ces mots désignent aussi la patrouille nocturne. *Adâarâtri*, au milieu de la nuit.

Râdnômi veut dire aussi rendre propice ; mis au passif, il signifie être achevé, accompli, favorable ; au reste, *râdyâmi* a déjà les sens du passif. Au causatif, *râdayâmi*, rendre propice, acceptable, digne ; au partic. *râdâa*, achevé, parfait ; *râdâânta*, fait accompli, vérité démontrée ; *râdana*, accomplissement, propitiation, satisfaction.

Râçi, amas, monceau, assemblage ; *râsa*, son, bruit, tumulte, tapage, agitation de fêtes.

Râsâmi, donner quelque chose à quelqu'un, avec deux accusat. pour régimes.

CXLII.

रि	*Ri-yâmi*, va, se meut, fait qu'on avance ; *Ri*, mouvement, chute ou glissade, ou danse.
रिच्	*Riċ, rêcâmi* (linquo), laisser, quitter ; *Riċ, rinaċmi*, vider, extraire, ôter.
रिज्	*Rij (on l'entend)*, rissole, ou frit, ou grille ;
रिफ्	*Rip'*, s'il combat, en récits surtout brille.
रिश्, रिष्	*Riç*, ou bien *riš*, — *riçâmi, rêsâmi*, Frapper, blesser, tuer un ennemi.
रिह्	*Rih-âmi*, loue, adresse une prière;
री	*Ri-yê*, couler ; *rîti*, marche, frontière.

APPENDICE.

Riyâmi, riyê, rikâmi, riÿkâmi, riÿgâmi, riṇwâmi, aller ; *ri*, danse, chute ; *riÿka*, marche, pas du cheval ; *riÿgaṇa*, glissade. Au figuré, ces mots ont le sens de perte, dommage, erreur, désappointement, déception, dérèglement.

Riċ par *rêċâmi, rêċayâmi*, c'est le latin linquo, le grec λείβω, quitter, laisser ; mais par *riṇaċmi, riñċê*, c'est ôter, enlever, vider.

Rij (onomatopée), *rêjê*, faire frire, faire rôtir, griller.

Ripâmi et *rimpâmi*, donner ; mais plus souvent combattre, blesser, tuer, ou bien mépriser, raconter, se vanter.

Riš, blesser, frapper, détruire ; part. pas. *rišṭa*, frappé, blessé, perdu, malheureux. *Rišṭiyâmi* (dénomin.), être blessé ; *rišṭi*, une épée ; *rišwa*, qui blesse, malfaisant, pernicieux. *Riç* a le même sens que *riš*.

Rihâmi, louer, célébrer, prier, demander, vêd. donner.

Riyê, partic. *riṇa*, couler, découler ; *rîti*, mouvement, marche, écoulement, limite, frontière ; au fig. usage, tendance naturelle, instinct.

CXLIII.

री   *Rî-ṇâmi* (voir ci-dessous *ru*), mugit,
Va s'irritant, donne la mort, rugit.

रीव्   *Rîv-âmi*, prend, met, ajuste à sa taille ;

रु   *Ru*, parfois peur ; plus souvent, cri, bataille.

रुच्   *Ruć* (*lux* latin), beauté, splendeur, atour,
Eclair, rayon, lustre éclatant du jour.

रुज्   *Ruj*, mal, douleur qui tient l'âme abattue ;
D'où *rujâmi*, brise, renverse, tue.

रुट्   *Ruṭ* (fait *rôṭé*), riposter, résister ;
Rôṭayâmi, se fâcher, s'irriter.

APPENDICE.

Riṇâmi, aller, mugir, rugir, tuer.

Rîvâmi, *rîvé*, prendre, mettre sur soi.

Ru ou *ruta* (qui signifie encore peur, alarmes), forme les verbes *ravmi*, *ravîmi*, rendre un son, crier, hurler, gémir, murmurer, bourdonner, réciter une prière, chanter un hymne ; *ravé*, frapper, s'irriter, aller contre.

Ruć forme *rôćé*, briller ; *rućaka*, *rućirá*, *rućiśya*, *rućya*, brillant, beau, agréable ; *rućí*, lueur, lumière ; *ruṗ*, homme riche, libéral, magnifique ; *rukma*, or. Lat. luceo, lux ; gr. λευκός, λύχνος, etc. Dans l'ancien perse *ruć* ou *rauć* signifie jour (même comme durée).

Rujâmi vanaspatim, j'abats un grand arbre ; *rujá*, brisure, destruction, maladie ; *rujákara*, le mal d'amour.

Rôṭé (*ruṭ*), comme *rôṭé* (*ruṭ*), signifie résister, riposter ; éprouver de la douleur ; *rôṭayâmi*, briller, parler, s'irriter, se fâcher.

CXLIV.

रुट्   *Ruṭ, rôṭâmi*, je frappe, abats, renverse ;
Je trouble, agite, épouvante, disperse.

रुण्ट्   *Ruṇṭ-âmi*, va, boiteux mais insolent ;
Vole, dérobe, est paresseux et lent.

रुद्   *Rud*, pleurs, chagrin, tristesse maladive,
Affliction, bruit et cri, voix plaintive.

रुध्   *Rud, ruṇadmi*, veut gêner, empêcher,
Ceindre, obstruer, enfermer et cacher.

रुधिर   *Rudira*, rouge (on le sent, rien qu'à lire) ;

रुष्   *Ruṡ*, furieux, je frappe avec délire.

APPENDICE.

Rôṭâmi, troubler, terrasser, tuer. *Rupyâmi* (*rup*) signifie aussi troubler, agiter.

Ruṇṭâmi, ruṇḍâmi, ruṇḍikâ, messagère, entremetteuse.

Rôdimi, couler, pleurer, verser des larmes ; *rudaťa*, chien, élève, étudiant ; *rudila*, partic. gémissements ; *Rudru* (le pleureur), le chef des Maruts ; *rudrabu*, cimetière ; *rudrî*, sorte de luth plaintif ; et beaucoup d'autres mots, dont quelques-uns désignent Agni (*rudró'gnis*, Agni le gémissant), Çiva, Durgâ sa femme (*rudrapatnî, rudrâpriyâ, rudrâṇi*), les Açwins, Kâma (*rudrâri*), Bénarès (*rudrâvâsa*, demeure de Çiva).

Ruṇadmi, ruṇâê, obstruer : *nadim*, une rivière ; assiéger : *puram*, une ville ; dérober aux yeux : *gṛhê*, dans une maison. *Rudda*, partic. empêché, obstrué, défendu.

Ruṡ (*ruṡyâmi, rôṡâmi, rôṡayâmi*), frapper, blesser, tuer, être furieux, se mettre en colère ; *ruṡ* et *ruṡâ*, colère, fureur ; gr. λυσσάω, λύσσα. La racine *ruç* (*rôçâmi*, parf. *rurôça*) a le même sens que *ruṡ*. *Rudira*, rouge ; grec, ἐρυθρὸς ; lat. ruber (autrefois rufer, d'où rufus), etc. Par où *rudira* vient-il de la racine *rud* ? On ne sait, et force nous est de le traiter comme un radical.

CXLV.

रुह्,   *Ruh,* j'apparais comme un germe planté ;

Ruȧa, rugueux ; *rûpa,* forme et beauté.

रुष्   *Rûś,* orne et pare, ou bien tremble et frissonne ;

रेक्   *Rêk-ê,* je crains, je doute, je soupçonne.

रेज्   *Rêjj-ê (ṽiyá),* je frémis (de terreur) ;

Rêjayâmi, j'ébranle avec fureur.

रेट्   *Rêṭ-ê,* parler ; *rênu,* poussière ou sable ;

रेप्   *Rêp-a,* cruel, sauvage, et méprisable.

रेष्   *Rêś-ê,* puis *ræ,* hennir en liberté ;

रे   *Ræ,* (*res* latin), chose ou propriété.

APPENDICE.

Ruha, qui croît, qui grandit (en composit.) ; *ruhwan, rúxa (ruh, sa),* un arbre ; adjectiv. rugueux, âpre, hérissé, rude, acerbe ; lat. ruga, raucus ; germ. rauh ; angl. rough. *Rúḍi,* (du partic. *rúḍa*), croissance ; *rûpa,* (forme causat. de *ruh*), figure, forme, puis beauté, comme en latin, où formosus veut dire beau. *Rúpayâmi,* (dénom.), former, figurer ; *rúpavat, rúpin,* qui a une forme, une figure, beau, bien fait ; etc. A la fin des composés, *rúpa* répond assez à la désinence française aire : ex. *súryarupa,* solaire (mot à mot *soliformis*).

Rúśâmi, orner, parer ; *rúśayâmi,* trembler.

Rêka, doute, soupçon, crainte.

Rêjê, briller, trembler ; *rêjayâmi,* faire trembler, ébranler : *Marutô rêju-* *yanti rôdasi,* les Maruts font trembler le ciel et la terre.

Rêṭâmi, rêṭê, rêṭayâmi, parler, demander.

Rêpê, rêbê, rêḃâmi, rêvê, aller, sauter, bondir, flotter, être ballotté, rendre un son, crier, louer, célébrer ; *rêḃa,* chantre sacré ; *rêḃaṇa,* beuglement ; *rêvaṭa,* tourbillon de vent, poussière, chien, jongleur.

Rêśê, rendre un son inarticulé, hurler, hennir ; *rêśaṇa,* hurlement, hennissement.

Râyâmi, aboyer, hurler ; *ræ,* cri, aboiement, hurlement.

Ræ est absolument le *res* latin, c'est-à-dire primitivement richesse, biens, valeurs, et plus tard chose, Res publica, le domaine public, l'intérêt public.

CXLVI.

रोड्, रौड्   *Rôḍ*, un peu fou, méprise tout sans cause ;

रोहित्   *Rôhita*, rouge, et maintes autres choses.

लक्ष्   *Lax-ayâmi*, regarder, indiquer,

Noter d'un signe, observer, remarquer.

लग्   *Lag-âmi*, tient, adhère, et ne s'arrache

Qu'avec grand'peine à l'objet qui l'attache.

लघु, लङ्   *Laĝu*, léger ; *laṅgami*, va boitant.

लङ्   *Laṅġ* (aspiré), court, franchit en sautant.

लज्   *Laj-âmi*, blâme, ou d'autrui veut se rire ;

लज्   *Laj* (comme *ťṛj*), rôtit, grille ou fait frire.

APPENDICE.

Rôḍâmi, *ræḍâmi*, *ræṭâmi*, qui signifie mépriser, estimer peu, veut dire aussi être insensé, fou.

Rôhit, ou *rôhila*, rouge, et, par suite, soleil, sang, guerre, tout ce qui comporte de la rougeur. *Rôhiṇâ*, une femme qui rougit (soit de colère, soit de honte), ou une femme fardée (de rouge).

Laxayâmi, *laxayê* ; *laxa*, *laxaṇa*, *laxmaṇa*, *laxman*, marque, signe, note ; *laxmî*, beauté, splendeur, prospérité, la déesse Laxmî ; *laxya*, notable; etc. On écrit aussi *laććâmi*. Passif, *laxyê*, être observé, vu, signalé. *Tan na laxyalé*, cela ne se voit pas (c'est-à-dire, n'a jamais lieu).

Lagna, partic. de *lag*, attaché, adhérent ; au fig. attentif. *Lagnaka*, caution, obligation de commerce.

Laĝu (qui, malgré son esprit rude, équivaut, en étymologie, à ce que serait *lagu*), léger (dans tous les sens du mot) ; par conséquent, supportable, impondérable ; leste, etc. Grec, ἐλαχύς et ὀλίγος, latin, levis, lithuan. longwas, angl. light, etc.

Laṅga, action d'aller, de boiter ; rapprochement, union ; libertin.

Laṅgâmi, *laṅĝê*, *laṅgayâmi* (avec l'esprit rude) est le contraire du verbe à esprit doux. Au lieu de signifier boiter, il veut dire sauter lestement, franchir : ex. *girim*, une montagne, *çælân*, des rochers ; dépasser, surpasser, parcourir : *panťânam*, une route ; briller, parler. *Laṅĝana*, saut, bond ; au fig. dédain, mépris.

Lajâmi, calomnier, blâmer, menacer, railler.

Lajâmi, griller, faire frire.

CXLVII.

ल्लज़्	*Laj-âmi*, blâme, — *ayâmi*, vient, paraît ;
ल्लज्ज़्	*Lajj-ê*, rougit, est pudibond, discret.
लट्	*Lat-âmi*, hurle, et crie, et vocifère,
	N'est qu'un enfant, ou bien tel se veut faire.
लड्	*Lad-ayâmi*, c'est montrer, c'est tirer,
	Darder la langue et la faire vibrer.
लएड्	*Landê*, j'élève, — ou je prends la parole : —
लप्	*Lap*, ou pérore, ou parfois se désole.
ल्लभ्	*Laƀ* (ἔλαƀον), je prends, j'acquiers, j'obtiens
	Tout ce que l'homme estime être des biens.

APPENDICE.

Lajâmi, blâmer ; *lajayâmi*, paraître, apparaître.

Laj ou *lajjê*, causat. *lajjayâmi*, rougir ; *lajakârikâ*, la sensitive ou mimosa pudica ; *lajjâ*, honte, pudeur ; *lajjâlu*, qui rougit ; *lajjâvat*, *lajjâçila*, modeste, pudique, honteux ; *lajjyâ*, modestie, pudeur.

Latâmi, hurler, vociférer, parler comme un enfant, être un enfant ; *lata*, ignorant, qui parle comme un enfant ; *lataka*, homme de peu de valeur ; *lalla*, un misérable ; un homme vil ; *latwa*, homme appartenant à une tribu de sauvages ; au fém. femme sans pudeur.

Ladayâmi, agiter sa langue comme font les nourrices aux petits enfants, lat. lallo, angl. loll. *Ladayâmi*, veut dire aussi montrer, dans le sens de faire savoir. *Ladaha*, beau, agréable.

Landâmi, *landê*, *landayâmi*, parler.

Lapâmi, parler, lat. loquor ; se lamenter ; *lapana*, la bouche ; *lapita*, parole, langage, voix, plainte. Lat. loquor, loquela.

Laƀâmi, *laƀê*, gr. λαμƀάνω. Ce verbe veut dire aussi concevoir (devenir enceinte) ; au passif, se rencontrer, exister ; *laƀasa*, possession, richesse ; *laƀya*, qu'on peut ou qu'on doit acquérir ou rencontrer ; *laƀâmi jñânam*, j'obtiens la science ; *çântim*, la béatitude ; *lôkân çuƀân*, le paradis.

CXLVIII.

लम्ब्   *Lamb-ê*, tomber, choir, être en décadence;

लय्   *Lay-ê*, je marche en mesure, je danse.

लल्   *Lal-âmi*, joue, est gai, prend du plaisir;

Lâlayê, forme un souhait, un désir.

ला   *Lâ–mi*, donner; parfois saisir, étreindre;

लाज्   *Lâj-âmi*, blâme, il gronde, il se fait craindre.

लाट्   *Lât-yâmi*, vivre; et *lâta*, râpé, vieux;

लाभ्   *Lâᵀ*, envoyer, exciter de son mieux.

लिख्   *Liᵀ-âmi*, grave, écrit, dessine ou trace,

Gratte, refait, défait, ajoute, efface.

APPENDICE.

Lambâmi, *lambê*, tomber : *pṛṣṭa-tas*, sur le dos ; baisser, se coucher : *lambatê revimaṇḍalam*, le disque du soleil est à son déclin. Lat. labi, lapsus sum. *Lambana*, chute. *Lamba*, ligne verticale ; *lambita*, suspendu, pendant.

Layê, aller; même signification que *ray*, *vay*, *larv* et *li*. *Layaputrî*, danseuse ; *layâlamba*, danseur.

Lalâmi, *lalê*, *lâlayê*, *lalayâmi*, se confondent pour le sens avec *laḍâmi*, *laḍayâmi*, *lâḍayê*, tirer la langue; *lalana*, action de tirer la langue, amusement, jeu ; *lalita*, charmant, agréable, amusant, mouvement de la langue, jeu, beauté, charme ; et beaucoup d'autres mots. On écrit aussi *laçâmi*, *lasâmi*, *lasê*, *lasyâmi*, *lasyê*, *lâśayâmi*, *lasâmi*, lat. lascivus. Le grec λαλαγή (dulce ridentem Lalagen amabo) était-il étranger à ceci?

Lâmi (parf. *lalæ*), saisir, prendre ; donner. Comparez *dá*.

Lâjâmi, menacer, effrayer, blâmer, calomnier ; faire rôtir, frire. *Lâja*, grain mouillé, frit ou rôti.

Lâṭa, défaut, tare, vieille étoffe, vêtement usé, ne dérive pas de *lâṭyâmi* ; ce mot appartient à la racine *laṭ*, de la décade précédente.

Lâᵀayâmi, envoyer, exciter.

Liᵀa, action d'écrire ; ce qui est écrit, écriture ; *liᵀita*, un écrit, un manuscrit. On dit aussi *liṅgayâmi* ; d'où *liṅga*, trace, marque, emblème, signe.

CXLIX.

लिङ्ग्, लिङ्ग् *Liǹk̃, liǹg-ámi*, se meut, avance, va ;
Liǹga, nature, emblème de Çiva.

लिप् *Lip-a, lipi, limpa*, l'action d'oindre ;

लिश् *Liç-yê*, je suis ou je deviendrai moindre.

लिह् *Lih-ê, lêhmi, lihámi* ; grec, λείχω ;
Lécher (jadis *licher*) ; latin, lingo.

ली *Lí, layámi*, dissout et liquéfie ;
Lí (mais *liyé*), s'attache pour la vie.

लील् *Lil-â*, plaisir, passe-temps, jeu coquet ;
Lílôdyâna, joli jardin, bosquet.

APPENDICE.

Liǹkámi, liǹgámi, likámi, liǹga-yámi ; *liǹga*, la nature ou *prakṛti* dans le système *sâǹkya*. Le *lingam*.

Limpámi, limpê, oindre, enduire, frotter d'un corps gras, salir, souiller, au propre et au figuré ; gr. λιπάζω, ἀλείφω, λίπα, λίπος, etc. *Lipikara*, scribe, écrivain ; *lipiká*, écriture, écrit. *Liplaka*, flèche empoisonnée ; *limpaṭa*, débauché, homme qui favorise la débauche.

Liçyê, comme *liçyámi*, être ou devenir petit, amoindri, diminué, mutilé, angl. less ; *liçámi*, aller, se mouvoir.

Lihê fait au partic. *liḍa*, au désidérat. *lilixámi*, goth. laigô ; angl. lich. Nos aïeux disaient se « relicher les doigts. »

Láyámi, partic. *lina*, fut. 2. *lásyámi* ; *li*, dissolution, destruction.

Linámi, attacher à soi, obtenir ; *liyê*, s'attacher à, adhérer, se fixer à ou dans ; *likká, lixá*, ou *likkâ, lixâ*, lente, petit pou (qui s'attache).

Lilâ (mot dont l'origine est obscure), amusement, jeu, passe-temps, volupté, coquetteries d'une femme. De là le composé *lilôdyâna*, sorte de jardin d'Armide.

CL.

लुञ्च्   *Luñć ámi*, j'ôte, et de force j'enlève ;

लुञ्ज्   *Luñj*, être fort, frapper avec le glaive.

लुट्   *Lut, lôṭámi*, s'agiter et rouler ;

लुण्ठ्   *Luṇṭ-ayámi*, c'est dérober, voler.

लुड्   *Luḍ-ámi*, couvre, étreint, s'attache, embrasse ;

          Et *lôḍámi*, trouble, agite ou harasse.

लुन्थ्   *Lunt-ámi*, prouve aux combats sa valeur ;

          Cause ou ressent lui-même une douleur.

लुप्   *Lup, lumpámi*, briser, rompre, détruire ;

लुभ्   *Lub*, — au parfait, *lulôba*, — je désire.

APPENDICE.

Luñćámi, arracher : *kêçán*, les cheveux.

Luñjayámi, ou *lañjayámi*, être fort, frapper, prendre ; parler, briller.

Lôṭámi, luṭyámí, luṭámi, rouler, s'agiter en roulant : *pṛṭivîtalê*, par terre ; *luṭana, luṇṭá*, action de se rouler par terre ; *luṭita*, âne ou cheval qui se roule par terre.

Luṇṭámi, luṇṭayámí, lôṭayámi, dérober, voler ; *luṇṭáka*, voleur.

Luḍámi, lôḍámi, tôlámi (luḍ), agiter, ébranler : *vanam*, la forêt ; *manas*, le cœur ; s'attacher à, tenir à, couvrir, embrasser. On écrit aussi *lupyámi, lubámi, lumbámi, lumbayámi*.

Luntámi, frapper, tuer, causer de la douleur, en éprouver.

Lumpámi, lúmpê, briser, ruiner, perdre, retrancher, supprimer, violer, enfreindre : *ḍarmô na lupyatê*, la loi n'est pas violée ; *lupta*, partic. En lat. rumpere, ruptus. Substantiv. butin, proie, prise.

Lubyámi, lôhámi (luh), désirer ; lat. lubet, libet ; *lubḍa*, désireux, avide ; *lubḍaka*, chasseur, libertin, homme qui poursuit « ses lubies. »

CLI.

लू	*Lû-nâmi*, coupe, abat, taille, détruit ;
लूप्	*Lûp-áyâmi*, tue et vole sans bruit.
लूष्	*Lûš-âmi*, j'orne, ou bien dérobe et pille ;
लेख्	*Lêḱ-âyâmi*, je folâtre et sautille.
लेप्	*Lép-ê*, je vais où le veut mon devoir ;
लोक्	*Lôk*, regarder ; *lôka*, ce qu'on peut voir.
लोट्	*Lôṭ*, c'est agir en cervelle insensée ;
लोष्ट्	*Lôšṭ-a*, monceau, glèbe, terre entassée.
ल्पी, ल्वी	*Lpî, lwi-nâmi*, se dirige en avant ;
वक्क्	*Vakk-ê*, se meut ; *va*, le souffle, le vent.

APPENDICE.

Lunâmi, luṇê, couper, retrancher, abattre : *nâsâm*, le nez ; *paxân*, les ailes ; *vṛxam*, un arbre ; *vanam*, une forêt. *Lûnaka, lûnî*, coupure, blessure, coupe ; et plusieurs autres mots.

Lûpayâmi, lûšayâmi, lôšâmi, voler, dérober, blesser, tuer.

Lûšâmi, orner, parer, décorer, embellir.

Lêḱâyâmi, lêḱyâmi, folâtrer, chanceler.

Lêpê, aller, se rendre vers, honorer.

Lôkê, lôkayâmi, voir ; angl. look ; *lôka*, vue, vision ; puis le monde, l'univers, parce qu'il est l'ensemble des choses visibles ; puis les lieux, les hommes, l'humanité, enfin les mondains ; lat locus. *Lôkaxaya*, la fin du monde ; *lôkapâla*, roi, souverain ; *lôkôttara*, supérieur au monde. On écrit aussi *lôćê, lôćayâmi* ; d'où *lôćaka*, prunelle de l'œil ; *lôćana*, l'œil ; au causat. *lôćayâmi*, veut dire je fais voir, je brille, j'éclaire, je parle.

Lôṭâmi, être insensé. On écrit aussi *lôḍâmi, lœḍâmi*.

Lôšṭê, être en mottes, en gros morceaux ; mettre en tas. *Lôšṭa, lôšṭu*, motte de terre.

Lpî, lyî, lwi-nâmi, aller.

Vakkê, aller, se mouvoir ; *va*, vent, souffle, force, mouvement.

CLII.

वक्त्   *Vax-ámi*, croît, devient adulte, augmente ;

वब्   *Vak* (*vaŋk* aussi), se promène et serpente.

वच्   *Vać-mi* (jadis *vavaćmi*), c'est parler,

Réciter, dire, invoquer, appeler.

वज्   *Vaj*, vagari ; *vajra*, foudre et tonnerre ;

वञ्च्   *Vañć-ana*, fraude au prochain débonnaire ;

OEuvre de mal, magie, illusion,

Mensonge, erreur, hallucination.

वट्   *Vaṭ-ámi*, noue, enlace, entoure, habille ;

Fait le partage, ou bien parle et babille.

APPENDICE.

Vaxámi, partic. *uxita*, gr. αὔξω, lat. augeo, zend. ucs, lith. augu. *Vaxámi* veut dire aussi se mettre en colère ; *vaxaṇa*, *vaxas*, poitrine, irland. uchd ; *vaxas*, pour *uxan*, bœuf ; *vaxôja*, *vaxóruha*, sein, mamelle.

Vak et *vaŋkámi*, *vakámi*, *vaŋkê*, *vaŋgámi*, vaguer, aller çà et là, aller en ligne courbe, boiter ; *vaŋka*, détour d'une rivière, eau qui serpente ; *vaŋkya*, courbe, sinueux ; *vaŋgé*, se mettre en route, et comme *vaxámi*, s'irriter. On dit aussi *vajámi*, *vâjayámi* ; lat. vacillo, vagari ; lith. wingit.

Vaćmi, lat. vocare ; *vaća*, perroquet ; *vaćaknu*, parleur, babillard, loquace ; *vaćana*, parole, langage, discours ; *vaćas*, la parole sacrée, l'hymne ; et beaucoup d'autres mots.

Vañćámi, aller, parcourir, traverser ; au causat. *vañćayámi*, éviter, échapper à, moy. circonvenir, tromper ; *vañćaka*, *vañćuka*, trompeur, malhonnête, filou.

Vaṭámi, *vaṭayámi*, entourer, lier, entourer (vêtir ?); *vaṭa*, corde, lien ; *vaṭûkaraṇa*, investiture du cordon sacré ; et plusieurs autres mots. On écrit aussi *vaṇṭámi*, *vaṇṭayámi* ; d'où *vaṇṭa*, *vaṇṭaka*, part, portion. On dit également *vaṇḍámi*, *vaṇḍayámi*, *vaṇḍé*. Quant à *vaṭayámi* (mais non *vaṇṭámi*), il veut dire, soit distribuer, faire des parts, soit parler, dire.

CLIII.

वठ् *Vaṭ-ara*, sot, lourd, stupide, mauvais ;

वएठ् *Vaṇṭ-ê*, sans guide, à mon seul gré je vais.

वएउ, वद् *Vaṇḍ*, partager. *Vad-ê*, parle, s'exprime ;

वध्, वन् *Vad-a*, coup, meurtre, une blessure, un crime.

Vadu, femelle, et *van-âmi*, sonner ;

Mais *vanômi*, c'est vénérer, donner.

वन्द् *Vand-ê*, salué en inclinant la tête,

Et de louer, de vanter, se fait fête.

वप् *Vap-ê*, (passif *upyê*), je vais semant ;

वम् *Vam*, rejeter ; *vama*, vomissement.

APPENDICE.

Vaṭâmi, être gros et gras, assez fort pour ; *vaṭara*, épais, méchant, niais ; une cruche, un pot-à-l'eau.

Vaṇṭê, aller seul, sans compagnie ; *vaṇṭa*, homme non marié ; *vaṇṭara*, nuage.

Vaṇḍ, *vaṇḍê*, etc., partager, distribuer.

Vadâmi, *vadô*, *vadayâmi*, *vadayê*, parf. *uvâda*, parler, dire, commander, crier, appeler, lith. wadinu, j'appelle ; *vada* (en compos.), qui parle, qui interprète ; lat. vates. *Vadana*, bouche, larynx, gosier ; *vadanti*, un on-dit, une rumeur ; *vadânya*, éloquent ; *vadâvada*, qui parle bien ou beaucoup ; etc.

Vad (sans prés. ni imparf.), pousser, frapper, tuer ; *vadaśin*, avide de carnage, désireux de tuer ; *vadya*, qui doit être tué ; *vadyata*, condition d'un homme qui doit être tué.

Vadu, femme, bru, etc. ; en général, femelle.

Vanâmi, retentir, résonner ; *vanômi*, offrir, et, par conséquence, honorer, servir ; lat. veneror. Il signifie aussi tuer. On ne sait pas quelle est la liaison de cette racine avec *vana*, bois, forêt ; d'où beaucoup de mots.

Vandâmi, *vandê*, lat. vendo, vanter ; *vandaṭa*, prôneur, panégyriste ; *vandana*, salutation respectueuse ; *vandanîya*, digne de respect et de louanges ; *vandin*, flatteur ; et beaucoup d'autres termes.

Vapâmi, *vapê*, semer ; *vapa*, semailles ; *vaptṛ*, semeur, père ; *vapra*, terre végétale, champ ; et plusieurs autres mots ; gr. ὑφαίνω. *Vapus*, le corps (semence d'immortalité?).

Vamâmi, vomir ; lat. vomo, gr. ἐμέω, lith. wemju.

CLIV.

वभ्र् *Vabr-âmi*, court, circule par le monde ;

वय् *Vay-ê*, va, jette une sève féconde.

वर्च् *Varć-ê*, briller ; *varćas*, éclat, splendeur ;

वर्ण् *Varṇ-ayâmi*, dépeindre avec ardeur.

ववर् *Varvara*, nègre, hôte, étranger, BARBARE ;

वर्ह् *Varh-ê*, primer ceux que l'on nous compare.

वल् *Val-ê*, je cours, je me sens emporté ;

वल्क् *Valk-ayâmi*, je veux être écouté.

वल्ग् *Valg-âmi*, l'onde et saute et bondit fière ;

वल्भ्, वल्म् *Valb-ê*, manger ; *valmika*, fourmilière.

APPENDICE.

Vabrâmi, ou *babrâmi*, errer çà et là.

Vayas, âge, surtout la jeunesse ; *vayast'a*, *vayasya*, camarade, au fém. compagne ; *vayôðas*, jeune.

Varćaswin, brillant ; *varćayê*, devenir brillant.

Varṇayâmi, colorer, peindre, décrire ; raconter, louer, illustrer ; causat. de *varṇa*, couleur, dont la rac. est व्ṛ, couvrir.

Varvara (grec βάρβαρος), homme à cheveux crépus (comme les nègres), de caste vile ; étranger, BARBARE.

Varhê, être bon, distingué, éminent, veut dire en outre couvrir ; et *varhayâmi* signifie frapper, blesser, parler, briller. On écrit aussi *valhê*.

Valê, aller, se diriger vers, être attiré, s'attacher à : *hṛdayaṃ tasmin valatê*, le cœur est entraîné vers lui ; qquefois, se couvrir, se vêtir, d'où *valka*, *valkala*, *valkuta*, écailles de poisson, écorce d'arbre, vêtement des anachorètes.

Valkâmi, *valkayâmi*, parler.

Valgâmi, aller par bonds : *samudró valgati*, la mer moutonne ; *valgita*, saut, bond, galop ; *valgu*, bouc (animal sauteur). *Valgu* et *valguka*, beau ; *valgâ*, la bride.

Valbê, manger ; *valbana*, aliment.

Valmika ou *valmiki*, fourmilière. Cf. grec μυρμήξ et lat. formica.

CLV.

तल्वे	*Vallê*, je couvre, ou bien je meus ($\beta\dot\alpha\lambda\lambda\omega$);
वश्	*Vaç-mi*, je veux; nul ne me dit *nolo*.
वष्	*Váś-âmi*, frappe, immole en sacrifice;
	Vaśaṭ! vaśaṭ! dit le prêtre, à l'office.
वष्क्, वस्क्	*Vaśk* ou *vask-ê*, va, vient, peut se mouvoir;
	Vaśkayâmi, jette un regard, sait voir.
वस्	*Vas-âmi*, j'ai mon toit, mon domicile;
	Vasê, je suis à me vêtir habile;
	Vasyâmi, fixe et solide je rends;
	Vâsayâmi, j'aime, et parfois je fends.

APPENDICE.

Vallê, couvrir, signifie aussi mouvoir; et dans cette seconde acception il se rapporte au grec $\beta\dot\alpha\lambda\lambda\omega$.

Vaçá, vache, femelle; *vaçitwa*, empire sur autrui; *vaçin*, qui a la volonté, le pouvoir, l'empire; *vaçikarômi*, soumettre, dominer; *vaçya*, soumis, obéissant; *vaçiaká*, femme soumise; *vaçyâtman*, qui est maître de lui-même. Lat. vacca?

Vaśâmi, frapper, blesser, tuer; *vaśaṭkâra*, l'action de crier *vaśaṭ*; *vaśaṭhṛta*, ce sur quoi le prêtre a crié *vaśaṭ!* au moment de l'offertoire.

Vaśkaya ou *vaskaya*, veau d'un an; *vaśkayaṇi*, vache qui vêle tous les ans; *vaska*, mouvement, continuation, persévérance.

Vasâmi puré, je demeure dans la ville; *vasé vastram* ou *vastrê*, je revêts un habit ou je me revêts d'un habit, lat. vestire, gr. $\dot\epsilon\sigma\theta\dot\eta\varsigma$, goth. vasja; *vasati, vasana, vasi, vasu, vastu* (gr. $\dot\alpha\sigma\tau\upsilon$), habitation, maison, résidence, vêtement, ornement, bien, richesse, ville; *vasanta*, le printemps; slav. vesna, lat. ver, gr. $\ddot\epsilon\alpha\rho$; et beaucoup d'autres mots, avec des significations diverses.

CLVI.

वस्त्	*Vast-ayé*, heurte, endommage, bouscule ;
वह्	*Vah-é*, je porte ; et *vaha*, véhicule.
वंह्	*Vanh-é*, pousser, monter, croître, grandir ;
	Vanhayâmi, bien parler, resplendir.
वा	*Vâ-mi*, souffler ; *vâyâmi*, je me fane ;
वाञ्छ्	*Vâγx-âmi*, forme un vœu saint ou profane.
वाड्, वाध्	*Vâḍ-é*, se baigne, et *vaḍa*, coup, fardeau ;
	Vâr, l'onde pure, et *vâri*, le pot d'eau.
वाश्	*Vâç-é*, vagir ; *vâçi*, le feu, la flamme ;
	Vâçita, cri, d'oiseau, d'enfant, de femme.

APPENDICE.

Vastayé, dévaster ; lat. vastare. *Vasta*, choc, heurt ; bouc.

Vahâmi, *vahé*, porter : *pṛṣṭéna*, sur son dos ; *raťéna*, sur un char ; *açwéna*, à cheval ; *plavéna*, en bateau ; apporter, amener, transporter, emmener ; épouser (comme en lat. ducere) : *Kanyam*, une jeune fille ; aller, marcher, avancer : *Vahaty anila*, le vent souffle. Lat. veho ; gr. ὀχέω ; lith. vezu. *Vaha*, tout ce qui peut porter : épaules, dos, char, bateau, vent, flot. route ; lat. via ; germ. wogen ; angl. wave ; fr. vague. De là, force dérivés et composés.

Vanhé, *vanhayâmi* ; comparez *banh*, *vṛ* et *ranh*.

Na râti pavanas, le vent ne souffle pas. Gr. ἄω, ἄημι, ἀήρ ; lat. aer. *Vâyâmi*, être exposé au vent, se dessécher, se faner ; figur. devenir languissant. Gr. αὔω, αὔρα ; lat. aura.

Vâγxâmi, désirer, angl. wish. Comparez *káγx*. On dit aussi *vânčâmi*, *vânčé*. *Vânčâ*, désir ; *vânčin*, désireux, au fém. femme passionnée.

Vâḍé, comparez *bâḍé*. *Vâḍavéya*, taureau ; compar. *baḍavâ*.

Vâḍé, *bâḍé*, tourmenter, frapper ; *vâḍâ*, *bâḍâ*, peine, misère ; lith. bêda.

Vâri, le pot-à-l'eau (de *vâr*, eau). Varouna, le dieu des eaux célestes, Oὐρανός. *Vâr* correspond à l'antique racine latine *ur* ; d'où urceus, pot-à-l'eau : urinam effundere, verser de l'eau ; urinator, plongeur.

Vâçé, *vaçyé*, vagir, crier, hurler. Comparez ιać.

CLVII.

वाह्   *Vâh-ê*, s'efforce et s'applique ardemment ;

वि   *Vi*, ce préfixe indique éloignement,

Privation, perte ; — état d'une chose

Qui se divise ou se métamorphose.

विच्   *Viĉ* (*viñĉ* aussi), mettre à part, retrancher ;

विछ्   *Viĉĉ-ayâmi*, tendre vers, s'approcher.

विज्   *Vij-ê*, j'ai peur, je tremble, je frissonne ;

विट्   *Vit, vêtâmi*, retentit et résonne.

विड्   *Vid, vêdâmi*, vocifère en jurant ;

विणट्   *Vint-ayâmi*, déchoit, s'en va mourant.

APPENDICE.

Vâhê, causat. *vâhayâmi*, employer, se servir : *dandam*, d'un bâton. Voir *bâh* et *vah*.

Vikarômi, défaire ; *vigaĉĉâmi*, s'en aller, mourir ; *viguna*, privé de qualités. Le préfixe *vi* se place devant une foule de mots pour marquer éloignement, différence, modification, division, rupture, transformation. C'est le *ve* initial latin : *vecors*, sans cœur ; *vesanus*, privé de bon sens ; *vejovis*, un faux Jupiter.

Vinaĉmi, viñĉê, séparer : *jivitêna yôdân bahûn vivêĉa*, il ôta beaucoup de guerriers du nombre des vivants· On écrit aussi *vévêjmi*, *vévijê*, de *vij* au lieu de *viĉ*.

Viĉĉayâmi, signifie en outre briller, et, par suite (comme toujours), parler.

Vinojmi, vijê, parf. *vivêja*, partic. *vigna*, trembler.

Vêtâmi, résonner. Comparez *bit*. *Vitapa*, rameau, branche, bourgeon.

Vêdâmi, jurer, vociférer, proférer des imprécations. Comparez *bit* et *vit*.

Vintayâmi, déchoir, dépérir, périr.

CLVIII.

विघ्   *Viŧ, vêŧê*, prie, implore l'assistance,
          Est suppliant, demande avec instance.

विद्   *Vid* (grec οἶδα), — d'où les Vêdas ; — je vois,
          Je sais, je sens, j'apprécie et je crois.

विल्   *Vil-a*, caverne, antre, cavité sombre ;
          Vilâmi, cache et couvre de son ombre.

विश्   *Viç-ê*, partir, commencer ; *viçwa*, tout ;

विष्   *Viś–a*, poison ; *véśâmi* l'offre au goût ;
          Mais *vévéśmi*, j'accomplis, j'exécute,
          Je me rends à, je viens vers, j'entre en lutte.

APPENDICE.

Véŧê, parf. *viviŧé*. Comparez *viŧ* et *véŧ*.

Yad viŧŧa lad brúta, dites ce que vous savez ; *étad iččámi véditum*, je désire savoir cela. *Vid* (à la fin des comp.), qui sait; *vidal, vidaŧa*, sage, savant, pandit ; *vidá*, connaissance, le Vêda (la science par excellence). Lat. video ; gr. εἴδω, οἶδα ; goth. vait ; lith. veizdmi ; *vindámi*, trouver, rencontrer, obtenir ; *védayámi*, habiter.

Vilâmi, couvrir, voiler ; *vélayámi*, jeter.

Viçámi, viçê, entrer, aller vers :

jwalanam pradiptam pataŷgá viçanti, les insectes volent vers la lampe allumée ; procéder : *dixám*, à un sacrifice ; *viç* (nominat. *viŧ*), entrée.

Viçwa, tout. D'où *viçwakarman*, l'Auteur (suprême) de toutes choses ; et une foule d'autres composés.

Véśâmi, verser, répandre ; *viś*, l'action de répandre, excréments, ordure ; *viśa*, poison, venin, eau, liquide ; lat. virus. Cette racine forme un très-grand nombre de mots.

De *viś* dérive encore le verbe *viśnâmi*, séparer, désunir, rompre.

CLIX.

विष्क्   *Visk-ayâmi*, je vois, j'ouvre les yeux;

वी   *Vî, vêmi*, va : *dévân*, avec les dieux.

वीज्   *Vij-é*, pousser; *vijayâmi*, j'excite;

वीर्, वुज्ञ्   *Vîr-a*, héros; *vuṅg-âmi*, laisse et quitte.

वुण्ट्   *Vuṇṭ-ayâmi*, tomber; *vṛṇê*, choisir;

वृक्   *Vṛk-a*, chacal, loup, chien; *varkê*, saisir.

वृत्   *Vṛx-ê* (voir *vṛ*), je couvre de mon ombre;

Ce mot produit d'autres mots en grand nombre.

वृज्   *Vṛj, varjâmi*, perdre, exclure, écarter,

Faire abandon d'une chose, éviter.

APPENDICE.

Viškayâmi, verbe peu usité.

Vêmi, aller, obtenir, accueillir, désirer, manger, porter, mener, jeter, concevoir, enfanter; *vî*, mouvement, progression; *vîka*, l'air, le vent, un oiseau; et beaucoup de composés.

Vijé, pousser, croître; *vijayâmi*, faire aller, agiter, éventer; *vija*, semence, origine, cause, la vérité considérée comme principe des êtres; *vija rûha*, le grain, le blé; et beaucoup d'autres mots.

Vîra, héros; *vîrâ*, béroïne; *virayâmi*, se montrer fort et valeureux. Grec ἥρως; lat. vir; *vîryâ*, vigueur, énergie. Lat. vis, vires?

Vuṅgâmi; voir. *buṅg*.

Vuṇṭayâmi, tomber, périr, dépérir; voir *viṇṭ*.

Vṛ ou *vṛ* et *vṛç, varâmi, varê, vṛnômi, vṛṇwê, vṛṇâmi, vṛṇê, vṛçyâmi*, choisir, vouloir, désirer, couvrir, cacher, interdire.

Vṛk, varkê, prendre, saisir.

Vṛxa, vṛxaka, arbre; *vṛxaćara*, singe; *vṛxaḇid*, hache; *vṛxamarkaṭikâ*, écureuil, *vṛxavâṭikâ*, jardin, bosquet; *vṛxâlaya*, oiseau; *vṛxâvâśa*, ascète; et beaucoup d'autres mots.

Vṛj ou *vṛć, varjâmi, vṛṇajmi, vṛṇaćmi; varjayâmi dôśam*, j'évite uno faute.

CLX.

वृत् 　*Vṛt, varté,* vit, se trouve, se comporte,
　　　　Est et se meut de telle ou telle sorte.

वृध् 　*Vṛă-di,* croissance ; une sorte d'augment ;
　　　　Vardé, grandit, prend de l'accroissement.

वृष् 　*Vṛś, varśámi,* verser, pleuvoir, répandre ;
　　　　Et *varśayé,* domine, est fort, engendre.

वृंह्, वृंह् 　*Vṛh, vṛṅh-ámi,* c'est grandement agir,
　　　　Croître, élever ; briller, parler ; mugir.

वे 　*Vé, vayámi, vayé,* je couds, je tresse,
　　　　Je fais des nœuds, je tisse avec adresse.

APPENDICE.

Vṛtti, état, condition, manière de vivre, profession, métier ; *varté,* de *vṛt,* forme une foule de mots ; il répond au latin vertere, versari, et surtout à l'allemand werden.

Vṛdăa, adulte, savant, sage, vieillard ; *vṛdăakrama,* rang dû à l'âge ; *vṛdăasaṅga,* assemblée de vieillards ; *vṛdasána,* un homme ; et beaucoup d'autres mots. La *vṛdăi* (qui n'est pas un augment verbal proprement dit), est l'accroissement de la voyelle au second degré (le premier degré étant le *guṇa*).

Varśámi, varśé, varśayé, pleuvoir, arroser, répandre comme une pluie : *çóṇitam,* du sang ; *puśpáni,* des fleurs. Gr. βρέχω ; vieux franç. il verse (il pleut *à verse*) ; frapper, blesser, tourmenter, affaiblir, avoir la vertu génératrice ; *vṛśa,* un mâle, un taureau, un athlète ; gr. ἄρσην ; *vṛśan,* Indra (qui fait pleuvoir) ; *vṛśṭi,* la pluie ; et beaucoup d'autres mots.

Vṛhámi, varhámi, vṛṅhámi, vṛṅhayámi ; vṛhat, grand ; *vṛhati,* discours, hymne, stance védique.

Véṇi, tissage, chignon. *Vayámi, vayé,* lat. vieo, angl. weave, germ. weben, emprunte des personnes et des temps à la racine *úy* : exemple, 3e pers. plur. *vavus, úvus, úyus* ; p. moy. *vavé, úvé, úyé* ; opt. *úyásam* ; ps. *úyé* ; p. p. *uta.* Comparez *vyé.*

CLXI.

वेण् *Vên-ê*, je veux penser, aimer, louer ;

Je prends (*vinâm*, un luth, pour en jouer).

वेथ् *Vêt-ê*, demande, implore, sollicite ;

वेप् *Vêp-as*, frisson que la frayeur excite.

वेल् *Vêl–âmi*, va, s'avance, suit son cours,

En s'ébattant et vacillant toujours.

वेष् *Vêṣṭ-ê*, vêtir ; *vêṣṭâmi*, j'environne ;

Vêṣṭaka, mur, turban royal, couronne.

वेस् *Vês-âmi*, j'aime, attends, désire un bien ;

वेह् *Vêh-ê*, s'efforce, et bien souvent pour rien.

APPENDICE.

Vêṇâmi, *vêṇê*, *vêṇayâmi*, aller, s'élever, percevoir, connaître, adorer, désirer, favoriser ; *vêṇa*, homme de la caste des musiciens ; *vêṇu*, roseau, flûte ; *vêṇuâma*, *vêṇuvâda*, *vænavika*, *vænika*, *vænuka*, joueur de flûte. On écrit aussi (par l'*n* sans point) *vên : vêna*, bien-aimé.

Vêtê, comparez la racine *vit*, qui a le même sens.

Vêpâmi, *vêpê*, trembler : *vêpatê mahî*, la terre tremble ; *biyâ vêpatê*, il tremble de peur. *Vêpatu*, *vêpana*, *vêpas*, tremblement ; *vêpayâmi*, ébranler, faire trembler.

Vêlâ, limite, borne, rive, le temps ; *vêlayâmi*, calculer le temps, l'annoncer. On écrit aussi *vêhl* et *vêll* : *vêlla*, mouvement, vacillement, ébats : *vêllana*, action de se mouvoir, de s'ébattre ; *vêlli*, plante volubile.

Vêṣṭayâmi, entourer : *puram balæs*, une ville de troupes ; *væṣṭra*, un univers ; vêtir, investir ; *vêṣṭaka*, qui enveloppe, mur, clôture, turban ; *vêṣṭana*, action d'envelopper, diadème, tiare, etc. Lat. vestio ?

Vêsâmi, se porter vers, aimer, désirer.

Vêhê, s'appliquer, s'efforcer ; *vêhati*, vache qui avorte ; *vêhâyê*, avorter. Compar. niti, nitor, parf. nixus sum, enixa est, les idées d'effort et d'enfantement menant de l'une à l'autre.

21

CLXII.

व्यच्   *Vyać* (voyez *vić*), s'étend et se prolonge ;
Au figuré, circonvient par mensonge.

व्यथ्   *Vyat-é*, troublé, se faner, dépérir ;
D'où *vyaťá*, peine, émoi qui fait souffrir.

व्यध्   *Vyad̮, vidyâmi*, perce, et d'une main sûre,
Par foudre ou fer, inflige une blessure.

व्ये   *Vyê, vyayâmi*, j'enveloppe et revêts ;

व्रज्   *Vraj*, d'un pas vif ou d'un pas lent, je vais.

व्रण्   *Vraṇ*, retentit, ou bien meurtrit et navre,
Car des *vraṇâs* font d'un homme un cadavre.

APPENDICE.

Vićâmi, embrasser par son étendue : *viviak pṛťivîm*, il s'est étendu par toute la terre ; figurément, circonvenir, tromper.

Vyaťaka, émouvant, affligeant, douloureux ; *vyaťa*, émotion, peine, crainte ; *vyaťayâmi*, émouvoir, tourmenter, affliger, effrayer.

Vyad̮a, action de percer, de blesser, trou, blessure ; *vyadya*, une cible. *Véddum vâṇêna*, blesser d'une flèche ; *vidyutá*, d'un coup de foudre.

Vyayâmi, vyayê. Comparez *vêṣṭâmi, vêṣṭê*.

Vrajâmi, vrajê, aller, s'avancer : *vraja máćiraṃ*, va sans retard ; *taṃ vraja*, va le trouver ; *jarâṃ vrajê*, je deviens vieux ; *vinâçaṃ vrajati*, il court à sa perte ; *vraja*, chemin, route ; *vrajyá*, marche, mouvement en avant, attaque, assaut ; *vráji*, coup de vent.

Le verbe *vraṇ*, quand il forme *vraṇyâmi*, signifie résonner, retentir. (Comparez *ḃraṇ* et *swan*) ; mais, quand il se conjugue en *vraṇayâmi*, il a un sens tout différent, il veut dire blesser. Un *vraṇa* (terme qui se retrouve dans le slave runa, dans le lith. rônu et dans le latin vulnus), c'est une blessure. *Vaṇakṛt*, qui vulnerat.

CLXIII.

व्रश्च्   *Vraçć-âmi* (¹), fend (*tarûn*, des arbrisseaux);

Je hache, scie, ou découpe en morceaux.

व्री   *Vrî, vri-ṇâmi,* fait choix, a préférence;

व्रीड्   *Vrîḍ-a,* pudeur, modeste révérence.

व्रीड्   *Vrîḍ-yâmi,* c'est mouvoir, brandir, lancer;

व्रीस्   *Vrîs-ayâmi,* tuer, au moins blesser.

व्रुड्   *Vruḍ,* veut couvrir, il amoncelle, entasse,

Parfois il tombe au fond de l'eau qui passe.

व्ली   *Vlî, vli-nasi,* tu protéges les tiens,

Tu les choisis, les défends, les soutiens.

(¹) Devant la subséquence des deux caractères *ç* et *ć*, l'œil s'étonne, tout comme l'oreille s'effarouche devant le besoin de les prononcer. Et cependant il y a là plutôt inaccoutumance que difficulté réelle. En fait, il est aussi peu impossible d'ajouter au groupe *st* l'articulation représentée par *sh* en anglais (par *sch* en allemand, par *ch* en français) que toute autre consonne. — *Stchâ* n'exige pas plus d'effort d'émission que *stlâ* ou *strâ*; et tout se réduit au dérangement des habitudes.

APPENDICE.

Vraçćâmi (vras-tchâmi), mot d'une prononciation assez étrange pour nous. Il a pour dérivé *vraçćana (vrastchâna)*, petite scie ou ciseau; l'action de couper, de blesser.

Vrîṇâmi et *vriṇâmi*, choisir; au pass. et classe 4, *vrîyé*, être choisi.

Vrîḍyâmi, rougir, avoir honte; *vrîḍita*, qui rougit, pudibond; *vrîḍa* où *vrîḍâ* et *vrîḍana*, pudeur, modestie, respect, timidité.

Vrîḍyâmi vâṇam, je lance une flèche; *vriḍana*, mouvement, abaissement : *hanwôs*, des mâchoires.

Vrisâmi, vrisayâmi, frapper, blesser, tuer. On écrit aussi *vrûsâmi*.

Vruḍâmi, couvrir, accumuler; être submergé, aller au fond.

Vlinâmi, vlinâmi, aller, choisir, tenir, soutenir; causatif, *vlêpayâmi*. Comparez les racines *vrî* et *vṛ*.

CLXIV.

शक्   *Çak-nômi*, peut ; *çakita*, qui peut être ;
Çakta, vigueur ; *çakra*, tout-puissant, maître.

शङ्क्   *Çaṅk-ê*, redoute, est toujours soupçonneux ;
Çaṅḱa, la conque, aux bruits sourds, caverneux.

शच्   *Çać-ê*, parler, s'exprimer en bons termes ;
शउच्   *Çañć-ê*, je marche à pas lents et peu fermes.

शठ्   *Çaṭ*, se briser, perdre au moins sa santé ;
शाठ्   *Çaṭ-a*, coquin ; *çaṭaṭâ*, fausseté.

शण्   *Çaṇ-a*, le chanvre et sa corde ou ficelle ;
शाएड्   *Çaṇḍ-ê*, j'amasse, accumule, amoncelle.

APPENDICE.

Çaknômi, çakyâmi, çakyê, pouvoir : *na çaxyanti jîvitum*, ils ne pourront vivre ; *çakti*, puissance, énergie active ; *çakya*, possible ; et beaucoup de composés.

Çaṅka, çaṅku, soupçon, crainte ; *çaṅkita, çaṅkin*, qui soupçonne, qui se doute, qui craint ; *çaṅkura*, dont il faut se défier, qui est à craindre.

Çaṅḱa, conque ; gr. κόγχη, lat. concha.

*Çać*í, éloquence, élocution facile.

Çañćê, aller, se mouvoir.

Çaṭâmi, s'en aller en morceaux, se dissoudre ; activ. mettre en morceaux ; être malade, triste, affligé.

Çaṭâmi, çaṭayâmi, çaṭayê, blesser, tuer ; tromper ; avoir la démarche et le costume d'un fainéant ; louer, flatter ; parler bien ou mal ; être vrai ou faux ; *çaṭa*, faux, trompeur, coquin, fainéant, sot, idiot.

Çaṇâmi, donner ; *çaṇa*, chanvre, flèche ; gr. κάνναβις, lat. cannabis ; franç.. jadis chennevise ou chennevine, d'où la chanvne, la chancvre (plus tard le chanvre). Proprement, c'est *çaṇasûtra* qui signifie la ficelle du chanvre et le fil qu'il produit.

Çaṇḍê, comme *çaṭâmi*, être malade ; amasser ; *çaṇḍa*, taureau en liberté ; eunuque.

CLXV.

शद्   *Çad* (cadere), tombe et choit tristement;

शप्   *Çap-ámi*, jure ; il maudit par serment.

शम्   *Çam*, se calmer, voir en paix par l'étude,

     Créer partout repos et quiétude.

शर्ब्   *Çarb-é, çarvé*, sombre et terrible va

     Donnant la mort ; *Çarva*, le dieu Çiva.

शल्   *Çal-ámi*, court ; *çala*, le dard rapide ;

शल्भ्   *Çalbʾ-é*, je vante en flatteur intrépide.

शव्   *Çav-ámi*, j'ôte, enlève et fais partir ;

     Çava, corps mort, qu'on est prompt à sortir.

APPENDICE.

Çad, au parf. *çaçáda*, tomber, périr, lat. cadere ; *çadri*, nuage, éléphant, éclair ; *çadru*, qui va, qui tombe ; au causat. qui détruit, qui dévaste.

Çapámi, çapyámi, çapé, çapyé, jurer : *danuśá çapé*, je jure par cet arc ; *çapa, çapatʾá, çapanu*, serment, (sacramentum), adjuration, et par suite malédiction (ex secratio).

Çamyámi, s'apaiser, devenir immobile, se calmer, cesser, être en paix, exempt de trouble ; actif, mettre au repos, rendre immobile, tuer. En outre, regarder, voir, et même faire voir : *çamya má çućas*, calme-toi, ne gémis pas ; *çamaka*, qui calme ; *çamana*, action de calmer, de se calmer, quiétude produite par la méditation.

Çarbámi, çarbé, çarvámi, aller, tuer ; *çarva*, Çiva; *çarvara*, sombre ; substant. l'un des deux chiens nés de Saramâ, gr. Κέρβερος ; *çarvari*, la nuit ; *çarváṇi*, Durgâ, épouse de Çarva.

Çalé, moyen de *çalámi*, s'étendre sur, couvrir ; *çalayô*, comme *çaʾayé* et *çalbé*, louer, flatter, vanter ; *çala, çaláká, çalya*, dard, pique, javelot, flèche, aiguillon du porc-épic.

Çalbé (*çubayé* aussi), louer, flatter, vanter ; se vanter.

Çavámi, aller, ôter : *çavati çittam Kámas*, l'amour fait perdre la raison ; *çava*, cadavre ; *çavayána*, corbillard ; *çavara*, Çiva (enleveur) ; *çavasána*, cimetière. Ce dernier mot a aussi, mais dans les Vêdas seulement, le sens de voyageur.

CLXVI.

शम् *Çaç-âmi*, court, comme en proie à la fièvre,
Saute et bondit; *çaça, çaçaka*, lièvre.

शष्, शस् *Çaś*, ou bien *ças*, frapper, blesser, tuer,
Dans la mêlée en armes se ruer.

शंस् *Çaṅs* indiquer; *çaṅsas*, hymne ou louange,
Récit, discours, vœu *que chaque jour change*.

शाक् *Çâk-a*, légume, et *çâk* occupe un lieu ;

शाड् *Çâḍ-ê*, louer, célébrer quelque dieu.

शार्दूल शास् *Çardûla*, tigre, et *çâs-mi*, je commande ;
Çâsê (moyen), j'implore, je demande.

APPENDICE.

Çaça (et *çaçaka*), lièvre; russe, zaer; allem., par le changement de la sifflante en aspirée, hase; franç., une hase.

Çaçâdara, çaçâẏka, çaçin, signifient la lune, astre (dont les taches paraissent, aux brahmes, ressembler à celles d'un lièvre).

Çasana, immolation; *çastra*, arme, fer, sabre, couteau; *çastrajîvin*, soldat de profession; *çasya*, qui doit être frappé, tué, immolé. On écrit aussi *çaṅsâmi, çêśâmi* (de *çiś*) ; et, pour signifier dormir, *çaṅstâmi, sasâmi*.

Çaṅsâmi, çaṅsê, indiquer, montrer, raconter, dire, célébrer, louer, désirer, souhaiter, lat. censeo; c'est le *thati* des Perses (*thati Dârayaras*, Darius déclare); *çaṅsayâmi*, faire exécuter; *çaṅsitavrata*, qui a accompli un vœu; *çaṅsin*, qui indique, qui raconte, qui célèbre; *çaṅstṛ*, panégyriste, flatteur; *çaṅsťa*, heureux; *çaṅsya*, désirable.

Çakâmi, embrasser, occuper, remplir; *çâka*, branche.

Çâḍê ou *çâlê*, louer, célébrer.

Çârdûla, tigre. (On ignore l'étymologie de ce mot, lequel est pris toujours en bonne et noble part.)

Çasmi, ordonner, régir; *daṇḍaś çâsti prajâs*, le châtiment régit le peuple; gouverner, commander, punir; *çâsana*, ordre, précepte, édit, contrat; *çâsitṛ*, celui qui régit, maître, instituteur; *çâsti*, sceptre, gouvernement; *çâstrin*, savant, pandit; etc. *Râjñi râjyam açiśat*, la reine gouverna le royaume; *ity açât*, tel est l'ordre qu'il donna; *çiśyân çiśyad âarmêṇa*, qu'il punisse justement les élèves. Au moy. *çâsê* (vêd.), implorer, demander : *tam twâṃ vayaṃ çâsmahê*, nous te le demandons.

CLXVII.

शि · · · · · · · · · · · · *Çi-nwê*, j'aiguise une arme ; au figuré,
Je rends l'esprit plus vif, plus acéré.

शिङ्ख्, शिङ्घ् · · · *Çiÿk-âmi*, va, se meut. *Çiÿġâmi*, flaire ;
शिञ्ज् · · · · · · · · *Çiñj-ê*, tinter ; *ciÿġaṇa*, vase en verre.

शिट् · · · · · · · · · *Çiṭ, cêṭâmi*, rendre aux gens peu d'honneur ;

शिल् · · · · · · · · · *Çil-a*, l'épi laissé pour le glaneur.

शिष् · · · · · · · · · *Çiś, çinaśmi*, je laisse, j'abandonne ;
Çiś-yê (passif), rester, même en personne.

श्री · · · · · · · · · · *Çî* (fait *çayê*), — d'où *quies*, — κεῖται, dort,
Repose et gît, *fût-ce aux bras de la mort.*

APPENDICE.

Çinômi, çinwê, aiguiser, exciter, égayer : *çiçihi râya âḃara*, réjouis-nous, apporte-nous les richesses. Lat. cio, cieo.

Çiÿkâmi, aller, se mouvoir.

Çiÿġâmi, flairer ; *çiÿġâṇa*, le mucus nasal ; *çiÿġâṇaka*, phlegme, humeur lymphatique. *Çinÿġana*, un vase de verre (pourquoi ?).

Çiñjê, tinter : *gaṇṭâs çiçiñjirê*, les cloches ont tinté ; *çiñja, çiñjila*, tintement ; *çiñjin*, qui tinte ; et plusieurs autres mots.

Cêṭâmi, dédaigner, mépriser.

Çilâmi, glaner ; *çila*, épi qui reste après la moisson pour les glaneurs ; *çili*, barbe de blé, flocho ; *çilâ*, pierre, roc ; (lat. silex).

Çinaśmi, laisser ; au pass. *çiśyê*, être laissé, être de reste, rester : *Yuẟi çiśyatê*, il reste sur le champ de bataille (il est tué) ; *çiśṭâ tê damayanty êkâ*, il ne te reste que Damayantî.

Çayê, être étendu, s'étendre : *çiçyê harir udaẟw*, Hari se coucha sur la mer. Lat. quiesco, quies. Gr. κεῖμαι, κοιμητήριον, cœmeterium, cimetière (champ du repos).

CLXVIII.

शीक्   *Çîk-ayâmi,* brille et parle, illumine ;

     Çîkâmi, geint, souffre, endure et se mine ;

     Çîkê, marcher, s'avancer, se mouvoir,

     Répandre à flots, verser, faire pleuvoir.

शीभ्   *Çîb̂-ê,* se flatte et soi-même s'honore ;

शील्   *Çîl-âmî,* pense ; — *ayâmi,* tente, explore.

शुक्, शुच्   *Çuk,* va, se meut ; *çuć-yê,* tend à moisir ;

शुच्   *Çuć,* pleure et geint, vif est son déplaisir.

शुच्य   *Çućyâmi,* brasse, exprime un suc, distille ;

शुट्, शुण्   *Çut, çun-âmi,* va boitant ou vacille.

APPENDICE.

Çiçîkê çônitaṃ vyôma, le ciel versa une pluie de sang ; *çîkara,* petite pluie, pluie chassée par le vent ; *çîǵra, çîǵriya,* prompt, rapide ; *çîǵra-gâmin, çîǵravêga,* qui va vite ; *çîǵra-yê,* se hâter ; et beaucoup d'autres mots.

Çîbê, se glorifier.

Çîlâmi, çîlayâmi, faire, méditer, considérer, visiter, parcourir, essayer ; *çîla,* doué de, versé dans ; *çîlana,* étude pratique des çâstras faite en vue de la vertu ; *çîlavat,* doué d'un bon naturel, moral, vertueux ; et beaucoup d'autres mots.

Çâkâmi, aller.

Çućyâmi, çućyê, devenir humide, se pourrir, veut dire aussi être pur, clair, transparent, briller d'un pur éclat ; éclairer ; *çući,* clair, transparent, le feu, le soleil, la lune, la saison chaude, la planète de Vénus ; au figuré, la pureté morale ; *çurćivar-ćayê,* acquérir un pur éclat ; *çurćiyê,* devenir pur ; et beaucoup d'autres mots.

Çuć, pleurs, gémissement, regret, affliction, d'où le verbe *çôćâmi, çôćê, çôćimi,* pleurer, gémir, déplorer, regretter (avec l'accus.).

Çućyâmi, distiller, baratter.

Çôṭâmi, çuṇâmi, çuṇṭâmi, aller, boiter. Comparez *çôṇâmi.*

CLXIX.

शुण्ट्   *Çunt-ayâmi*, dessèche, est desséché ;

शुध्   *Çud*, vivre pur, sans tache ni péché.

शुभ्   *Çub*, *çumbâmi*, *çóbê*, je frappe, tue,
J'orne, étincelle, à parler m'évertue.

शूर्   *Çur-a*, lion, héros, astre brillant ;
Çuryê (parfois *çûryê*), je suis vaillant.

शुल्क्   *Çulk-a*, l'impôt, la taxe, le péage,
Arrhes, profits, gain de femme en ménage.

शुल्व्   *Çulv-ayâmi*, produire, mesurer ;
Çulva, cordon ; loi, règle à révérer.

APPENDICE.

Çunțâmi, *çunțayâmi*, rendre sec ou le devenir. Ce sont les deux sens du verbe français sécher.

Çudyâmi, *çudyê*, *çundâmi*, *çundê*, *çundayâmi*, être ou devenir pur, clair ; nettoyer, se nettoyer ; au fig. être purifié, et, par suite, être effacé : *na hastâ rudirêna çudyatas*, les mains ne se lavent pas avec du sang ; *na vârinâ çudyaty antarâtmâ*, la conscience ne se lave pas avec de l'eau ; *pâpam vêdâbyâsêna çudyati*, le péché est effacé par la lecture du Vêda ; *çudâa*, pur, clair, blanc, sans tache, sans péché ; *çunâyu*, le feu ; et beaucoup d'autres mots.

Çuba, beau, brillant, heureux, éminent, distingué, bon : *yat aêarati karma nâras çuba-açubam*, toute action pure ou impure (c'est-à-dire bonne ou mauvaise) que commet un homme. On voit, par cette citation, que *çuba* se prend dans le sens de bon, moralement ; *çubá*, splendeur, éclat, beauté ; *çubayê*, se parer, briller ; *çubra*, couleur blanche, le cristal, l'argent, le soleil, le Gange ; *çubrâñça*, la lune ; et beaucoup d'autres mots.

Çuratâ, héroïsme, vaillance, vigueur ; *çurayê*, agir en héros, montrer sa vaillance. On écrit aussi : *çúra*, *çúryê*, *çúratâ*, *çúrayê* ; gr. κῦρος, κύριος.

Çulkayâmi, quitter, laisser, produire, émettre, payer, gagner, acquérir, raconter.

Çulkayâmi et *çulvayâmi* ont des significations semblables ; *çulla*, *çulva*, *çulvâ*, *çulvi*, corde, cordon, loi, observance sacrée, rite du sacrifice ; masse d'eau, cuivre rouge. Quant à *çulvari*, soufre, les Latins l'ont conservé dans leur sulphur.

22

CLXX.

शुष्   *Çuś-yâmi*, creuse, étanche un sol humide,

D'où vient *çuśka*, privé d'eau, sec, aride.

शूल्   *Çûl-a*, colique, âpre douleur qui cuit ;

शूष्   *Çûś* comme *suś*, crée, engendre, produit.

स्यध्   *Çŗd, çardâmi*, lâche avec indécence

Un gaz bruyant dont l'odorat s'offense.

श्र्   *Çŗ-ņâmi*, brise, abat, détache, rompt ;

श्येल्   *Çêl*, je vacille, et marche ou lent ou prompt.

शो   *Çô* (fait *çyâmi*), sur la meule j'aiguise ;

स्रोण्   *Çôņ-a*, feu, sang, couleur pourpre ou cerise.

APPENDICE.

Çuśyati jalam, l'eau s'évapore ; *çuśyati mê kaņťas*, mon gosier se dessèche ; *çuśa*, siccité, dessèchement, trou dans le sol pour dessécher la terre ; *çusira*, troué, perforé, subst. trou, canal, cavité ; le feu ; un rat ; *çuśila*, le vent ; *çuśka*, sec, lat. siccus, gr. σαυκρός, σαῦλος, σαχνός ; *çuśņa*, desséchant.

Çûlâmi, être malade, crier ; *çûla*, colique, lancination, mort ; lance, pique, dard.

Çûśâmi, procréer.

Çŗd (*çardâmi*, *çarîlé*, *çardayâmi*), péter ; au fig. insulter ; *çŗîlû*, l'anus.

Comparez *pard*. En outre, être ou devenir humide, faire effort pour s'élever.

Çŗ, se briser : *Himavân çîryêt*, l'Himavat s'écroulerait.

Çêlâmi, aller, se mouvoir.

Çyâmi, p. *çaçœ*, fut. 1 *çâtâsmi*, fut. 2 *çâsyâmi*, aor. 1 *açâsam*, aor. 2 *açâm*, pp. *çâla* et *çila*.

Çôņâmi, aller, se mouvoir, mais plus souvent être ou devenir rouge ; *çôņa*, *çôņila*, rouge, écarlate ; sang, rubis ; et plusieurs autres mots indiquant tous des choses de couleur rubiconde.

CLXXI.

शौठ्　　*Çœṭ*, est hautain, il prend un fort grand air ;

　　　　Çœṭ-ayâmi (causatif), rendre fier.

श्चुत्　　* Çéut, çćôtâmi*, verse, répand, écoule ;

श्नथ्　　*Çnaṭ-âmi*, frappe, et sous sa main tout croule.

श्ये　　'*Çyæ, çyâyé*, tend à se coaguler ;

श्रङ्　　*Çraŷk-é*, se mettre en mouvement, aller.

श्रण्　　*Çraṇ*, pour les dons peut servir de modèle ;

श्रत्　　*Çraṭ*, c'est la foi ; d'où vient *çradâa*, fidèle.

श्रथ्　　*Çraṭ*, fait des nœuds ou les va défaisant ;

श्रम्　　*Çram-a*, fatigue, exercice épuisant.

APPENDICE.

Çœṭayâmi, causat. rendre fier ; *çœṭira*, fier, hautain ; homme fier et hautain, quoique de rang inférieur ; héros, ascète ; *çœṭirya*, héroïsme. La racine *çrœḍ* (par *ḍ* au lieu de *ṭ*) a le même sens que *çrœṭ*.

Çćôtâmi (pron. *stchôtâmi*) et *ṗćyôtâmi*, verser, répandre ; *çćôta* et *çćyôta*, l'action de verser, de répandre.

Çnaṭâmi, çnaṭayâmi, frapper, tuer, détruire : *purîm*, une ville. *Çnaṭiṭṛ*, meurtrier.

Çyâyé, se coaguler, se prendre par le refroidissement ; *çînam ġṛtam*, beurre fondu refroidi et solidifié.

Çraŷké et *çraŷgâmi*, se mouvoir.

Çrâṇayâmi, causat. *çraṇayâmi*, de *çraṇâmi*, donner, prodiguer.

Çraṭ, foi, fidélité ; d'où *çraddaâ[d]âmi*, avoir foi, croire, lat. credo ; *çradâa, çradââmaya, çradââlu, çradââvat*, croyant ; *çrâdâa*, fidèle, qui a la foi.

Çraṭâmi, çraṭayâmi, çrâṭayâmi, çraṭnâmi, lier, nouer, délier, détacher, être lâche, détendu, sans ressort, mou, faible ; réjouir, égayer, s'efforcer, tuer ; *çraṭana, çranṭa*, action de lier, de délier, de mettre en liberté, de tuer.

Çrâmyâmi, être épuisé par les austérités, être las ; *çramaṇa*, ascète, religieux ; *çramin*, qui se lasse, qui subit volontairement un exercice fatigant ; *çramaṇâyé*, devenir pauvre comme un ascète ; *çrânta*, ascète ; *açrama*, refuge, ermitage ; *âcritas*, qui se réfugie.

CLXXII.

श्रम्भ्   *Çramb'-ê*, bonhomme en sa philosophie,
Se laisse vivre ; à tous il se confie.

श्रा   *Çrâ*, cuire en paix ce dont je me nourris,
(Quelque *çrâna*, modeste mets de riz).

श्राम्   *Çram*, c'est « clamo » : j'invoque, appelle, implore ;

श्रि, श्री   *Çri*, révérer. *Çrî*, bonheur qu'on adore.

श्रु   *Çru* (κλύω, grec), prête l'oreille, entend ;
Son passif mène à célèbre, éclatant.

श्रोण्   *Çrô-ṇi*, la hanche, et *çrôṇa*, cul-de-jatte ;

श्लाघ्   *Çlâğ-ê*, l'orgueil m'enivre, et je me flatte.

APPENDICE.

Çrambê (partic. *çrabda*), avoir du laisser-aller, s'en rapporter volontiers à tel ou tel. Se conjugue souvent avec le préfixe *vi*.

Çrâmi, çrayâmi, faire cuire. On dit aussi *çri, crinâmi, çrinê*. Le *çrâna* (coction, potage) est une polenta de riz fermenté.

Çrâmayâmi, appeler ; c'est le latin clamo.

Çri, crayâmi, crayê, entrer, chercher asile (*crayâwe, craya*, refuge) ; puis obtenir, recevoir, etc., mais surtout honorer. *Çritawat*, servi, adoré.

Çrî (par *i* long), c'est félicité, beauté, etc., mais dans le genre adorable et divin. Ce terme, devenu une sorte d'adjectif, se place en avant de divers noms de personnages ou de choses que l'on veut signaler au respect. Ex. *Çri-Râmâyana*, l'heureuse (c'est-à-dire la sainte) Râmaïde.

Çru, quelquefois (couler comme *sru, sravâmi*) ; mais ordinairement *çru* (*crinômi*) signifie entendre, écouter, au fig. obéir. *Çravayâmi*, raconter (faire entendre) ; *çrûtimat*, auditeur ; *çrudi* (impérat. vêd.), écoute, κλῦθι. *Çraṛna, cruti, crôtas*, oreille, ouïe ; *çruta*, objet de l'audition, et par ex. l'Ecriture sainte ; *çralakṛti*, vanté, célèbre. Cf. en grec le κρὸ radic. d'ἀκροάομαι et le κλ de κλύω, κλυτὸς, κλέος. En lat. le clutus d'inclytus.

Çrôṇâmi et *çlôṇâmi*, amasser, amonceler ; *çrôṇi, çrôṇî, çrôṇipalaka*, hanches, fesses, cuisses, voie, chemin ; gr. κλόνις, lat. clunis ; *çrôṇivimba*, corde que l'on porte autour des hanches.

Çlâğê, flatter, se flatter, louer, célébrer ; *çlâğâ*, louange, acte d'adoration, flatterie ; *çlâğya*, adorable, digne de louange. On dit aussi *çlâğayâmi*.

CLXXIII.

श्लिष् Çlis-yâmi, lie ; il serre dans ses bras ;

श्लाक् Çlôk-ê, compose, écrit ; fait des çlôkas.

श्वन्, श्वर्त् Çwan et çun, chien. Çwart, vit triste, en mécompte ;

श्वल्, श्रल्क् Çwal-âmi, court ; çwalk-ayâmî, raconte.

श्वस् Çwas-imi, souffle, il gémit en chemin ;

Çwas (latin cras), c'est le jour de demain.

शि Çwi, grossit, croît, s'enfle, se tuméfie ;

श्वित् Çwit, devient blanc, la vue en est ravie.

ष्टिव् 'Stiv (au parfait tistêva), saliver ;

ष्वक्क् 'Swakk, où bien śwaśk, gravir et s'élever.

APPENDICE.

Çlêśâmi, comme çrêśâmi, brûler ; mais çlês-yâmî, joindre, unir ; et çliśyâmi, lier, attacher : sandinâ, par un nœud, ou enlacer dans ses bras ; çliśâ, embrassement ; çlêśa, union, ligature, adhérence.

Çlôkê, composer des vers, écrire en vers ; çlôka, stance ou distique.

Çwan, chien (thème faible, çun). C'est justement le grec κύων, κυνός, κυνί.

Çwart (comme swart), çwartayâmi, vivre dans l'affliction.

Çwalâmi, çwallâmi. On dit aussi çwâtrâmi. Çwalkayâmi, dire, raconter.

Çwayâmi, s'enfler, se tuméfier, grossir : Asyâ kuxis çuçâva, son ventre se gonfla ; croître, grandir : uśâ apiwêt, l'aurore a grandi. Gr. κύω, κυμα.

Çwasimi, respirer, siffler : ivóragâs, comme des serpents ; çwasana, çwâsa, çwâsin, respiration, souffle, soupir, vent ; çwasanâçana, çwasanótsuka, serpent ; çwâsayâmi, faire respirer, donner du relâche ; çwâsahêti, sommeil.

Çwas, le cras des Latins (comme νέκυς, νεκρός). Çwastana, adj., crastinus.

Çwêlê, être ou devenir blanc ; çwitnya, blanc ; çwitra, l'air, l'éther ; çwêla, blanc, couleur blanche ; de là beaucoup de dérivés et de composés. Cette racine s'écrit aussi çwid et çwind.

Śtivâmi, śtivyâmi, rejeter en crachant ; lat. spuere ; comme σπουδαῖον et studium.

Śwakkâmi, śwas et śwaśkâmi, aller, monter. Presque toutes les racines en śa s'écrivent mieux par sa. Nous allons les donner à cette lettre.

CLXXIV.

सग्	*Sag-âmi,* vêt (de casaque pesante);
सघ्	*Saġ* (de *sam-han*?) tue ; aux dieux il présente.
	Saċ-ê (sequor), suivre un loyal ami ;
	(On trouve moins *saċê* que *siśaċmi*).
सन्ज्, सञ्ज्	*Saj, sañjâmi,* tient à, s'attache, adhère ;
सञ्च्	*Sañċ-âmi,* va, cherchant ce qu'il préfère.
सट्	*Saṭ,* fait partie ; au moins a du rapport ;
सट्ट्	*Saṭṭ-ayâmi,* je frappe, je suis fort.
सद्	*Sad* (*sidâmi*), s'assied comme un vieux père ;
	Sadâmi, part, et voyage (au contraire).

APPENDICE.

Sagâmi, sagayâmi, couvrir ; gr. σάττω, σάγη, le sagum gaulois, nommé par nos pères un sayon, et que l'Antiquité cite partout comme type d'un vêtement grossier.

Sagnómi, frapper, tuer, offrir en sacrifice, recevoir en offrande ; *saġa,* troupe, foule, assemblée de religieux buddhistes. La racine *saġ* est peut-être formée de *sam-han.*

Saċê, siśaċmi, suivre, poursuivre, s'attacher à, obéir, servir, honorer, être favorable, lat. sequi ; *saċiva,* ami, compagnon, conseiller, ministre ; *ċâyêva ƀuvanam siśakti,* comme l'ombre suit le soleil ; *vatsam mâtâ siśakti,* la mère suit son veau ; *Agni vanâ siśakti,* le feu s'attache au bois.

Sajâmi, sajjâmi, sañjâmi, être adhérent ; au fig. avoir de l'attachement pour, tenir à.

Sañċâmi, sajjâmi, sajjê, aller, se mouvoir, suivre ; comme *saċê.*

Saṭâmi, avoir rapport à, faire partie de ; *saṭayâmi,* montrer, manifester ; *saṭa,* mèche de cheveux des ascètes, crinière, huppe, aigrette.

Saṭṭayâmi, être fort, tuer ; habiter ; donner.

Sad, sidâmi, s'asseoir, s'affaisser, périr de lassitude : *sidanti mama gâtrâṇi,* mes membres se dérobent sous moi ; *sidêyur lôkâs,* les mondes tomberaient dans l'immobilité ; latin sedes, sedeo, etc. *Sadana, sadas, sadman,* siège, séance, résidence ; *sadasya,* membre d'une assemblée. Quant à un autre verbe *sad* (qui fait *sadâmi*), il rappelle au contraire le grec ὁδός, et il signifie se mettre en voyage ; *sadâmi, sâdayâmi,* aller ; *sadru,* qui va, qui se meut.

CLXXV.

सन्	*San-âmi*, donne, offre en hommage, obtient ;
	Sani, santi (donation) en vient.
सप्	*Sap-âmi* (voir *saćé*), respecte, honore,
	Suit quelque chef, le sert, parfois l'adore.
सम्	*Sam*, le σύν grec ; *samâmi* se troubler ;
सम्	*Samas*, égal, ou qui peut ressembler.
सम्ब्	*Samb-ayâmi*, je joins, j'attache et noue ;
सर्ज्	*Sarj-âmi*, gagne, au trafic se dévoue.
सर्ब्	*Sarb*, comme *sŗp*, lentement s'avancer ;
सल्	*Sal* (le latin *salio*), s'élancer.

APPENDICE.

Sanâmi, sanômi, sanwê.

Saparyâ, honneur, adoration ; *saparyâmi*, honorer, adorer.

Sam, préfixe ; en grec, σύν (et probablement aussi ἄμα. En latin, *cùm*. De là (et de *san*), une foule de composés ; par exemple, *sańskŗtam* (le sanscrit), c'est-à-dire *confectum*, pris dans le sens de *perfectum*.

Samâmi, samayâmi, être agité, troublé.

Sambayâmi, lier, unir.

Sarjâmi, acquérir, gagner par le travail ; *sarjû*, marchand.

Sarbâmi, aller.

Salâmi (pour *sarâmi*, de *sŗ*) ; grec, ἄλλομαι ; lat. salio ; *sala, salila*, eau, gr. σάλος, ἄλς, lat. sal, salum, etc. ; *salilaja*, lotus ; *salilênâana*, feu sous les eaux.

CLXXVI.

सश्च्   *Saçć ámi*, suit, poursuit, traverse, longe ;

सस्   *Sas, sásasmi*, dans le sommeil se plonge.

सह्   *Sah*, veut et peut soutenir, résister,

     Souffrir, attendre, endurer, supporter.

साध्   *Sâd*, prend sa tâche, et l'accomplit sur l'heure ;

साल्, शाल्   *Sâla, çâla*, halle ou SALLE, ou demeure.

सिच्   *Sić, siñćámi*, j'arrose (mon jardin) ;

सिट्   *Sit* (voyez *çiṭ*), témoigner du dédain.

सिध   *Sid*, ou repousse, écarte, instruit, enseigne ;

     Ou réussit, vit heureux, monte et règne.

APPENDICE.

Saçćámi veut dire aussi favoriser, donner, se fermer, etc. *Saçćantas*, ennemis.

Sasmi, et *sásami*, dormir, s'écrit aussi *sańst*; d'où *saństara*, un lit.

Sahámi, sahê, infinit. *sahitum* et *sódum* : *piléva putrasya arhasi déva sódum*, ô Dieu, sois indulgent comme un père l'est pour son fils ; gr. ἔχω, σχῷ, ἴσχω ; *saha*, patient, endurant, subst. force de résistance, pouvoir, gr. ὀχός ; *sahalôka*, le monde de ceux qui souffrent, c'est-à-dire le monde des hommes ; et beaucoup d'autres mots.

Sâdnômi, sâdámi, sâdyâmi, causat. *sâdayámi* ; *sâdaka*, utile ; *sâdana*, exécution, achèvement.

Sâla ou *çâla* (angl. hall, fr. salle), c'était le grand logis primitif ; la demeure d'un chef des temps héroïques.

Siñćámi, siñćé, arroser, verser, asperger, répandre : *jalam*, de l'eau.

Sêṭámi, dédaigner, comme *çit*.

Sid, dans les acceptions du premier vers, fait *sâdámi* : *Agni raxâńsi sédati*, Agni éloigne les Raxasas. Dans les acceptions du second vers, il se conjugue en *sidyámi*. Celles-ci font s'achever, réussir, devenir parfait : *puruśakârêṇa vinâ dævam na sidyati*, le destin ne peut s'accomplir sans l'action de l'homme. De là, *sidda*, un saint, un poète inspiré, un ascète ou adepte possédant des pouvoirs surnaturels. *Siddi*, accomplissement, perfection acquise, résultat final, délivrance finale, efficacité de l'ascétisme ;

CLXXVII.

सिन्धु   *Sindu*, liqueur dont les flots répandus
      Sacrent l'autel ; fleuve, — et surtout l'INDUS.

सिभ्   *Sib, sébámi*, frapper comme la foudre ;

सिव्   *Siv, siséva*, (suo, latin), c'est coudre.

सिंह, सु   *Sinha*, lion ; *su*, produire un enfant ;
      Parfois aussi domine, est triomphant.

सु   *Su*, bien, bon, beau, l'εὖ grec (préfixe utile) ;
      Su (mais *sunwê*), j'extrais et je distille.

सुट्ट्   *Sutt-ayâmi*, dédaigne, estime peu ;

सुर्   *Sur*, resplendir ; *sura*, soleil, un dieu.

APPENDICE.

Sindú, le fleuve (par excellence), le *Sindus*, ou selon les Iraniens, le *Hindus*. Cette dernière prononciation fût empruntée aux Perses par les Grecs, qui même y supprimèrent l'esprit rude ; voilà pourquoi nous disons l'INDE et les INDOUS. Malgré cela, l'Angleterre dit encore très-bien « les émirs du Sind. »

Sib ou *simbámi*, briller, frapper, tuer. On écrit aussi *sub* et *sumb*.

Sivyâmi, parf. *siséva*, partic. *syûta*, coudre. Lat. suere.

Sinha, lion ; *sinhakêçara* (lat. leonis cæsaries), crinière de lion.

Su : savâmi, sœmi, moyen *suvê*, pas. *suyê*, partic. *sula, súla, súna* (angl. sun), enfant : *Sâ sulam sâlê*, elle enfanta un fils. *Savâmi* ou *sœmi* veut dire aussi dominer, être maître ; et *savâmi, savê*, aller. Quant au *su* qui donne *sunômi, sanwê*, il signifie extraire un jus, l'exprimer : ainsi, *sômam*, le jus sacré de l'asclépiade.

Su, qui n'est conservé en latin que dans sudum (*su, diu*, beau ciel), — a perdu son esprit rude dans l'εὖ des Grecs, dont en sanscrit il joue constamment le rôle : *sukarman*, qui agit bien ; *sujana* (εὐγενής), bien né ; *sukêça*, qui a de beaux cheveux.

Sullayâmi, dédaigner, estimer peu, devient passif aussi, et veut dire être petit, de peu de valeur.

Surâmi, briller, luire, être maître, être chef ; compar. *swar. Sura*, le soleil ; gr. σείριος, ἥλιος ; lat. sol ; au figuré, un dieu, un savant. *Surâkârmuka*, arc-en-ciel ; *suralóka*, le monde des dieux, le *swarga*, le paradis ; *surasindu*, le fleuve des dieux (le Gange) ; et beaucoup d'autres composés. On écrit aussi *súryê, súra, súrya.*

CLXXVIII.

सुह्   *Suh-yâmi*, semble à tout destin se plaire,

Ou pour le moins, il supporte, il tolère.

सू   *Sû-yê, suvê*, mettre au monde, enfanter :

Sû (suvâmi), commander, exciter.

सूच्   *Sûc-ayâmi*, révèle, fait connaître ;

Sûd-ê, je frappe, égorge, tue un être.

सूद्, सूप्   *Sûda, sûp-a*, cuisinier, sauce ou mets ;

सूर्त्   *Sûrx*, ou néglige, ou rejette à jamais.

सृ   *Sṛ, sarâmi*, va, marche dans l'espace,

Ou, comme une onde, il glisse, il coule, il passe.

APPENDICE.

Suh, se réjouir des choses, ou, du moins, s'en contenter. *Suhita* (probablement de *suh* et de *itâ*), bien traité, bien disposé, satisfait ; bon à, propre à.

Sû, celle qui enfante (la mère) ; ordre, commandement ; *sûta*, né, engendré ; extrait, exprimé ; de là, le célèbre *sôma* ; *sûti*, naissance ; *sûna*, né, extrait, fleuri, épanoui ; *sûnu*, fils, fille ; (germ. sohn), et beaucoup d'autres mots. Quant à *suvâmi*, inciter, exciter, il appartient à la langue vèdique.

Sûci, indication, signes, gestes ; *sûcaka*, qui désigne, qui révèle ; *sûcana*, l'action de montrer, d'indiquer ; et beaucoup d'autres mots.

Est-ce de *sûd-ê*, tuer (causat. *sûdayâmi*), que vient *sûda*, cuisinier, mot qui veut dire aussi sauce ou fricassée ?

Surxâmi (parf. *susûrxa*), dédaigner, négliger une personne ou une chose, n'en prendre aucun souci. *Suxaṇa* (quoique sans *r*), manque de respect.

Sarâmi, sisarmi, marcher, s'avancer, couler ; *sṛka*, le vent, une flèche (ce qui s'avance rapidement).

CLXXIX.

सृज्   *Srj*, émet, lance ; il produit, il répand ;

सृप्   *Srp*, *sarpâmi*, glisse comme un serpent.

सृभ्   *Srv* (*srmv*, idem), à frapper s'évertue ;

सृ   *Sṝ* (par *rî* long), de même frappe et tue.

सेव्   *Sév-ê*, hanter, fréquenter, demeurer ;

Figurément, rendre hommage, honorer.

से   *Sæ*, *sâyâmi*, s'affaisse, n'est plus ferme ;

सो   *Sô*, *syâmi*, mène une chose à son terme.

स्कन्द्   *Skand*, ou s'élève ou descend (*scandere*) ;

Monte surtout : — *dyâm*, au ciel éthéré.

APPENDICE.

Srjâmi, *srjyê*, laisse échapper, répand : *jalam*, de l'eau ; lance : *vânam*, une flèche ; prononce : *gìras*, des paroles ; met, dépose ; *skandé srajam*, une guirlande sur l'épaule ; enfante, produit : *putram*, un fils. *Srj*, celui qui émet, qui produit ; *srśta*, (partic.), lâche, répandu, produit, émis, rejeté, abandonné ; *srśti*, production.

Sarpâmi, gr. ἕρπω, lat. serpo et repo. *Séhê* (rarement employé) veut dire aussi aller.

Srv ou *srmv*, frapper, tuer. *Sṝ*, *srnâmi*, a le même sens.

Sévê, *sêvâmi*, c'est le gr. σέβομαι, d'où σεβαστός, auguste. *Vrddân sêvéta*, qu'il honore les vieillards ; *sévaka*, serviteur ; *sévana*, *sévâ*, culte, domesticité ; *sévin*, qui fréquente, qui honore ; et beaucoup d'autres mots.

Sæ, *sâyâmi*, languir, dépérir, se faner, tomber.

Sô, *syâmi*, finir, terminer, achever ; par conséquence, détruire, tuer.

Skandâmi, ordinairement monter, signifie quelquefois aussi, s'affaisser, descendre, tomber : c'est a-scendere et de-scendere ; *rêtas skandati* , la semence tombe à terre ; *skandayâmi*, causat. répandre, négliger, parfois amasser : *skandana*, l'action de monter, ou, au contraire, descente (de bile), diarrhée.

CLXXX.

स्कभ् *Skab, skabnômi,* je fiche, enfonce, appuie;

स्कु *Sku-nê, skunwê,* couvrir comme de pluie.

स्कन्द् *Skund,* à son gré, va par sauts et par bonds;

स्कुम्भ् *Skumb,* je l'arrête et retiens; j'en réponds.

स्खद् *Skad* (au parfait *éaskadé*), je déchire,

Je mets en fuite et me plais à détruire.

स्खल् *Skal-âmi,* tombe ou chancelle en marchant;

Au figuré, pèche, est faible ou méchant.

स्तक् *Stak,* rend les coups, résiste avec courage;

स्तन् *Stan-ayitnu,* tonnerre, bruit d'orage.

APPENDICE.

Skab et *skambnómi*, *skabnámi*, *skambé*, *skambayámi*, ficher, enfoncer pour étayer; *skambas*, étai, poteau.

Skunómi, *skunwê*, *skunámi*, *skunê*, *skâvayámi*, couvrir: *iśuvṛṣṭibis*, d'une pluie de flèches.

Skud et *skundé*, aller par sauts et par bonds. Voir *skand*.

Skubnómi et *skubnámi*, arrêter, retenir quelqu'un; empêcher quelque chose.

Skadana, destruction, défaite; mise en fuite, en déroute, en pièces.

Skalámi, vaciller, commettre une erreur, une faute, un péché (lat. scelus); *skalayámi*, causat; *skalana*, *skalita* (part.), action de chanceler, de vaciller, chute, erreur, faute, péché.

Stakámi, *stakayámi*, rendre coup pour coup, résister.

Stanámi, gémir, soupirer, résonner; *stanayámi*, tonner; *stanana*, son, gémissement, soupir, bruit; *stanita* (partic.) et *stanaytnu*, bruit du tonnerre. Lat. tonat, qui a dû être jadis stonat (comme on le voit encore par le grec στένω, et par le lithuan. stenu). Il paraît que la première idée que le tonnerre ait présenté ait été une sorte de gémissement; pensée qui se retrouve dans le sanscr. *rudita* (cri terrible, mais d'abord pleurs).

Du reste, il y a dans *stanayitnu*, comme dans *tonitru*, une désinence peu ordinaire, probablement amenée par l'onomatopée.

CLXXXI.

स्तम्भ्   *Stamb-a*, poteau, barrière, empêchement ;
Au figuré : stupeur, étonnement.

स्तिघ्   *Stiġ-nwê*, s'élève au dessus de la foule ;

स्तिप्   *Stip* (fait *stêpê*), goutte à goutte découle.

स्तिम्   *Stim*, je suis fixe, — ou bien, moite, humecté ;

स्तु   *Stu-ta*, *stutya*, digne d'être vanté.

स्तूप्   *Stûp-a*, monceau, tombe monumentale ;

स्तुभ्, स्तृ   *Stub*, célébrer ; *stṛnwê*, déploie, étale.

स्तृत्   *Stṛx-mi*, se meut, marche, va n'importe où ;

स्तेन्   *Stên-ayâmi*, voler ; *stên-a*, filou.

APPENDICE.

Stabnômi, *stabnâmi*, étayer, con-solider ; rendre immobile d'étonne-ment, de torpeur ; *stamba*, étai, poteau, pilier, colonne ; *stambayâmi* (causat.); rendre immobile, arrêter ; *bâhûn*, les bras ; *vajram*, une arme.

Stiġnômi, *stiġnwê*, monter, s'éle-ver ; le verbe allem. steigen.

Stêpê, parf. *tištipê* et *tištêpê*, distil-ler, c'est-à-dire tomber goutte à goutte.

Stimyâmi, être immobile, fixe ou roide ; — être humide, mouillé.

Stu : *stæmi*, *stavimi*, *stuwê* ; pass. *stûyê*, partic. *stuta*, louer, célébrer, chanter ; *stuti*, louange, hymne ; *stutya*, digne de louanges. *Stôtṛ*, pa-négyriste ; *stôtra*, *stôma*, louange, éloge ; gr. στόμα.

Stûpyâmi, *stûpayâmi*, amasser, amonceler, élever ; *stûpa*, tas, amas de terre, de pierres, etc., sorte de tour, de mausolée, en pâli : *t'úpa*, angl. top (sommet), gr. τύμβος, lat. tumulus. Les pyramides funèbres des anciens rois, dans le haut Indus, s'appellent encore des stopas.

Stub, *stobê*, comme *stu* ; c'est-à-dire, vanter, prôner, célébrer.

Stṛnômi, *stṛnâmi*, ou *stṛnômi*, etc., étaler, étendre à terre ; quelquefois abattre, c'est-à-dire, tuer ; lat. ster-no ; gr. στρώννυμι. Dans le sens de tuer, on dit aussi *stṛhômi*, *stṛhâmi*, *stṛñhâmi*.

Stṛxmi, (pron. *strikch-mi*), aller.

Stêya, *stæna*, *stænya*, vol, larcin ; *stêyin*, *styêna*, voleur.

CLXXXII.

स्त्यै   *Styæ*, crie ensemble, en bruit d'écho résonne ;

स्थग्   *Stag-âmi*, cache, ou ne montre à personne.

स्थल्   *Stal-a*, terrein, tente, sol bien soigné,

        Stalle, lieu sûr et d'avance assigné.

स्था   *Sta, tiśṭâmi*, se tenir droit et ferme,

        (*Stânur iva*), comme un pieu, comme un terme ;

        Stable, immobile et fixe demeurer,

        (*Akarmakṛt*, sans rien faire) ; durer.

स्ना   *Snâ-mi*, se baigne, il se lave lui-même ;

स्निह्   *Snih*, je chéris, je suis attaché, j'aime.

APPENDICE.

Styæ : styâyâmi, résonner, crier ensemble, pousser des cris, puis rassembler, entasser ; *styâna* (partic.), gros, massif, gras, onctueux, substantiv. grosseur, épaisseur, stupidité ; *styana*, veut aussi dire écho.

Sťagâmi, sťagayâmi, couvrir, cacher. Grec στέγω, lat. tego ; *staga*, trompeur, voleur, escroc ; *sťagana*, action de cacher.

Sťalâmi (comme *sťâ*), se tenir debout ; *stala*, lieu préparé (en terrain ferme), tente, emplacement choisi ; en franç. stalle.

Sťâ : tiśťâmi, tiśťê, gr. ἵστημι, lat. stare, sistere. Cette racine a beaucoup de dérivés et de composés, tels que ; *sťâna*, halte ou résidence ; *sťiti*, station ; *sťâvara*, montagne ; comme adjectifs, fixe, immobile, solide ; *sťira*, stable, durable ; *sťûṇa*, pilier, statue de fer, enclume ; *stœra*, vigueur. Comme adjectifs, *sťûla*, massif ; *sťêyas*, sorte de comparat. de *sťâ*, superlat. *sťêśťa*, durable, plus durable, très-durable ; etc., etc.

Snapayâmi (causat. de *snâ*), baigner, laver ; *snâna*, bain ; *snâniya*, relatif au bain, bon pour qu'on s'y baigne ; *snâyin*, qui se baigne, qui se lave. Lat. nare ?

Snihyâmi, je chéris, j'aime ; *snêha*, affection, tendresse ; *snêhan*, ami ; *snêhita*, aimé ; *snêhin*, qui aime ; et plusieurs autres mots. Le participe de ce verbe est *snigďa* ou *sniďa*.

CLXXXIII.

सु	*Snu* (fait *snômi*), c'est couler, dégoutter ;
सुस्, स्नुह्	*Snus*, mange, il prend ; *snuh*, vomir, rejeter.
स्नुह्	*Snéha*, corps gras, onctueuse tendresse ;
स्पन्दे	*Spandé* s'émeut, tressaille *avec ivresse*.
स्पध्	*Spard-ê*, je lutte, en émule, en rival ;
	A tout le moins, je veux être l'égal.
स्पश्	*Spaç-âmi*, fait, accomplit quelque chose,
	Prépare, unit, joint, arrange, dispose.
स्पृ	*Spṛ-nômi* charme, intéresse *un enfant* ;
	Nous réjouit, nous charme, nous défend.

APPENDICE.

Su : *snômi*, pass. réfléchi. *snavé*, pass. impers. *snûyaté*, couler, dégoutter.

Snusyâmi, parf. *suṣṇôsa*, manger, prendre. Il signifie aussi être ou devenir invisible.

Snuhyâmi, parf. *suṣṇôha*, vomir.

Spandé, être agité par des mouvements convulsifs, par des spasmes.

Spardê, rivaliser, égaler : *asmân ékas spardaté*, il nous égale à lui seul ; *spardâyâmi* (causat.) ; *spardâ*, émulation, rivalité, lutte, le fait d'égaler quelqu'un.

Spaçâmi, *spaçé*, joindre, disposer ; *spaçayâmi* (causat.), prendre, saisir, embrasser ; — *spaça*, espion, agent secret, combat livré pour de l'argent contre une bête féroce ; *spaṣṭa*, manifeste, évident. Ces deux derniers mots ont quelque chose d'étrange : on dirait qu'ils supposent l'ancienne existence d'une racine *spaç*, analogue à *paç*, et correspondant au latin *spec* (spec-tator ; spec-ulator, in-spicere, etc.).

Spṛṇômi, garder, défendre, réjouir, égayer, vivre ; *sparitṛ*, (*spṛ*,*sṛtṛ*), celui qui peut nous sauver ou nous perdre, comme un ennemi, un oppresseur, un fléau, une maladie, etc.

CLXXXIV.

स्पृश्   *Spṛç-ê*, je touche, atteins, ou même arrose ;

स्पृह्   *Spṛh*, envieux,. j'aspire à quelque chose.

स्फट्   *Spʿaṭ-ayâmi*, tuer, fendre, entr'ouvrir ;

D'où *spʿaṇṭâmi*, cherche à s'épanouir.

स्फर्   *Spʿar-ayâmi*, l'arc se tend, le trait vibre ;

स्फल्   *Spʿal-âmi*, tremble et perd son équilibre.

स्फाय्   *Spʿay-ê*, s'accroît, a les membres grossis ;

स्फिच्   *Spiĉ*, cette chair sur quoi l'homme est assis.

स्फिट्   *Spʿiṭṭ-ayâmi*, *spʿêṭayâmi*, méprise ;

Ou parfois cache ; ou frappe, abat et brise.

APPENDICE.

Spṛçâmi, *spṛçê*, toucher, atteindre, asperger ; *spṛç* et *spṛça* (en compos.), qui touche ; *spṛṣṭi*, le contact, le toucher ; *sparçana*, attouchement, action de palper. *Spastum iĉâmî putra sparçana paçĉimam*, nactus ultimum contactum (aut palpamentum) corporis mei filii. *Spṛçâ* et *spṛçi*, deux sortes de plantes ; *sparçatajja*, la sensitive.

Spṛhayâmi, *spṛhayê*, désirer, envier ; *spṛhâ*, désir ; *spṛhanîya*, *spṛhya*, désirable ; *spṛyahâlu*, désireux.

Spaṭa, expansion de la peau du cou du nâga ; *spaṭika*, *spaṭikaçilâ*, *spaṭikâçman*, *spaṭikôpala*, cristal ; *spâṭaka*, goutte d'eau. On dit aussi *spuṭâmi*, *spôṭê*, *spuṇḍê*.

Sparâyâmi, brandir ; *sparaṇa*, agitation, palpitation, vibration. On dit aussi *spurâmi*, *spulâmi*, d'où *spura*, vibrant, tremblant, et *spuliṅga*, étincelle ; *spôrayâmi*, faire vibrer, brandir, etc.

Spal, vaciller, s'ébranler (σφάλλω des Grecs), peut aussi vouloir dire activement ébranler. Il a encore le sens de jaillir et d'apparaître.

Spâyê, s'enfler ; causat. *spâvayâmi*, *spâra*, *spîra*, gros ; *spâla*, *spîta* (partic.), accru, qui a réussi, nombreux, abondant ; *spâli*, grossissement, gonflement.

Spiĉ, au duel, signifie les coussins naturels (les deux fesses).

Spiṭṭayâmi, *spêṭayâmi*, dédaigner, mépriser, frapper, tuer. On dit aussi *spuṭṭayâmi*.

CLXXXV.

स्फुड्   *Sp'uḍ-âmi,* couvre; il tâche d'abriter;

स्फुण्ट्   *Sp'uṇṭ-ayâmi,* c'est rire et plaisanter.

स्फुर्   *Sp'ur,* ou s'ébranle, ou commence à paraître;

स्फुर्च्   *Sp'urč,* oublier, sembler ne plus connaître.

स्फुर्ज्   *Sp'urj-atu,* foudre; il vient de *spurjâmi;*

Sp'urj, en effet, tonne, ou bien a frémi.

स्मि   *Smi* (*smile* anglais), sourit *aux jeux d'enfance.*

स्मृ   *Smṛ,* du passé garde la souvenance.

स्यन्द्   *Syand-ê,* couler; *syandâmi,* va courant;

Syandana, char, et tempête, et torrent.

APPENDICE.

Spuḍâmi; on dit aussi *sťuḍâmi,* ce qui rappelle la connexité phonétique de σπουδή avec *studium.*

Spuṇṭayâmi, plaisanter, s'écrit également par un ḍ : *spunḍayâmi.*

Spûrččâmi, perdre de vue, oublier; parf. *pušpûrččâ,* partic. *spûrččila* et *spûrṇa.*

Spûrjâmi, spûrjâmi, tonner, frémir; *spûrja, spûrja, spûrjaka,* le tonnerre d'Indra.

Smi, smayê; parf. *sišmiyê* ; 1er aor. *asmâsi*; partic. *smita.* Les Anglais ont conservé ce joli mot dans leur *smile* (smaïl), — qui est à la fois verbe et nom (comme *sourire* en français).

Smarâmi, se souvenir, regretter; gr. μέριμνα, souci, μάρτυς, qui rapporte en témoignage ses souvenirs; lat. memor; *smṛti,* mémoire, souvenance, désir, regret. La *smṛti,* règles et préceptes écrits contenus dans les çâstras (par opposition à la *çruti,* ou enseignement oral et traditionnel); *smṛtimat,* qui a bonne mémoire; et beaucoup de dérivés.

Syandê, couler, quelquefois répandre; activ. *syandâmi,* courir çà et là, descendre en courant; *syanda,* mouvement d'une chose qui coule; *syandanârôha,* soldat monté sur un char; *syandin,* qui coule: salive.

CLXXXVI.

स्यम्	*Syam-âmi*, va, crie à pleine poitrine ;
स्याम्	*Syâm* (par *â* long), considère, examine.
स्रस्	*Srañs-ê*, tomber ; *srasta*, déchu, perdu ;
	Srañsin, qui choit, qui reste suspendu.
स्रिभ्	*Sriƀ* (comme *sṛƀ*), frappe en façon de flèche ;
स्रिव्	*Sriv-yâmi*, glisse et s'en va ; se desséche.
स्रु	*Sru*, s'écouler (*ru* français, grec ῥέω) ;
	Srava, fontaine, et *srôtas*, un cours d'eau.
खक्क् खङ्ग्	*Swakk*, va, se meut ; *swaġg* (idem), se déplace ;
खञ्ज्	*Swaj-ê*, *swañj-ê*, je presse, étreins, enlace.

APPENDICE.

Syam-âmi, *syam-ayâmi*, aller, résonner, bruire ; *syamika* ou *syamika*, le temps, un nuage, une fourmilière, un arbre (on ne voit pas trop pourquoi).

Syâm-ayâmi (long), examiner, considérer.

Srañs-ê (participe *srasta*), tomber. Causat. *srañs-ayâmi*, agiter, troubler, faire tomber.

Sriƀ et *srimƀ* sont des équivalents du *sṛb* (par un *ṛ*), qui veut dire frapper, atteindre, et dont l'indicat. est *sarƀâmi*. A ce verbe *sarƀ* remonte peut-être le mot sarbacanne, dont personne n'a pu encore découvrir l'étymologie.

Sriv-yâmi, s'en aller, se dessécher ; parf. *sisrûva*, partic. *sṛyuta*. Causat. *srivayâmi*, sécher, tarir.

Sru (*sravâmi*), couler, s'écouler, et, par suite, périr ; *sravam*, écoulement (sueur, urine, etc.). Causat. *sravayâmi*, répandre : *asṛk*, le sang. *Srôtaswati* et *srôtaswini*, rivière.

Swaẏkê et *swaẏg-âmi*, se mouvoir, vaciller.

Swajê ou *swañjê*, enlacer, prendre dans ses bras. Causat. *swañjayâmi*, faire embrasser.

CLXXXVII.

खद्   *Swad-âmi*, goûte aux mets appétissants ;
Swadê, délecte et charme tous les sens.

खन्   *Swan-as* (sonus), le bruit d'un corps sonore ;
Swan-ayâmi, j'orne, pare et décore.

खप्   *Swap-na*, somnus, ὕπνος, sopor, sommeil ;

खयं   *Svay-am*, le soi, maître de son conseil.

खर्   *Swar-ayâmi*, blâme et déconsidère ;

खर्त्   *Swart*, est craintif, il vit dans la misère.

खस्   *Swasṛ*, la sœur (pour *swastṛ*) ; nom bien doux ;
Mais d'où vient-il ? sa source échappe à tous.

APPENDICE.

Swadâmi, goûter, et même manger (d'où *swadana*, comestion) ; adoucir, donner aux choses une saveur, un tour agréable ; au moyen *swadê*, avoir un goût flatteur ; grec ἀνδάνω, ἥδομαι, ἡδονή, etc. ; *swáda*, goût, action de déguster ; *swâdu*, savoureux, agréable, gr. ἡδύς, lat. suavis, d'où suadere ; angl. sweet, etc. On écrit aussi *swardê*.

Swanâmi, sonner, résonner, lat. sonare ; *swana*, *swani*, *swanila*, *swâna*, son, bruit ; *swânta*, qui résonne ; une caverne, la pensée.

Swapâmi, *swapîmi*, dormir, s'endormir, se coucher pour dormir, être étendu mort : *bandavá mê swapanti*, mes parents dorment (du sommeil de la mort) ; *swapnaj*, dormant, endormi, *swâpa*, somnolence, stupidité. *Swapnas* se traduit, lettre pour lettre, en grec par ὕπνος, et en latin par sopnus, qui à la longue est devenu somnus.

Swarayâmi, blâmer, mépriser.

Swayam (du primitif *swa*), est un indéclinable, que représentent assez souvent le *sui*, sibi, se des Latins, le ἕς des Grecs (pour αὐτός), mais surtout notre mot LE SOI. *Swayam-bu*, Dieu (l'Etre qui existe par lui-même) ; *swayamvara*, le libre choix que la fille indoue faisait elle-même de son fiancé.

Swartayâmi, craindre, vivre dans la misère. C'est aussi un des innombrables verbes qui signifient aller.

Swasṛ. Force nous est bien de placer ce mot dans les radicaux, puisque l'on ignore de quel verbe il provient. On est sûr, seulement, qu'il se terminait jadis par *ṛ* (comme *brâtṛ* ou *duhitṛ*), puisque l'allemand possède encore schwester, et l'anglais, sister. — Sa ressemblance lointaine avec *çwaçrû* (lat. socrus) est-elle, ou non, un rapport fortuit ?

CLXXXVIII.

खिद् *Swid*, c'est du chaud sentir l'humide effluve ;
        Swêda, sueur ; *swêdani*, poêle, étuve.

स्वृ *Swṛ*, *swarâmi* (ṛ bref), mon chant pieux
        Fera monter un hymne jusqu'aux dieux.

स्वॄ Mais *swṝnômi* (de *swṝ* long), — autre verbe, —
        Montre un guerrier valeureux et superbe
        Qui frappe, tue, et, toujours menaçant,
        Fait, sous ses pieds jaillir des flots de sang...

स्वस्ति *Swasti?* — Non pas. *Swasti*, phrase bénigne,
        Disant « C'EST BIEN », de la paix est un signe.

APPENDICE.

Swid-yâmi, suer ; *swêdayâmi*, faire suer ; *swêdana*, sudation ; *swêdawprusś*, goutte de sueur ; *swêdani*, étuve. Lat. sudare, sudor.

Swṛ, bref (*swarâmi*), sonner, rendre un son, prononcer, chanter ; aller ; parf. *saswâra* et *saswara* : *Saswar ha yam marutô gôtamô yas*, l'hymne que Gôtama vous a chanté, ô Maruts.

Swṝ, long (*swṝnâmi*), frapper, blesser, tuer.

Diagramme de bon augure, signe d'approbation et vœu de paix, le fameux *swasti* est un terme indéclinable, lequel n'aurait, à la rigueur, aucun droit de figurer dans notre *Jardin des racines*, puisqu'il se compose de deux mots (*su asti*, lat. *bene est*), et qu'il veut dire simplement C'EST BIEN. Mais cette sorte d'*amen* est si usitée, qu'on serait presque étonné de ne nous en voir faire aucune mention.

Du reste, il n'est pas placé, dans nos vers, à son rang tout à fait alphabétique. Sa nature le rendait tellement une chose terminale, que nous l'avons mis à la fin de la lettre *sa*. Il y sera la clôture du chapitre des sifflantes.

CLXXXIX.

Haṭ-âmi, brille, éclate, resplendit ;
Avec *ṭ* rude, agir comme un bandit.
Haṭṭ-a, marché, la foire du village ;
Had-ê, χέζω, d'un poids je me soulage.
Han-mi, tuer, détruire, ou pousser fort ;
Hanu (gena), mâchoire, arme, — la mort.
Hamm-âmi, va, se meut et se démène ;
Hay, bien lassé, se donne encor grand'peine.
Haya, le yak, bœuf-cheval d'Orient ;
Har-i, vert, jaune ; *haryâmi,* va priant.

APPENDICE.

Haṭâmi, parf. *jahâṭa,* briller, luire ; *hâṭaka,* or ; *hôṭakamaya,* en or.

Haṭ'âmi (à la fois nasal et aspiré), sauter, agir avec violence, être méchant, scélérat ; *hâṭ'a,* violence, acte de rudesse et de brutalité.

Haṭṭa, marché ou foire ; *haṭṭaćoraka,* petit filou qui exploite les foires ; *haṭṭhvilâ'rmi,* gourgandine en exhibition dans les foires.

Hadê, parf. *jahadê,* partic. *hauna,* lâcher son ventre. Gr. χέζω.

Hata, partic. de *han-mi,* gr. ἔθανον, θάνατος, frappé, tué ; substantif, coup, meurtre ; *hatâça,* désespérant ou désespéré ; *hati,* carnage ; *hatnu,* arme ; *haṭ'a,* homme abattu, sans courage ; *hana* (en compos.), qui tue ; *hanu,* maladie, mort ; *hantṛ,* meurtrier, destructeur ; et beaucoup d'autres mots.

Hana (gena), la joue, la mâchoire, et, par la morsure, la mort.

Hammâmi, aller, se mouvoir. On retourne aussi à la consonne *n,* et l'on dit également *han-mâmi, han-mê.*

Hayâmi, aller, se fatiguer, sonner, retentir, honorer. Du sens aller, est provenu *haya,* cheval, *hayâ,* jument ; *hayana,* voiture couverte. Proprement, le *haya* n'est pas le cheval ; mais le *yak* (*bos grunniens* des naturalistes), animal qui sert de *jumentum* à tous les peuples de l'Himavat ; spécialement aux Tibétains.

Hari, vert, jaune, et même blanc jaunâtre. Pris au sens de vert (et devenu, comme substantif, le nom de l'herbe ou du gazon); l'adjectif *haritas* a produit le latin viridis.

Haryâmi, se fatiguer ; aimer, désirer, adorer, prier. En outre (on ne sait pourquoi), menacer,

CXC.

हल्   *Hal,* aux sillons s'applique avec courage ;

Halam, charrue ; *hali,* le labourage.

हस्   *Has-âmi,* rit, sans soins du lendemain ;

हस्त्   *Hast-a,* coudée ; ou la trompe, ou la main.

हंस्   *Hans-a,* chez nous se dit l'oie ou le cygne ;

हा   *Hâ,* quitte, laisse, à perdre se résigne.

हि   *Hi-nómi,* c'est aller et s'avancer ;

Dans le Vêda, jeter, darder, lancer.

हिक्क्   *Hikk-â,* hoquet, sanglot, voix qui se brise ;

हिड्   *Hid-ê, hindê,* passe outre, fuit, méprise.

APPENDICE.

Halâmi, labourer ; *hala, hâla,* charrue ; *halabṛti,* agriculture ; *halayâmi,* causat. faire labourer ; *hali,* sillon du labour, agriculture, labourage ; *halin,* laboureur ; *halya,* labourable, réunion de charrues, sol cultivé ; *hâlika,* relatif à la charrue, au labour, aux laboureurs.

Hasâmi, rire, rire de, s'épanouir ; *hasa, hasana,* le rire. Ce mot veut dire aussi foyer portatif, réchaud, fourneau ; d'après *hasanimani,* le feu, Agni ; *hasat, hasantî, hasantikâ,* petit fourneau, réchaud ; *hasika, haritz, hâsa, hâsikâ,* le rire ; *hâsin,* qui rit ; *hâsayâmi,* faire rire ; *hasila,* l'arc de Kâma.

Hasta, la main de l'homme, la main (trompe) de l'éléphant.

Hâ forme le verbe *jahâmi,* quitter, abandonner : *kuṇ jahâsi mâm,* pourquoi me délaisses-tu ? se débarrasser, éviter, perdre : *putram,* un fils ; *prâṇân,* la vie ; au moy. *jihê,* s'en aller, se retirer ; *hâtavya,* qu'il faut quitter ; *hâpayâmi,* causat. perdre, négliger ; *hîna* (partic.), privé de, abandonné, usé, dégradé.

Hâtra, gages, salaire (pourquoi ?) ; est-ce ce qu'on laisse au départ ?

Hinómi, je lance : *vajram,* la foudre ; figur. mener, exciter, accroître, aider.

Hikkâmi, hikkê, hikkayâmi, sangloter, avoir le hoquet.

Hid ou *hind,* aller, passer outre, et par conséquent dédaigner ; *hindana,* action d'aller, de rôder.

CXCI.

हिन्वू   *Hinv-âmi*, sait égayer par ses jeux ;

हिम्   *Him-a*, l'hiver, le froid des temps neigeux.

हिरण्, हिंसू   *Hiran-a*, l'or ; *hiṅs*, du poing blesse ou tue ;

हिल्   *Hil*, par le geste à causer s'évertue.

हु   *Hu, juhômi*, sacrifie en maint lieu ;

            Huta, victime offerte à quelque dieu.

हुड्   *Huḍ*, j'amoncelle avec peine infinie ;

हुण्ड्   *Huṇḍ-a*, le tigre, ou le mauvais génie.

हुर्छ्   *Hurćć*, est courbé, marche comme un serpent ;

हुल्   *Hul*, couvre et cache, ou bien s'en va frappant.

APPENDICE.

Hinwâmi, hivâmi, réjouir, égayer.

Hima, adj. glacial ; subst. la froidure, les frimas, la neige. etc. Lat. hiems ; lith. ziêma ; gr. χεῖμα, χιών, etc. *Himavat*, froid et neigeux ; par excellence, la chaîne de l'Himavat, c'est-à-dire de l'Himâlaya (l'Imaüs des Anciens).

Hiraṇu, l'or ; *hiraṇya*, richesse ; *hiraṇaya*, d'or, aureus.

Hiṅsâmi, hiṅsê, hinasmi, hiṅsayâmi, frapper : *muṣṭibis*, à coups de poing ; blesser ; faire du mal, tuer, détruire ; *hiṅsaka*, malfaisant, ennemi, bête de proie ; *hiṅsâ*, blessure, meurtre, offense, injure, méfait, désir de nuire ; *hiṅsâtmaka, hiṅsalu*, disposé à nuire ; *hiṅsaru*, tigre ; *hiṅsa-lûka*, chien sauvage ; *hiṅsra*, malfaisant, meurtrier, féroce.

Hil, tâcher de se faire entendre par gestes ; minauder.

Hu forme le verbe *juhômi*, immoler, offrir un sacrifice, gr. θύω ; *huta, lavidina, hutavaya*, Agni (qui porte l'offrande aux dieux) ; *hutâça*, le feu (qui s'en alimente).

Huḍ et *hûḍâmi*, amonceler, entasser ; être plongé ; *huḍê*, aller.

Huṇḍa, tigre, porc, animal ou vil ou stupide ; mauvais génie.

Hûrććâmi, partic. *hûrṇa*, se courber, aller d'une façon sinueuse ; *hûrććaṇa*, courbure, sinuosité.

Hôlâmi, aller, frapper, blesser, tuer ; ou bien cacher, couvrir.

CXCII.

हूण	*Hûn-a*, barbare, à main grossière et forte;
ह्र	*Hṛ* (grec αἴρω), saisit, ravit, emporte.
ह्रद्	*Hṛd* (*herz* ou *heart*), le cœur, il bat, gémit;
ह्रष्	*Hṛṡ-yê*, mon poil se hérisse et frémit.
हेट्	*Hêṭ*, est méchant, heurte, tourmente et brise;
हेड्	*Hêḍ-ê*, *hêlê*, je m'irrite ou méprise.
हेड्	*Hêḍ-nâmi*, gagne en fortune, en santé,
	Renaît plus pur, accroît sa sainteté.
हेष्	*Hêṡ-in*, cheval, *qui dévore l'espace;*
होड्	*Hôḍ*, rôde ou glisse ; avec dédain il passe.

APPENDICE.

Hûna, ce substant., dont on ne sait pas l'origine, semble n'être que le nom national des Huns, peuple que les Aryas de la Bactriane et du Sind doivent avoir connus.

Harâmi, harê, ṿarâmi, harmi, jiharmi, partic. *hṛta*, s'emparer, saisir ; gr. αἴρω, j'enlève : *hṛtajñâna*, dont la science est ravie, qui a perdu la raison ; *hṛtaḍana*, dépouillé de son avoir ; *hṛtarâjya*, privé de la royauté ; et autres mots.

Hṛd, cœur ; *hṛdaya*, même sens. En grec κίαρ et καρδία, lat. ex, corde ; germ. herz ; angl. heart, etc. De *hṛd*, une foule de dérivés et de composés, dont nous ne donnons pas la liste.

Hṛsyâmi, hṛsyê, fr. hérisser, lat. horreo, part. *hṛṡṭa*, hérissé, dressé, joyeux, étonné, surpris ; *hṛṡṭa mânasa*, qui a le cœur joyeux ; *hṛṡṭa-róman*, qui a le poil ou les cheveux dressés ; *hṛṡṭavat*, joyeusement ; *hṛṡṭi*, hérissement du poil, joie ; et beaucoup d'autres mots. La racine *hṛṡ* forme, en outre, le verbe *harṡâmi*, mentir.

Hêṭâmi, hêṭê, ou *hêṭâmi*, frapper méchamment ; causat. *hêṭayâmi*, faire frapper ; *hêṭa*, coup, tourment, vexation, empêchement, obstacle.

Hêḍê, mépriser, s'irriter ; *hêḍaja*, colère ; *hêlana*, mépris, dédain, coquetterie. *Hêḍ* forme aussi (on ne sait pourquoi) le verbe *hêḍâmi*, envelopper, vêtir.

Hêḍnâmi, renaître, étendre sa fortune, accroître sa pureté.

Hêṡê, hennir ; *hêṡâ*, hennissement.

Hôḍê, aller, passer, négliger, dédaigner ; *hôḍa*, bateau, radeau. On écrit aussi *hœdê*.

CXCIII.

हु, ह्मल् *Hnu,* pour le vol se cacher. *Hmal-âmi,*
Tout vacillant, ne marche qu'à demi.

ह्यस् *Hyas,* c'est HIER, mot vulgaire en Europe,

ह्ग् *Hrag-âmi,* couvre, il cache, il enveloppe.

ह्प् *Hrap* (comme *hlap*), *hrâpayâmi,* parler,
Se faire entendre et bien articuler.

ह्स् *Hras-âmi,* rend un son qui s'atténue;
En général, décroît et diminue.

ह्राद् *Hrâd-ê,* tinter; *hrâda,* bruit, tintement;
Hrâdin, la foudre et le fleuve écumant.

APPENDICE.

Hnuvê, parf. *juhnuvê,* fut. 2 *hnô-syê,* se cacher de quelqu'un, dérober, ravir.

Hmalâmi, aller, se mouvoir, vaciller; causat. *hmalayâmi* et *hmâlayâmi,* ébranler.

Hyas se reconnaît dans χθὲς, quand ce mot est prononcé par un Grec moderne; car celui-ci y fait entendre le *ch* doux d'un *ich* allemand, puis le *th* doux des Anglais. *Hyas,* d'ailleurs, se retrouvait dans le vieux sabin *hiesi,* et dans son dérivé *hics-ternus,* d'où restent le germ. gestern et l'angl. yester-day, lesquels représentent encore le sanscrit *hyastana.* Dans le latin propre, on a dit hester-nus, hesi, — et même heri (par suite de l'habitude aryenne qui chan-ge volontiers l's en un *r*); — mais les peuples romains ont gardé l'*i* ou le *ya,* mal à propos supprimé. Ainsi, les Italiens continuent de dire jeri, les Français hier, et les Espagnols a-yer.

Hragâmi, couvrir, cacher, s'écrit aussi *hlagâmi.*

Hrâpayâmi, hlâpayâmi, parler, faire du bruit.

Hrasâmi, sonner, résonner, diminuer, décroître; *hrasiman,* brièveté, petitesse; *hraswa, hrasîyas, hra-sišťa,* court, plus court, très-court, bref; petit, insignifiant; *hrâsa,* un son; causat. *hrâsayâmi,* amoindrir, raccourcir

Hrâdin, adject. qui fait du bruit.

CXCIV.

ह्री   *Hrí*, la pudeur ; *jihrémi*, le sang monte
Jusqu'à mon front envahi par la honte.

ह्रेष्   *Hrês-â, hlêśâ*, du coursier belliqueux
Cri répété, hennissement fougueux.

ह्लाद्   *Hlâd-ê*, se livre aux transports de la joie ;

ह्वल्   *Hwal-âmi*, tremble et chancelle en sa voie.

ह्वृ   *Hwṛ, hwarâmi, hwṛnômi*, tout blessé,
Je suis gisant, abattu, terrassé.

ह्वे   *Hwê, hwayâmi, hwayê*, demande, implore,
Convoque, appelle ; et d'autres sens encore.

APPENDICE.

Hriniya, hrí, hriká, honte, pudeur, modestie, crainte pudique, blâme, reproche ; *hrita, hrika, hriku, hrimat, hrijita*, modeste, pudique, honteux, dominé par la honte, par la pudeur ; *jihrémi*, rougir de honte, de pudeur, rougir devant quelqu'un ; *hrêpayâmi*, faire rougir de honte.

Hréś, hennir ; causat. *hréśayâmi*, faire hennir.

Hlâdê, partic. *hlanna*, se réjouir, s'égayer, s'amuser avec ; *hláda*, joie, gaieté ; causat. *hládayâmi*, réjouir, égayer. Angl. glad, très-content.

Hwalâmi, chanceler, trembler ; causat. *hwâlayâmi*, ébranler, faire trembler : *mahim*, la terre.

Hwarâmi, part. *hwṛta, hruta*, causat. *hwâroyâmi*, courber, abattre, terrasser.

Hwayâmi (véd. *havê, huvê*), invoquer : *Rudram huvêma*, invoquons Rudra ; *maniśi havatê vâm*, un sage vous invoque. Il possède, outre ce sens, celui de rivaliser (provoquer).

FIN DES DÉCADES SANSCRITES.

SUPPLÉMENT PHONÉTIQUE

POUR LE TABLEAU DU SYSTÈME TRANSCRIPTIF

(VOIR PAGES XV—XVIII)

Pendant le cours de l'impression de ce travail, quelques-uns des hommes éclairés qui en apprécient la pensée et qui se proposent d'en recommander un jour la mise en usage, nous ont adressé une question intéressante.

Ils nous ont demandé de quelle manière, quand viendra l'heure de faire commencer l'étude scolaire du sanscrit; de quelle manière, disons-nous, il sera bon de faire prononcer, par la jeunesse des colléges, les antiques vocables indous. Comment, par exemple, un lycéen, quand il aura à réciter à haute voix nos vers techniques, devra s'y prendre pour faire toujours bien comprendre, soit à son professeur, soit à ses camarades, quelles lettres sanscrites il aura eu l'intention d'articuler.

La difficulté, en effet, a du sérieux ; car, ici, les confusions sont possibles en grand nombre, — en très-grand nombre, — d'après la nature de l'alphabet brahmanique : système savant et compliqué, dont la perfection même oblige à observer tant de nuances (¹).

(¹) Ainsi en français, où la finale est — brève dans *animale, belle, espèce,* et longue dans *mâle, il bêle, j'espère* ; — brève dans « un libertin *pêche* », et longue dans « un marinier *pêche* »; — brève, dans « il faut que ce paysage, je le *peigne*, » et longue dans « cette pauvresse a des cheveux si mal en ordre qu'il faut qu'on les lui *peigne*, » — de telles différences ont beau être énormes, elles restent pure affaire de bonne tradition, car l'orthographe est la même (ou à peu près) dans les cas opposés. — Il n'en est pas ainsi en sanscrit, où non-seulement les nuances sont beaucoup plus nombreuses, mais où elles s'expriment toutes au moyen de lettres diverses.

Pareilles chances d'erreur sont infiniment moindres dans le domaine de l'hellénisme ; aussi n'a-t-on guère eu à s'occuper d'y parer, tant qu'il ne s'est agi que de la récitation des *Racines grecques* de Lancelot (²).

Mais sur le terrein où nous sommes placés, — nous, sanscritistes de Nancy, organisateurs d'un nouveau classicisme pratique, — l'interrogation qui nous est adressée est naturelle. — Nous aurions même dû la prévoir, et y répondre d'avance par quelques pages, qui eussent été mises à la suite de notre page xviii, c'est-à-dire en manière d'appendice au tableau transcriptif.

Cette omission, nous allons la réparer.

⟨⚫⟩

Avant tout, cependant, présentons une remarque générale.

Eût-il été aussi complet qu'on voudra l'imaginer, notre tableau de transcription n'avait point à sortir des limites d'un résumé ; il ne devait ni ne pouvait devenir un « *traité* de la prononciation sanscrite. » Quiconque veut tout de bon la connaître, quiconque a besoin de l'apprendre, est tenu d'aller l'étudier AILLEURS.

Les gens peuvent, par exemple, en prendre une première idée (et pas mal juste), dans le tableau, déjà un peu raisonné, qui pré-

---

(²) Supposé que l'Université et les séminaires eussent adopté, dans les classes, le phonétisme grec moderne, — il y aurait eu, pour les élèves, mille sujets de méprises : confusion, par exemple, entre l'*éta*, l'*iôta*, l'*upsilon*, le groupe *ei* et le groupe *oi* (également prononcés *i* tous les cinq) ; confusion entre l'*epsilon* et la diphtongue *αι* ; souvent confusion aussi jusque entre l'*omicron* et l'*oméga*. Mais, comme les colléges, — par de beaucoup meilleures raisons qu'on ne croit, — ont su conserver la réforme dite *érasmienne* (laquelle demanderait pourtant quelques changements, mais partiels), — il n'y a, dans les récitations que font nos lycéens, de méprises possibles qu'entre le θ et le τ, ou entre le κ et le χ. Du reste, rien de si aisé que de les faire même totalement cesser, et de ne plus laisser d'ambages du tout ; car il suffirait d'adopter pour le θ les règles du *th* anglais, et pour le χ celles du *ch* allemand.

cédait dès 1857 les *Fleurs de l'Inde*, — pages 11 à 22 (⁵) ; — ou bien dans notre *Grammaire-Rudiment*, — seconde édition, — pages 1 à 39 (⁴).

Mais surtout, ils peuvent s'en rendre bien compte moyennant la lecture du travail spécial où l'auteur du premier de ces deux livres a traité la matière *in extenso* et d'une manière expresse : monographie qui a paru sous forme de brochure (⁵) ; — qui, en outre, par exception, et vu l'importance de son sujet, se trouve avoir été insérée aussi, quoique hors rang, dans le *Journal asiatique* de la même année (⁶).

Là, se trouve examiné, en détail, tout l'organisme phonétique, et subséquemment scripturaire, des vieux Indiens. Là se trouvent discutés, lettre par lettre, et l'alphabet dit *dévanâgari*, et les divers systèmes métagraphiques essayés par divers orientalistes, chez plusieurs nations de l'Europe, pour le bien rendre, le bien représenter. Là, aussi, est finalement proposée, après discussion, la méthode transcriptive la meilleure (ou du moins la moins mauvaise) possible ; — méthode qui, joignant au mérite du maximum d'approximation de la vérité, celui d'une entière simplicité (⁷), résout, ce nous semble, la question jusqu'au degré où elle était soluble. — Méthode, enfin, qui, adoptée qu'elle est par l'Ecole de Nancy pour tous les ouvrages du sanscritisme scolaire (⁸), nous parait destinée à devenir,

---

(⁵) *Fleurs de l'Inde,* etc., suivies d'une troisième édit. de l'*Orientalisme* rendu *classique.* Nancy et Paris, 1857.

(⁴) *Méthode pour étudier la langue sanscrite,* par Em. Burnouf et L. Leupol. Seconde édition (Benjam. Duprat), 1861.

(⁵) *Des Alphabets européens appliqués au sanscrit.* — In-8°, Paris (Benj. Duprat), 1860.

(⁶) Livraison supplémentaire (qui double le cahier du mois de juin) ; placée à la fin du premier semestre de 1860 du *Journ. asiat.,* — tome xv de la cinquième série de ce recueil.

(⁷) Constamment et sans exception, *signe pour signe ;* — jamais deux lettres pour une.

(⁸) *Méthode grammaticale,* — *Dictionnaire,* — *Selectœ,* — Supplément (pour à nique) du *Selectœ,* — *Fleurs de l'Inde,* — *Bhagavad-Gita,* etc.

un jour, la règle transcriptive universelle ; comme le système *mé-trique*, en vertu de sa nature simple et parfaite, finira par triompher partout des résistances particulières, plus ou moins obstinées.

Ceci une fois bien entendu, venons au fait.

Comment sied-il que les collégiens prononcent, devant un maître, — ou des amateurs, devant un auditoire de philologues, — les antiques mots indiens qui font partie du *Jardin des Racines ?*

VOYELLES.

Tenant pour généralement connu, même des écoliers, que le signe *u* équivaut à un *ou* français, — car là chose a lieu chez tous les peuples, hormis chez nous, — il ne se présente d'explications à donner que sur le *r* (et sur son accessoire, le *l*).

Bizarre émission frôlante, que les Sanscrits seuls ont considérée comme vocale, tandis que le reste du genre humain la regarde comme consonnante (ou très-peu s'en faut), — le *r* n'est pas, il est vrai, tout à fait équivalent à l'*r* consonne, dont il n'a pas la franche simplicité. Il consiste dans une sorte de roulement, qu'on a comparé, non sans justesse, au bruit produit par une volée de perdreaux, c'est-à-dire *rrrr*.

Cependant, et comme il est nécessaire de faire reposer sur quelque chose de vraiment sonore cette prétendue voyelle, puisqu'elle *compte* dans les vers, — car là, soit à elle seule, soit mariée à des consonnes, elle forme syllabe, — force est bien d'y insérer un son réel quelconque. — Dès lors, quelques personnes font, du *r*, un *ru* (*rou* ou *reu*), d'autres un *ri*, d'autres un *eur*, d'autres un *ar*. — Cette dernière valeur serait assez recommandée par certains faits grammaticaux (¹). Malgré cela, la valeur *ri* prévaut ; elle a, en effet, des titres pour prévaloir. Aussi, est-ce celle dont, au milieu du chaos qui règne, nous conseillons l'adoption. Et même nous la suggérons (quoique dubitativement), par l'emploi d'un *iôta souscrit*, — signe grec éminemment convenable ici ; jusque par son vague, puisque l'iôta souscrit indiquait une valeur plutôt virtuelle que positive (²).

(¹) Notamment par le *gouna*. Voir là-dessus les Grammaires.

(²) Lire, à ce sujet, les pages XIII à XXI, et LXXXIII à LXXXVIII, de la dissertation sur les alphabets européens appliqués au sanscrit. (*Journ. asiatique*, supplément à juin 1860.) Là seulement on pourra trouver discutée à fond la question sous tous ses points de vue.

Dans l'obligation donc, où se trouvent les écoliers, de prononcer la chose de quelque manière, nous les engageons, s'ils rencontrent, par exemple, *kṛta*, à dire *kṛrrita*. D'abord, la présence de l'*i* fera voir qu'il y a là une voyelle; et puis le roulement (*rrrr*) fera sentir qu'il ne s'agit pas, avant l'*i*, de la consonne *r*. — Cette méthode, sans être tout à fait satisfaisante (car il n'y en a point de bonne), sera moins mauvaise que d'autres.

Pour le *ḷ*, — lettre peu importante, puisqu'elle n'existe guère qu'en théorie, et qu'on n'en cite pratiquement qu'un seul exemple bien connu (*kḷp*), — nous engageons les écoliers à suivre une marche analogue. Ils diront donc, tout bonnement, *kḷllip*, en faisant vibrer leur langue comme une corde de violon.

DIPHTHONGUES.

C'est à Burnouf l'ancien (l'helléniste), qu'est due la première idée de représenter par un *æ* la diphthongue ऐ, qu'en général, surtout hors de France, on figure par *ai* ou *âi*. Il eut raison d'agir ainsi (³); et moins que personne nous hésiterons à suivre là-dessus son exemple, nous qui avons pris pour règle l'unité des signes. — Cela n'empêche pas que si les écoliers (au lieu de prononcer simplement *é* ce monogramme *æ*, qui renferme deux éléments) — veulent le prononcer *ei* (⁴), ainsi que le pratiquait toujours Chézy, — qui même l'écrivait par ces deux lettres juxtaposées, — ils feraient bien. D'une part, en effet, ils éviteraient par là que l'on pût confondre la diphthongue ऐ (*æ*) avec la voyelle ए (*é*), simple quoique réputée complexe, — et de l'autre, ils seraient dans la vérité phonétique originelle; car peut-on méconnaître dans les instrumentaux pluriels en *æs* l'équivalent des vieux datifs latins en *eis* (ex. *queis* pour *quibus*)?

Sur la diphthongue *o*, — au sujet de laquelle surtout nous renvoyons forcément à la brochure déjà citée les lecteurs curieux de s'instruire, — il suffit de dire ici que la différence entre ce groupe et celui qui se composerait d'un *a* et d'un *u* (⁵), est purement théorique. Qu'elle est néces-

---

(³) Voir *Alphabets européens appliqués au sanscrit*, pages xxvi à xxx.

(⁴) Non pas l'*ei* français de *peine* (lequel n'est qu'un simple *è* ouvert), mais l'*ei* allemand (de *drei*), l'*ei* italien (de *lei*), l'*ei* espagnol (de *seis*).

(⁵) Bien entendu qu'il s'agit ici d'un *u* prononcé *ou*.

saire pour la raison, d'après de saines règles étymologiques (⁶), mais que, pour l'oreille, l'ꝰ doit se prononcer comme on phonétiserait le digramme *au* (⁷), — (bien entendu, à l'allemande, à l'espagnole ou à l'italienne) —.

CONSONNES.

Voyons, maintenant, le chapitre des consonnes.

Prenons-les comme elles nous viendront à la pensée, — moins dans l'ordre de l'alphabet dévanâgarique que dans l'ordre où elles se présentent le plus naturellement à l'idée d'un Européen. Ce sont les labiales qui s'offrent d'abord à l'esprit.

LABIALES.

Le *b* et le *p* sont, dans notre sanscrit, les mêmes qu'ailleurs ; mais le *b* et le *p* aspirés (*b̄*, *p̄*) n'ont point d'équivalents en français ; — surtout la première de ces deux lettres.

Par le coup d'œil linguistique, on voit que l'une et l'autre correspondent, en grec, en latin, etc., tantôt à une sorte de *b* (⁸), de *v*, de digamma, tantôt à une façon de *p* soufflé, ou d'*f* (⁹). Au fond, dans ces articulations sanscrites, le jet primitif de la consonne se faisait clairement sentir, à part de l'aspiration surajoutée. Aussi le *p̄* serait-il fort bien rendu par ce groupe *pf* dont les Allemands font tant d'usage (¹⁰) ; et, par exemple, *p̄álam* (fruit) n'aurait pas de représentation plus fidèle que l'orthographe française *pfalam*. Eh bien, par la loi des similitudes, la transcription *pf*, adoptée pour le *p̄*, devra pour le *b̄*, se changer en *bv* (*bw* allemand). Ainsi, les mots sanscrits *b̄aẋ*, *b̄aj*, *b̄ánu*, *b̄ás*, *b̄ú*, — nos étudiants français auront à les prononcer *bvakch*, *bvadj*, *bvánou*, *bvás*, *bvou*.

(⁶) Consulter *Alphabets européens appliqués au sanscrit*, pages XXIII à XXVI.

(⁷) Alors, va-t-on dire, une confusion phonétique va devenir possible. — Mais non, car le cas *ne se présentera pas*. — Il ne saurait se présenter, puisque, d'après les lois phonétiques et graphiques du sanscrit, quand l'*a* rencontre un *u*, ce digramme doit être remplacé par la voyelle *o*.

(⁸) Témoin le *bruder* et le *brother* des peuples germains, le *bog* des peuples slaves, etc.

(⁹) Φύλλον, *folium*, *flos*, etc.

(¹⁰) *Pfaltz, pfeife, pferd*, etc.

GUTTURALES.

En fait de gutturales, le *k* ténu, c'est-à-dire simple, est une lettre qui va toute seule. Et si le *k* aspiré (*k̊*) présente à des bouches exclusivement françaises quelques difficultés d'émission, il n'offre du moins aucun embarras en ce qui concerne la règle à suivre. Cette consonne, en effet, est tout bonnement la *jota* espagnole, le *ch* dur des Allemands (dans *buch* ou *nachbar*), le *kleth* des Hébreux, le ﺥ (*kha*) des Arabes, des Turcs et des Persans : cette *gutturale râclante*, qui, très-naturelle au genre humain, n'est guère inconnue qu'à trois langues : au français, à l'anglais et à l'italien.

Quant au *g* aspiré, qui est la douce de ce *k̊*, — il répond au ﻍ (*gaïn*) de l'arabe et de tous les idiomes musulmans (¹¹). C'est un *ga* très-fort et un peu grasseyé, — tandis que le *ga* ordinaire est émis couramment et de l'avant-bouche. Par parenthèse, aux endroits où nous employons ce dernier comme l'un des éléments de notre métagraphie sanscrite, il y aura lieu, pour les collégiens, de ne jamais lui donner, même devant *e* ou *i*, l'articulation du *j* français. Ainsi, dans le mot *gira* (voix), la première syllabe sera prononcée comme dans l'italien *ghirlanda*, ou comme dans le français *guitare*.

A la suite des *ka* et des *ga*, faisons mention du groupe *k̇a*, car il représente un *k* suivi d'une sifflante.

De quelle sifflante? — Comme cette dernière (dans l'alliance dont nous parlons) est un *ch* français, — c'est-à-dire un *sh* anglais ou un *sch* allemand, — consonne que nous rendons dans notre alphabet transcriptif par un *s* aspiré (*ṡ*), — le groupe क्ष aurait pour représentation naturelle *kṡ*; aussi usons-nous quelquefois de ce digramme. Mais plus habituellement, nous y employons la lettre *x*, en ayant seulement soin de la couronner de l'esprit rude, qui fait partie intégrante du *ṡ*.

Au reste, quand même, par des raisons de commodité typographique, nous négligerions d'ajouter cet esprit, — eh bien, le simple *x* devrait toujours être regardé comme aspiré, et conséquemment se phonétiser *kch*. Pourquoi? Parce que la combinaison *ks* (au lieu de *kṡ*) est étrangère aux

---

(¹¹) Il s'agit de cette sorte de *g* que les militaires français d'Afrique ont pris si ridiculement l'habitude de transformer en *r*, — ne rougissant pas d'aller jusqu'à être obligés de dire « les califes de *Bardad*, les rois de Castille et d'*Araron*, les oranges de *Portural*. » Voir, dans le *Journal asiatique* d'avril-mai 1857, l'article rectificatif intitulé : « De la vraie prononciation du *ghaïn* arabe. »

habitudes sanscrites. — Ainsi, soit que les imprimeurs aient mis *aḱi* (œil),
ce qui est la manière tout à fait correcte, — soit que, par une orthographe
plus familière, ils aient écrit simplement *axi*, — peu importe : — dans
l'une comme dans l'autre hypothèse, il faudra savoir lire *aḱi*, et par con-
séquent prononcer (à la française) *akchi*.

PALATALES.

Quelque chose de semblable aura lieu pour deux palatales dont nous
allons parler, le *j* et son aspirée, où pareillement un signe graphique
pourra être sous-entendu. Mais voyons d'abord la question du fond.

Notre *ć* et notre *j* sont les *c* et les *g* italiens doux. — Doux : nous en-
tendons, par là, tels qu'ils se prononcent devant *e* ou *i*, comme dans
ceneri, girare (*tchénéri, dgirare*).

Quant aux deux aspirées qui y correspondent, c'est-à-dire quant à *ć*
et *j*, — comme on en saisit difficilement la différence d'avec les premières,
il ne nous est pas du tout aisé de la faire comprendre. Pour y parvenir,
cependant, nous conseillons, comme moyen, aux gens, d'ouvrir plus lar-
gement la bouche, et d'émettre, avec plus de souffle et d'une façon plus
dure, la consonne. C'est à peu près ce que font les Espagnols dans le *ch*
de leur *gavacho*, ou les Allemands dans le *tsh* de leur *kladderadatsch* : —
gavatchho, kladderadatschh.

Pour mieux indiquer quelle est, dans notre alphabet transcriptif, la va-
leur, toute palatale, du caractère *j*, — nous y ajoutons un accent aigu
(sans préjudice de l'esprit rude quand l'aspiration a lieu); telle est notre
méthode régulière (¹³). Mais, quand cet accent viendrait à être omis, et
que nos typographes feraient usage du *j* simple, il ne faudrait pas moins
considérer ce signe comme palatal, et le prononcer *dgé* ou *djé* (c'est-à-dire
à la manière d'un *g* italien ou d'un *j* anglais); car jamais, dans notre sys-
tème transcriptif pour le sanscrit, elle ne représente ni le simple *ji*
français (sans addition d'un *d*), ni moins encore le *jod* allemand (*yod*
hébreu, *ya* arabe, *y* anglais ou espagnol).

DENTALES.

Au sujet du *t* et du *d* ténus, nulle remarque n'est à faire ; mais pour
leurs aspirées (*t'* et *d*), quel parti adopter ?

(¹³) Voir *Alphab. européens appliqués au sanscrit*, page XXXVIII.

Quoique la phonétisation primitive de ces dernières soit douteuse, il nous suffit qu'elle puisse avoir été, aux temps védiques, celle dont les Grecs modernes et les Anglais nous donnent l'exemple dans leurs langues ([14]), pour que nous profitions de cette ressource, précieuse comme moyen de discerner à merveille certaines lettres différentes.

Donnons donc au *t* et au *d* aspirés du sanscrit (*t* et *d*) la valeur sibilante, — soit dure, soit douce, — que possèdent chez les Anglais le *th*, et chez les Grecs le θ.

Pour le *t* (de *tadámi*, par exemple), prenons le soufflement du *th* dur britannique (tel qu'il existe dans *through* ou *monthly*), ou du θ dur romaïque (d'ἀθλητής, θρόνος, κ. τ. λ.). Et pour le *d* aspiré (*d*) de *darámi*, etc., prenons le soufflé délicat du *th* britannique doux (de *those* ou *mother*), lequel est aussi la valeur du θ doux athénien actuel (dans ἰῶε ou πλῆθος). Par là, nous nous ferons entendre, sans aucune méprise possible ; et cependant nous serons sûrs de n'être pas tombés bien loin de ce qui a dû être l'ancienne vérité ([15]).

LIQUIDES.

Des quatre consonnes liquides que les grammairiens brahmanistes ont appelées des sémi-voyelles (*ya*, *ra*, *la*, *va*), la première, c'est-à-dire *ya*, a existé jadis en français, — et même y subsiste, quoiqu'elle y soit théoriquement méconnue. Le *ya* doit donc s'articuler, comme on articule le *yé* français de *Ba-yonne*, *pa-yen*, *a-yeux*, *Go-yon*, eau-de-vie d'*Anda-ye*, un coup de *yatagan*, un cheval du *Yémen*, un fromage de *Gru-yères*, etc.

La dernière (व) se prononce — ou tout à fait *va*, à la façon du *w*

([14]) Y a-t-il moyen de douter que μέθυ ne soit *madu* ? que τίθημι soit *dadámi* ? Non ; eh bien, le *th* doux et le *d* aspiré (*d*) se correspondaient donc. Ne sait-on pas, d'ailleurs, que le *d* (même ordinaire) des Grecs modernes a quelque chose qui est mêlé d'une sorte de *z* ? Tellement qu'à leur entendre prononcer ῥόδον, on en conçoit très-bien la parenté avec *rosa*.

([15]) Que le *th* du zend ou de l'ancien perse fût une lettre soufflante (inclinant d'abord vers les *s*, puis vers les *f*), cela ne saurait faire un doute. En effet, le *puthra* des inscriptions de Darius a conduit au *puser* persan, et le personnage mythologique *Thretaon* a produit chez les modernes un *Feridoun*; tout comme θήρ est devenu *fera*, — θύραι, *fores*, etc.; — à la même façon que les Russes ont transformé Θεοδώρα en *Fédora*.

allemand, — ou bien un peu *ou*; à la manière du *w* anglais. Les deux
autres (*ra* et *la*) n'offrent rien de particulier.

Rien non plus sur le *ma*, duquel nous pouvons très-bien parler à
propos des liquides, quoique la systématisation brahmanique le place
(non sans de doctes raisons) à la suite des labiales (¹⁶). Le *ma* sanscrit
est l'*m* ordinaire. — Il a, même, avec nos habitudes françaises, un point de
contact extrêmement marqué; c'est qu'il se nasalise souvent. Dans
ces cas-là, nous avons indiqué la chose en le sous-ponctuant. Ainsi, quand
l'élève lira dans les livres sanscrits *nancéyons* le mot *apadꬱm*, il en
prononcera la finale absolument comme la dernière syllabe du nom de
l'homme primitif *Adam*.

NASALES.

Puisque nous voici conduits à parler des nasales, débarrassons-nous
d'abord de l'*n* avec accent aigu (*ń*). Ce caractère, est, comme l'*m*
à point inférieur (*ṃ*), un signe de l'*anouswara* (¹⁷). Il n'en diffère que par
l'origine, et non par la valeur. On verra, soit dans notre Grammaire (¹⁸),
soit, plus en détail, dans le Traité de M. de Dumast sur les Alphabets (¹⁹),
pourquoi il y avait convenance à créer, pour l'anouswara dit *néces-
saire*, un signe transcriptif particulier, — qui a été cet *ń*, — tandis
que l'anouswara libre ou subsidiaire (²⁰) n'a besoin d'être exprimé
que par l'*m* sous-ponctué : *ṃ*. — Mais pratiquement c'est la même
chose; c'est-à-dire que *saṅkṛsta* ne diffère point pour l'oreille, de ce que
serait *saṃskṛta*. On trouve, dans les deux cas, la bonne et simple nasalité
française, *an*, — absolument comme dans *le nouvel an* (²¹).

(¹⁶) Le *ma* est tellement une liquide, que certains peuples n'arrivent pas à le
distinguer nettement d'avec le *va* ou *wa*. On sait, par exemple, que les alphabets
syllabiques de Darius confondaient, pour nommer les Mèdes, la prononciation de
Ma-da avec celle de *Wa-da*.

(¹⁷) Nous n'avons point à expliquer à nos lecteurs ce que c'est en sanscrit que
l'*anouswara*; car une personne qui en serait encore à l'ignorer, n'aurait probable-
ment pas l'idée d'étudier notre *Jardin des Racines*.

(¹⁸) *Méthode*, etc., par Burnouf et Leupol. Seconde édit., pages 12 et 15.

(¹⁹) Des *Alphabets européens appliqués au sanscrit*, pages LVI à LX.

(²⁰) Celui que Bopp appelle *anouswara vicaria*.

(²¹) Si, par hasard, cet *n* accentué aigu, se trouvait suivi d'un *h*, ne pas chercher

Pour ce qui est du *na* (न), c'est notre *n* ordinaire, avec articulation simple et franche. Quant à l'*n* coiffé d'un accent circonflexe, il représente notre *gna* français, c'est-à-dire le ञ du dêvanâgari. Cette consonne (qui n'est, au fond, que l'articulation d'un *na* suivie de celle d'un *ya*), les Catalans la représentent avec raison par *ny* (ex. le mot *senyor*) ; et c'est ainsi, pour être dans la justesse, que tous les peuples auraient dû faire. Mais les Français et les Italiens ont pris *gn* (*seigneur*, *signore*), les Portugais ont préféré *nh* (*senhor*). Quant aux Espagnols, chacun sait qu'ils ont adopté un *n* con *tilde*, c'est-à-dire avec accent circonflexe, ñ : *señor*. — Eh bien, leur ñ, voilà le signe que nous adoptons, parce qu'il remplit la condition posée dans notre système transcriptif, de ne mettre jamais pour chaque lettre asiatique qu'une seule lettre européenne.

Il existe une dernière nasale brahmanique ; savoir, celle qui, d'après le système du phonétisme sanscrit, est seule admise devant le *k*, le *k̄*, le *g* et le *ḡ*. Elle représente quelque chose de spécial : une nasalité que modifie sourdement l'approche d'une gutturale. Les Français ne sont pas habitués à la discerner, mais les Allemands la sentent très-bien dans leur mot *lang*, ou les Anglais dans leur mot *song*.

Habituellement, les sanscritistes la nomment *nga* ; mais, comme notre règle est de ne jamais employer qu'un signe unique, il nous faut trouver dans les alphabets européens une lettre qui ait cette valeur. Or, la seule qui la possède, c'est le γ grec, lorsqu'il précède soit un autre γ, soit un κ, soit un χ. Dans ces cas-là, le premier *gamma* d'ἄγ-γελος, tout comme le gamma d'ἄγ-χων, est un véritable ङ ; et nul doute qu'il ne faille voir là une vieille trace de la filiation âryaque des Hellènes. Aussi, adoptons-nous, sans aucune hésitation, pour figurer le ङ dévânagarique, le γ grec. Et seulement, afin d'empêcher toute erreur, nous le couronnons d'un point ; nous écrivons γ̇. — Ce point superposé suffit pour faire clairement discerner le *gamma* nasal, signe d'un *ng*, d'avec le gamma ordinaire ou simplement guttural, lequel correspond au ग (*ga*).

Nous voici, ce semble, arrivés au terme de la tâche. — Et pourtant non, puisqu'il nous reste à parler des cinq lettres *ṭ*, *ṭ̄*, *ḍ*, *ḍ̄*, *ṇ*.

à établir liaison ni fusion entre les deux choses. Ainsi, dans le mot *sinha* (lion), se bien garder de marier l'*n* à l'*h* et de tenter là une articulation complexe (telle que serait en portugais *sinha*, c'est-à-dire en français *signa*). Dire séparément *sin-ha* comme dans les mots français « un *soin hululant*. » — N'avons-nous pas *en-hardir* ?

CÉRÉBRALES.

Extraordinaires pour l'Europe, ces articulations, dont l'équivalent ne se retrouve dans aucune langue aryenne, — pas même dans le zend de Zoroastre, — sont nommées, par les grammairiens du Gange, *lettres de tête*, ce que les nôtres traduisent fort bien par *consonnes cérébrales*. L'origine en est des plus obscures ; on les suppose, non sans raison, empruntées à quelque race asiatique aborigène, — soit touranienne, soit plutôt dravirique. — Quoi qu'il en soit, dans notre alphabet transcriptif, nous les distinguons d'avec leurs correspondantes par un signe uniforme : le point inférieur. — Elles ont, pour spécialité phonétique, toutes cinq, de se prononcer PAR LE NEZ.

Telle est donc, bien que l'effet à produire soit peu agréable, telle est l'indispensable méthode qu'auront à suivre les collégiens. — Dans la nécessité, où ils se trouveront, de faire comprendre, au professeur ou à un camarade, qu'ils veulent se servir du *ḍa*, et non du *da*, — ou bien du *ṇa*, et non du *na*, — force leur sera de parler du nez, et, comme dit le peuple, de *capuciner*. Mieux vaut cela que d'exposer les auditeurs à se tromper sur lé sens des mots sanscrits.

LETTRES dites CHAUDES.

Il y a des consonnes que l'Inde brahmanique réunit sous le nom bizarre de lettres *chaudes* ; ce sont l'aspirée et les trois sifflantes.

L'aspirée.

Sur l'*h*, rien à dire de très-particulier ; c'est notre *h* de *haine*, de *héros*, de *hasard*, ou de *cahoter*.

Notons, cependant, que cette lettre possède constamment sa valeur plénière, et que, par exemple, dans le terme *brahman* (où la syllabe *brah* se réduirait en allemand à un simple *brá* long), cette syllabe se termine par une franche aspiration, fermement consonnante, équivalant à une sorte de *kh* adouci (ce qu'il faudrait écrire en allemand *brachman*, ou très-peu s'en faut). Voilà, par parenthèse, pourquoi les Brahmanes ont été fort bien nommés, par les Grecs βράχμανες, et par les Latins *brachmanes*.

Ce qui déroute surtout nos oreilles, c'est le cas ou l'*h* sanscrit (ह) est suivi, bien qu'initial, d'une autre consonne, — liquide, il est vrai : — *hma*, *hra*, *hla*. La surprise, pourtant, ne devrait pas se produire, si l'on se rappelait que dans les langues européennes même, de pareilles combinaisons ont eu lieu. Certains noms, d'origine franque, — en passant de la forme mérovingienne *Khlotar*, *Khludwig*, etc., à la forme moyen-âge *Lotar*, *Ludwig*, ont traversé la phase intermédiaire (carlovingienne) *Hlotar*, *Hludwig*, pendant le règne de laquelle la gutturale râclante (*kh*), avant de disparaître, s'était transformée en simple *h* aspiré, — lettre seulement restée très-forte. — Et n'oublions pas que, pour souvenir d'un tel état de choses, il subsiste à Prague un palais-citadelle qui s'appelle encore le *Hradschin*.

Les sifflantes.

Rien à observer au sujet de la troisième des sifflantes (ᘔ). Nous la peignons par l's ordinaire, dont elle a en effet la valeur. — Bien entendu seulement qu'on ne l'adoucira jamais et qu'il en sera toujours comme de l's des Espagnols, qui ne s'altère point ([22]).

La seconde sifflante (ᘛ) étant le *ch* français ou le *sch* germanique, nous la considérons (d'accord en cela avec les Anglais, lesquels l'écrivent *sh*) comme une aspiration de l's ; et en conséquence, nous représentons ce caractère par *s* affecté d'un esprit rude : *s͑*.

Quant à la première, on discute un peu sur son phonétisme primordial. Quelques-uns ont supposé là le zézéyement du *z* espagnol de *corozon* ; d'autres savants ont soutenu que le ᘛ pourrait bien avoir eu jadis, l'articulation molle et quasi-humide du χ doux des Grecs actuels (dans ἔχω), ou du *ch* doux des Allemands (dans *ich* ou dans *sprechen*). Mais le plus grand nombre n'y reconnaît qu'une sorte d's, dont la nuance est fort difficile à assigner ([2]).

Et seulement, comme nous voyons, d'après les étymologies, cette lettre répondre tantôt à un *c* sifflant (témoin *decem* pour *daçan*, *centum* pour *çatam*), — tantôt à un *c* dur ou *cappa* grec (ex. κύων pour *çwan*, πελέκυς pour *paraçu*, *pecus* pour *paçu*), — il nous a paru indispensable de la figurer par un *c*, attendu que cette consonne européenne peut recevoir l'une ou l'autre valeur. A la vérité, nous cédillons ici toujours la lettre ; mais, malgré la

---

([22]) On sait que les Français, s'ils voulaient rendre exactement le son du *rosa* des Castillans, seraient obligés d'écrire *roça*.

cédille, il reste, dans l'emploi d'un *c* au lieu d'un *s*, quelque chose qui suffit pour indiquer virtuellement parenté originelle entre le श et les gutturales.

Après cela, comment faire, pratiquement, pour distinguer, de vive voix, ce *ç* sanscrit d'avec l'*s* ?

En vérité, nous ne savons au juste que répondre. Le plus fin y serait embarrassé, car la décision ne saurait être qu'arbitraire.

Il faut, si l'on tient ici à jouir d'une règle, se la créer.

Veut-on, par exemple, convenir, — entre élèves et maître, — que la lettre *s* restera purement la sifflante simple, स ? et qu'au contraire le *ç*, puisqu'on dispute sur son ancienne nature, pourra être exprimé de quelque manière artificielle ? — Qu'il le sera (supposons) par un soufflement un peu épaissi ; de façon que le bout de la langue vienne toucher l'intérieur de la rangée des dents ? — Ce serait comme parlent quelquefois certaines jeunes filles, qui semblent avoir la langue un peu trop longue, et dont on représente par l'emploi d'un *c* au lieu d'*s* le petit défaut phonétique, en peignant ainsi leurs phrases : « *Moçieu, çi vous vouliez me laiçer paçer.* »

LE VISARGA.

Bien que le *visarga* ne s'appelle pas précisément une LETTRE, et passe pour n'être qu'un signe orthographique, — il y aurait lacune à ne pas en faire mention. — Et la vraie place pour en parler, c'est à la suite des lettres *chaudes*.

Son premier rôle, en effet, c'est de tenir lieu d'une légère aspirée finale, et de produire un hiatus. Son second (et le plus réel) est de remplacer un *s* terminal.

Il a bien un troisième emploi : celui d'être le germe d'un *r*; mais ceci est indirect, et ne se présente pas uniquement en sanscrit. Qui ne sait que chez les vieux Latins, *Valerius, Furius, ara,* se disaient *Valesius, Fusius, asa* ? et que la déesse *Flora* s'appelait *Flusa* ? Qui ne sait qu'*eram, ero, amarem,* ont remplacé *esam, eso, amasem* ? et que *tellus, honos, arbos,* ont changé leurs génitifs *tellusis, honosis, arbosis,* en *telluris, honoris, arboris* ? La mutation d'*s* en *r* n'étant pour le *visarga* qu'une dérivation secondaire, il n'y a pas lieu de s'en occuper ici; et la seule chose à examiner, c'est de savoir s'il faut conseiller aux collégiens d'articuler ce signe par une aspirée ou par une sifflante.

Par une sifflante, cela vaut beaucoup mieux; déjà même, en fait, nous levons tout embarras ; car dans nos ouvrages scolaires, et notamment dans

le présent *Jardin des Racines*, presque toujours nous orthographions fran-
chement par un *s* simple les syllabes visarguées. Au lieu d'écrire *kámas*
ou *nadibis*, nous mettons *kámas* et *nudibis*. Pour des écoliers, c'est beau-
coup plus simple; et cela leur fait mieux sentir le rapport des cas de la
déclinaison sanscrite avec ceux de la déclinaison latine.

Mais quelle sifflante convient-il de faire entendre? Nulle raison n'indi-
quant le *ça*, ni encore moins le *cha*, il ne paraît pouvoir être sérieu-
sement question que du *sa*. Seulement, et afin de faire bien comprendre
à leur maître qu'ils ont l'intention de représenter un visarga (c'est-à-
dire un *s* et non un ), nous leur conseillons d'en faire un *s* adouci,
une sorte de *z* français ou anglais. Rien de plus simple et de plus clair
qu'un tel moyen; car, justement, comme le sanscrit ne possède pas l'arti-
culation du *z* français, la ressource n'offrira qu'avantages, sans inconvé-
nients aucuns.

<hr>

Telles sont les principales remarques que nous avions à présenter,
tant aux professeurs qu'aux écoliers, sur la meilleure manière de pro-
noncer, dans les *classes* des colléges européens, la langue de l'antique
civilisation brahmanique.

Au fond, résoudre (de manière ou d'autre) ces sortes de pro-
blèmes est d'une nécessité si visible, que la chose ne présente plus guère
qu'une question de TEMPS. — Car, on a beau faire : force sera bien
d'adopter, pour le sanscrit, un système fixe, quelconque, de prononciation
classique. Il est impossible aux routiniers, quoi qu'ils fassent, de
fermer encore longtemps la porte à ce noble, à cet utile, à ce triom-
phant idiome, lequel (qu'il soit ou père ou oncle du grec et du latin)
réclame impérieusement sa place dans le monde *scolaire*, — où sa pré-
sence apportera tout à la fois largeur, profondeur et conciliation; —
conciliation par voie de LUMIÈRE.

ERRATA

On sait que Mme Ve Raybois avait doté Nancy d'un avantage tout-à-fait sans exemple en province : la possession d'une imprimerie à la fois orientaliste et classique, desservie par des moyens d'action uniquement locaux.

Un tel foyer de travail, privilège non moins utile que flatteur, les successeurs de cette femme remarquable ne l'ont point laissé dépérir. Il subsiste pour l'honneur de la contrée, puisque, dans la ville qui fut la capitale de l'ancienne *nation* lorraine, on a continué de publier d'importants ouvrages relatifs aux langues de l'Asie (¹) sans avoir été obligé de faire venir pour cela, de Paris, un seul ouvrier spécial.

Voici, notamment, que, grâce aux soins d'un jeune homme à la fois philologue et typographe (M. L. Sordoillet), les *Racines sanscrites* viennent d'être imprimées à Nancy et avec un degré de correction qui laisse peu à désirer. Les inexactitudes, assez rares et assez légères, que renferme encore le volume, nous les signalons ci-contre, en vue des collégiens ; car il ne faut laisser subsister, pour des étudiants, la chance d'aucune méprise. Mais ces fautes, elles proviennent moins d'inadvertance de la part des ateliers Stanislas (anciens ateliers Raybois) que d'épuisements momentanés de notre propre attention. Pourquoi ne pas l'avouer, en effet ? Notre cerveau,

---

(¹) G. Eichoff, *Grammaire générale indo-européenne* ou comparaison des langues grecque, latine, française, gothique, allemande, anglaise et russe, entre elles et avec le sanscrit. Paris, 1867, Maisonneuve et Cᵉ, éditeurs.

Rosny, *Revue orientale*, journal des orientalistes. Paris, Maisonneuve et Cᵉ.

surchargé de soucis, a pu s'affaisser, par instants, sous le poids des mille affaires administratives créées par une guerre gigantesque.

Brachmanici quandoque bonus dormitat Homeri
Cultor et interpres.

L. L.

Pag.	Lignes ou vers.	On lit :	Lisez :
1	L. 6 de la col. 1	ἀγὴς	ἀγὴς
8	Vers 10	uk; ou bien	uk, ou bien
12	Vers 3	ṛj... arjé	ṛj, arjé
	Vers 4	ṛñj... ê	ṛñj-ê
	Vers 5	ṛn... arnómi	ṛn, arnómi
13	Vers 2	ṛś... arśámi	ṛś, arśámi
24	Vers 9	kuṇḍ-ayámi, d'où	kuṇḍ-ayámi, protéger; d'où
43	Vers 2	kêt-ayámi	kêt-ayámi
54	Vers 3	tournoiement	tournoiment
68	Après la l. 10 de la col. 2, des notes, ajoutez :		Gr. γέρων, γραῦς, γῆρας.
113	Fin de la col. 2	preces, viennent	preces, — percontari même, — viennent
128	Vers 6	Sait et comprend. *Mid*	मिद् Sait et comprend. *Mid*
129	Vers 8	*Mukha*	मुख *Mukha*
145	Vers 7	रेठ *Rêṭê*, parler; *rênu*	रेठे रेणु *Rêṭê*, parler; *rênu*
168	Col. 1, ligne 9	*Cilámi, cilayámi*, faire	*Cilámi*, faire, méditer.
Ibid.	id. l. 10	considérer, visiter	*Clayámi*, visiter.

UN ÉPILOGUE.

C'est aux vétérans de la cause (aux premiers soutiens de l'orientalisme RENDU CLASSIQUE), que M. Leupol, dans son incurable modestie, a passé la plume, pour leur faire tracer, à sa place, quelques pages finales : — pages réclamées, ce semble, pour clôture de ces *Racines*, naïvement rimées, qui sont le quatrième et dernier terme de sa tétralogie sanscrite.

Sous bien des rapports, il eût mieux fait de ne charger de l'*Epilogue* personne que lui; car c'est aux AUTEURS, estimables et laborieux, qu'il appartient surtout de formuler eux-mêmes la conclusion de leurs œuvres.

Mais, puisqu'il veut absolument se substituer quelqu'un, prêtons-nous à son envie. Prenons acte ici des travaux par lui accomplis dans nos contrées; et que sa volonté soit faite!

DUMAST.

ÉPILOGUE.

Dé même que les philosophes enseignent, tous, que chez l'homme l'exercice de la pensée ne cesse jamais entièrement, fût-ce dans le sommeil ; — de même on ne peut pas, dans l'histoire, citer une seule époque où l'activité de l'esprit humain se soit arrêtée tout à fait.

Ainsi, les siècles les plus enténébrés du moyen-âge, — ceux où le principe des investigations rationnelles paraît être demeuré le plus engourdi, — ont encore vu quelques sciences faire des pas en avant; la chimie par exemple, la médecine, l'astronomie, l'algèbre.

Ainsi, moins inféconds que l'on n'a coutume de se les représenter, les temps même de la Terreur française, ont été témoins, entre autres progrès décisifs, d'une innovation à la fois heureuse et grandiose : l'établissement du *système* dit *métrique ;* de ce magnifique code des poids et mesures, non-seulement uniforme et complet, mais dont la permanence se trouvait assurée, grâce à un choix judicieux de bases, empruntées aux lois même de la Nature.

Eh bien, par un phénomène analogue, c'est au milieu de circonstances qui semblaient ne pouvoir guère se prêter au parachèvement de créations studieuses majeures, qu'aura été menée à terme la fière entreprise de populariser sérieusement le père de nos idiomes classiques, le sanscrit, — et de mettre cette belle langue en état de devenir scolaire, comme ont été rendus scolaires chez nous le grec et le latin.

Déjà, du reste, la conception même et les débuts de l'entreprise avaient offert, dès l'origine, quelque chose d'assez étrange. La première pensée, en effet, en appartenait à une simple ville de cinquante mille âmes, — dépourvue (en apparence au moins) des ressources spéciales nécessaires, — ressources qui semblaient alors être, en France, le privilège absolu de Paris. A une ville, il est vrai, qui conservait, sans que l'on y fît grande attention, quelques restes internes de sa vitalité d'ancienne capitale, mais voilà tout ([1]).

Cité noble et belle, mais peu considérable, peu populeuse, — qui seulement demeurait armée de ses doubles souvenirs glorieux, soit comme ville *universitaire* ([2]),

---

([1]) D'ancienne capitale des Gallo-Francs *orientaux*, tout comme Paris a été de bonne heure la capitale des Gallo-Francs *occidentaux*. On sait que ce dernier rameau de l'arbre celtique s'est développé beaucoup plus que la branche de l'Est, — aussi vivace, aussi verte, mais moins *gourmande* (comme parlent les jardiniers).

([2]) *Universitaire*, en tant qu'héritière des célèbres chaires mussipontaines. On sait, en effet, qu'aussitôt la mort de Stanislas, l'antique université de Pont-à-Mousson fut transférée à Nancy, et que là, par conséquent, elle avait, pendant un quart de siècle, dès avant la suppression des anciens grands corps enseignants (laquelle n'eut lieu qu'en 1792), distribué, dans ses cours de leçons supérieures, un enseignement tout-à-fait digne d'un passé mémorable.

soit surtout comme ville *souveraine*, — qui pouvait s'enorgueillir, à bon droit, d'avoir, pendant sept cents ans, porté sceptre et couronne ([3]), — Nancy n'avait, pour essayer de réaliser sa magnifique idée orientaliste, idée si européenne mais si hardie, — d'autres titres à l'espérance, que d'être en possession de deux ou trois dernières étincelles du feu sacré ; — de ce feu qui survit longtemps sous la cendre là où fut le foyer d'une nation quelconque ([4]); là surtout, à plus forte raison, où fut le foyer d'une nation énergique et propagandiste, chez qui brilla le flambeau de tout ce qui échauffe, éclaire et civilise ([5]).

([3]) Sceptre SOUVERAIN SANS RÉSERVE ; couronne héraldiquement dite *fermée*, c'est-à-dire indépendante. Car, étant monarques honoraires de quatre *royaumes* (Aragon, Hongrie, Sicile et Jérusalem), les ducs de Lorraine et de Bar n'avaient point (en gros, et sauf pour certains territoires) de *suzerains* légitimes. Bien différents en cela des ducs de Bourgogne ou de Bavière, lesquels ne portaient qu'une couronne *ouverte*, — les souverains de Nancy, altesses dites *royales*, — tout aussi indépendantes que les rois de Castille ou d'Angleterre, — n'étaient mandés pour assister, comme grands vassaux, ni au COURONNEMENT D'UN EMPEREUR D'ALLEMAGNE à Francfort, ni au SACRE D'UN ROI DE FRANCE à Reims.

([4]) NATION, et nullement PROVINCE. *Nation*, qui était le terme le plus conforme à la vraie nature des choses, n'avait pas seulement la justesse, mais le droit acquis ; il était le seul dont on fît usage en style diplomatique. Du reste, on peut voir encore qu'à Rome, l'église *Saint-Nicolas-des-Lorrains* était placée au même rang honorifique que *Saint-Louis-des-Français*.

([5]) Sur les nombreuses *initiatives* prises au profit de l'Europe par le peuple lotharingien, voir toutes les découvertes récentes ; notamment l'ouvrage de M. de Dumast, intitulé : *Ce que fut jadis la Lorraine.* (In-12, 1866.)

Or, la tâche ainsi entreprise, — tâche qui avait exigé des labeurs inaccoutumés, et pour laquelle il avait fallu s'ingénier par des efforts rares, — rares, disons-nous, non-seulement dans l'ordre intellectuel, mais dans l'ordre matériel ([6]), — elle avait beau être réputée terminée : elle ne l'était qu'aux trois quarts. Grammaire, Dictionnaire, *Selectæ*, cela formait, sans contredit, un notable faisceau ([7]) ; mais, néanmoins, pareil ensemble, si complet qu'il pût sembler, réclamait encore un *Jardin des Racines* ; car ce n'est qu'alors, vraiment, que l'on se trouvait rivaliser avec l'enseignement collégial du grec. Grâce à un fait heureux, que signale (page XIII) notre Avant-Propos, le dernier quart a enfin suivi les autres. Et voici que le grand résultat poursuivi devient effectif ; il se présente avec sa plénitude.

Eh bien, encore une fois (car, en y songeant, on croit rêver), — *où* et *quand* a-t-il donc pu s'élaborer, s'imprimer, PARAITRE, — ce quatrième et dernier côté du carré ? ce complément presque inespéré de la tétralogie scolaire sanscrite ?

Ah! nous le répétons : ça été sous des *données* de lieux et de temps, que tout le monde y aurait présumées ABSOLUMENT IMPROPRES.

([6]) Gravure et fonte de caractères particuliers ; dressement d'ouvriers compositeurs doués d'une instruction technique, etc.

([7]) D'autant mieux que le *Selectæ* sanscrit se trouvait être doublé, un choix d'extraits des *Pourānas* étant venu lui servir de supplément.

Ça été dans des murs, il est vrai, où l'œuvre avait eu son berceau, mais que personne n'aurait imaginé pouvoir en devenir le théâtre de couronnement : dans des murs occupés par une armée étrangère, réduits au silence de tout professorat, et tenus comme séparés de relations, même académiques, avec le reste du monde; dans des murs où, par l'effet naturel de l'état de guerre, avaient forcément disparu les ressources ordinaires du travail; murs, disons-nous, dont les habitants, préoccupés des soucis quotidiens de leur existence, manquaient et de l'aisance la plus modeste, et jusque des plus simples loisirs.

Au reste, jamais peut-être n'a-t-on mieux eu l'occasion de se remettre en mémoire l'une des vérités, si méconnues, formulées il y a deux cents ans par le fin observateur La Fontaine :

> Laissez dire les sots : le savoir a son prix;

ou de se rappeler l'un des vers qui s'imprimaient, à Nancy même, en 1865, avant les dernières grandes crises de l'Europe :

> Du savoir, tôt ou tard, la verge sera reine [8].

Qu'il y ait, quoi qu'on en ait pu dire, avantage, pour un peuple, à posséder la science, — à posséder surtout

---

([8]) Ceci se lisait dans une brochure nancéyenne qui, publiée un an avant la guerre de Sadowa, avait pour titre : *De l'Enseignement supérieur en France, et des extensions qu'il réclame.*

le véritable fruit de la science (la *compréhension*), —
c'est ce qui commence à être confessé d'un public jus-
qu'à présent endormi, lequel avait presque fini par
croire qu'ÊTRE BIEN RENSEIGNÉ SUR TOUTES MATIÈRES ne sert
pas à grand'chose, et que peut-être un peuple, en cul-
tivant la naïve ignorance (tandis que toutes les autres
nations s'instruisent), prend le moyen de devenir
meilleur qu'elles.

Ne dût-il même s'agir que des connaissances simple-
ment philologiques, — chose dont l'avantage pratique
saute moins vivement aux yeux, — elles ne sont
jamais inutiles, ces nobles études littéraires, dont
Cicéron, dans son plaidoyer pour le poète Archias,
fait si bien ressortir le prix. Non-seulement elles
apportent aux hommes consolation dans leur mal-
heur : elles leur procurent l'estime, — l'estime fût-ce
des rangs ennemis.

Saluée qu'elle avait été comme une petite Athènes
sanscritiste, par l'auteur, déjà presque mourant, du
Cosmos[9], — la première ville française qui ait osé
se poser en chevalière d'un orientalisme rendu vrai-
ment *classique*, ne pouvait être restée inconnue au
pays des Wéber et des Bopp, à la contrée qui vit

([9]) L'une des dernières lettres d'Alexandre de Humboldt est celle que
l'illustre vieillard écrivit, déjà presque nonagénaire, à l'auteur des *Fleurs
de l'Inde*, pour féliciter les Nancéyens sur leur noble tentative, à la fois
linguistique, métagraphique et littéraire.

naître Max-Müller. Qui sait si quelque jour, selon
la pensée, si morale, du vieux Homère de l'Inde,
Nancy ne finira pas, — sous une forme ou sous
une autre, — par obtenir quelque récompense de
la ténacité de ses honnêtes labeurs[10]!

Certes, par le cours des âges, vont s'abaissant
bien des puissances, même réputées invincibles;
mais il existe un empire, du moins, qui, sans être
tout-à-fait stable (car rien ne l'est), survivra de
beaucoup à maints autres; — c'est la fraternelle
société des esprits distingués, celle qui, chez nos
aïeux, s'est appelée si longtemps la *République des
Lettres*.

P. G. D.

([10]) « Toute action humaine, soit bonne, soit mauvaise, fait recueillir à
son auteur un fruit, mûri par la force du temps. » (Valmiki, la *Ramaïde*,
chant 1.)

TABLE DES MATIÈRES.